D1618717

Herbert Marcuse
Der eindimensionale Mensch
*Studien zur Ideologie der
fortgeschrittenen
Industriegesellschaft*

Luchterhand

Originalausgabe: The One-Dimensional Man.
Studies in the Ideology of Advanced Industrial Society.
Übersetzung: Alfred Schmidt.

11. Auflage in der Sammlung Luchterhand
84.–88. Tausend November 1978.

© 1967 by Hermann Luchterhand Verlag GmbH & Co. KG,
Neuwied und Berlin.
© Beacon Press, Boston, Mass. 1964.
Gesamtherstellung: Druck- u. Verlags-Gesellschaft mbH,
Darmstadt.
ISBN 3-472-61004-2

Für Inge

Danksagungen

Meine Frau ist zumindest teilweise verantwortlich für die in diesem Buche ausgedrückten Ansichten. Ich bin ihr unendlich dankbar.

Mein Freund Barrington Moore, Jr., hat mir durch seine kritischen Bemerkungen sehr geholfen; in jahrelangen Diskussionen hat er mich gezwungen, meine Gedanken zu klären.

Robert S. Cohen, Arno J. Mayer, Hans J. Meyerhoff und David Ober lasen das Manuskript auf verschiedenen Stufen seiner Fertigstellung und boten wertvolle Anregungen.

Der American Council of Learned Societies, die Louis M. Rabinowitz Foundation, die Rockefeller Foundation und der Social Science Research Council haben mir Unterstützungen gewährt, die den Abschluß dieser Studien sehr erleichterten.

Inhalt

Vorrede

Die Paralyse der Kritik: eine Gesellschaft ohne Opposition

Dient nicht die Bedrohung durch eine atomare Katastrophe, die
das Menschengeschlecht auslöschen könnte, ebensosehr dazu,
gerade diejenigen Kräfte zu schützen, die diese Gefahr verewigen? Die Anstrengungen, eine solche Katastrophe zu verhindern, überschatten die Suche nach ihren etwaigen Ursachen
in der gegenwärtigen Industriegesellschaft. Diese Ursachen werden von der Öffentlichkeit nicht festgestellt, bloßgelegt und
angegriffen, weil sie gegenüber der nur zu offenkundigen Bedrohung von außen zurücktreten – für den Westen vom Osten,
für den Osten vom Westen. Gleich offenkundig ist das Bedürfnis,
vorbereitet zu sein, sich am Rande des Abgrundes zu bewegen,
der Herausforderung ins Auge zu sehen. Wir unterwerfen uns
der friedlichen Produktion von Destruktionsmitteln, der zur
Perfektion getriebenen Verschwendung und dem Umstand, daß
wir zu einer Verteidigung erzogen werden, welche gleichermaßen die Verteidiger verunstaltet wie das, was sie verteidigen.
Wenn wir versuchen, die Ursachen der Gefahr darauf zu
beziehen, wie die Gesellschaft organisiert ist und ihre Mitglieder
organisiert, dann stehen wir sofort der Tatsache gegenüber,
daß die fortgeschrittene Industriegesellschaft reicher, größer und
besser wird, indem sie die Gefahr verewigt. Die Verteidigungs-
struktur erleichtert das Leben einer größeren Anzahl von Menschen und erweitert die Herrschaft des Menschen über die Natur.
Unter diesen Umständen fällt es unseren Massenmedien nicht
schwer, partikulare Interessen als die aller einsichtigen Leute zu
verkaufen. Die politischen Bedürfnisse der Gesellschaft werden
zu industriellen Bedürfnissen und Wünschen, ihre Befriedigung
fördert das Geschäft und das Gemeinwohl, und das Ganze
erscheint als die reine Verkörperung der Vernunft.
Und doch ist diese Gesellschaft als Ganzes irrational. Ihre
Produktivität zerstört die freie Entwicklung der menschlichen
Bedürfnisse und Anlagen, ihr Friede wird durch die beständige

Kriegsdrohung aufrecht erhalten, ihr Wachstum hängt ab von der Unterdrückung der realen Möglichkeiten, den Kampf ums Dasein zu befrieden – individuell, national und international. Diese Unterdrückung, höchst verschieden von derjenigen, die für die vorangehenden, weniger entwickelten Stufen unserer Gesellschaft charakteristisch war, macht sich heute nicht aus einer Position natürlicher und technischer Unreife heraus geltend, sondern aus einer Position der Stärke. Die (geistigen und materiellen) Fähigkeiten der gegenwärtigen Gesellschaft sind unermeßlich größer als je zuvor – was bedeutet, daß die Reichweite der gesellschaftlichen Herrschaft über das Individuum unermeßlich größer ist als je zuvor. Unsere Gesellschaft ist dadurch ausgezeichnet, daß sie die zentrifugalen Kräfte mehr auf technischem Wege besiegt als mit Terror: auf der doppelten Basis einer überwältigenden Leistungsfähigkeit und eines sich erhöhenden Lebensstandards.

Es gehört zur Absicht einer kritischen Theorie der gegenwärtigen Gesellschaft, die Wurzeln dieser Entwicklungen zu erforschen und ihre geschichtlichen Alternativen zu untersuchen – einer Theorie, die die Gesellschaft analysiert im Licht ihrer genutzten und ungenutzten oder mißbrauchten Kapazitäten zur Verbesserung der menschlichen Lage. Was aber sind die Maßstäbe einer solchen Kritik?

Sicher spielen Werturteile eine Rolle. Die etablierte Weise, die Gesellschaft zu organisieren, wird an anderen möglichen Weisen gemessen, Weisen, von denen angenommen wird, daß sie der Erleichterung des menschlichen Kampfes ums Dasein bessere Chancen bieten; eine bestimmte historische Praxis wird an ihren eigenen geschichtlichen Alternativen gemessen. Von Anbeginn steht damit jede kritische Theorie der Gesellschaft dem Problem historischer Objektivität gegenüber, einem Problem, das an den beiden Stellen aufkommt, an denen die Analyse Werturteile einschließt:

1. das Urteil, daß das menschliche Leben lebenswert ist oder vielmehr lebenswert gemacht werden kann oder sollte. Dieses Urteil liegt aller geistigen Anstrengung zu Grunde; es ist das *Apriori* der Gesellschaftstheorie, und seine Ablehnung (die durchaus logisch ist) lehnt die Theorie selbst ab;

2. das Urteil, daß in einer gegebenen Gesellschaft spezifische Möglichkeiten zur Verbesserung des menschlichen Lebens bestehen sowie spezifische Mittel und Wege, diese Möglichkeiten zu verwirklichen. Die kritische Analyse hat die objektive Gültigkeit dieser Urteile zu beweisen, und der Beweis muß auf empirischem Boden geführt werden. Der etablierten Gesellschaft steht eine nachweisbare Quantität und Qualität geistiger und materieller Ressourcen zur Verfügung. Wie können diese Ressourcen für die optimale Entwicklung und Befriedigung individueller Bedürfnisse und Anlagen bei einem Minimum an schwerer Arbeit und Elend ausgenutzt werden? Die Gesellschaftstheorie ist eine historische Theorie, und die Geschichte ist das Reich der Notwendigkeit. Daher ist zu fragen: welche unter den verschiedenen möglichen und wirklichen Weisen, die verfügbaren Ressourcen zu organisieren und nutzbar zu machen, bieten die größte Chance einer optimalen Entwicklung?

Der Versuch, diese Fragen zu beantworten, erfordert zunächst eine Reihe von Abstraktionen. Um die Möglichkeiten einer optimalen Entwicklung anzugeben und zu bestimmen, muß die kritische Theorie von der tatsächlichen Organisation und Anwendung der gesellschaftlichen Ressourcen abstrahieren sowie von den Ergebnissen dieser Organisation und Anwendung. Eine solche Abstraktion, die sich weigert, das gegebene Universum der Tatsachen als den endgültigen Zusammenhang hinzunehmen, in dem etwas zwingende Kraft erhält, eine solche »transzendierende« Analyse der Tatsachen im Licht ihrer gehemmten und geleugneten Möglichkeiten gehört wesentlich zur Struktur von Gesellschaftstheorie. Sie ist aller Metaphysik entgegengesetzt aufgrund des streng geschichtlichen Charakters der Transzendenz[1]. Die »Möglichkeiten« müssen sich innerhalb der Reichweite der jeweiligen Gesellschaft befinden; sie müssen bestimmbare Ziele der Praxis sein. Dementsprechend muß die Abstraktion

1 Die Ausdrücke »transzendieren« und »Transzendenz« werden durchweg im empirischen, kritischen Sinne verwandt: sie bezeichnen Tendenzen in Theorie und Praxis, die in einer gegebenen Gesellschaft über das etablierte Universum von Sprechen und Handeln in Richtung auf seine geschichtlichen Alternativen (realen Möglichkeiten) »hinausschießen«.

von den bestehenden Institutionen eine tatsächliche Tendenz ausdrücken – das heißt, ihre Veränderung muß das reale Bedürfnis der vorhandenen Bevölkerung sein. Die Gesellschaftstheorie hat es mit den geschichtlichen Alternativen zu tun, die in der etablierten Gesellschaft als subversive Tendenzen und Kräfte umgehen. Die mit den Alternativen verbundenen Werte werden durchaus zu Tatsachen, wenn sie vermittels historischer Praxis in Wirklichkeit übersetzt werden. Die theoretischen Begriffe verlieren mit der gesellschaftlichen Veränderung ihre Gültigkeit.

Hier aber konfrontiert die fortgeschrittene Industriegesellschaft die Kritik mit einer Lage, die sie ihrer ganzen Basis zu berauben scheint. Ausgeweitet zu einem ganzen System von Herrschaft und Gleichschaltung, bringt der technische Fortschritt Lebensformen (und solche der Macht) hervor, welche die Kräfte, die das System bekämpfen, zu besänftigen und allen Protest im Namen der historischen Aussichten auf Freiheit von schwerer Arbeit und Herrschaft zu besiegen oder zu widerlegen scheinen. Die gegenwärtige Gesellschaft scheint imstande, einen sozialen Wandel zu unterbinden – eine qualitative Veränderung, die wesentlich andere Institutionen durchsetzen würde, eine neue Richtung des Produktionsprozesses, neue Weisen menschlichen Daseins. Die Unterbindung sozialen Wandels ist vielleicht die hervorstechendste Leistung der fortgeschrittenen Industriegesellschaft; die allgemeine Hinnahme des »nationalen Anliegens«, das Zwei-Parteien-System, der Niedergang des Pluralismus, das betrügerische Einverständnis von Kapital und organisierter Arbeiterschaft in einem starken Staat bezeugen die Integration der Gegensätze, die das Ergebnis wie die Vorbedingung dieser Leistung ist.

Ein kurzer Vergleich zwischen dem Stadium, in dem die Theorie der Industriegesellschaft sich bildete, und ihrer gegenwärtigen Lage kann zeigen helfen, wie die Grundlage der Kritik sich gewandelt hat. Als sie in der ersten Hälfte des neunzehnten Jahrhunderts aufkam und die ersten Begriffe von Alternativen ausarbeitete, gewann die kritische Theorie der Industriegesellschaft Konkretion in einer geschichtlichen Vermittlung zwischen Theorie und Praxis, Werten und Tatsachen, Bedürfnissen und

Zielen. Diese geschichtliche Vermittlung spielte sich ab im Bewußtsein und in der politischen Aktion der beiden großen Klassen, die sich in der Gesellschaft gegenüberstanden: Bourgeoisie und Proletariat. In der kapitalistischen Welt sind sie noch immer die grundlegenden Klassen. Die kapitalistische Entwicklung hat jedoch die Struktur und Funktion dieser beiden Klassen derart verändert, daß sie nicht mehr die Träger historischer Umgestaltung zu sein scheinen. Ein sich über alles hinwegsetzendes Interesse an der Erhaltung und Verbesserung des institutionellen Status quo vereinigt die früheren Antagonisten in den fortgeschrittensten Bereichen der gegenwärtigen Gesellschaft. Und in dem Maße, wie der technische Fortschritt Wachstum und Zusammenhalt der kommunistischen Gesellschaft gewährleistet, weicht gerade die Idee der qualitativen Änderung den realistischen Begriffen einer nichtexplosiven Evolution. Da es an nachweisbaren Trägern und Triebkräften gesellschaftlichen Wandels fehlt, wird die Kritik auf ein hohes Abstraktionsniveau zurückgeworfen. Es gibt keinen Boden, auf dem Theorie und Praxis, Denken und Handeln zusammenkommen. Selbst die empirischste Analyse geschichtlicher Alternativen erscheint als unrealistische Spekulation, das Eintreten für sie als eine Sache persönlichen (oder gruppenspezifischen) Beliebens.

Und dennoch: widerlegt dieses Fehlen einer Vermittlung die Theorie? Angesichts offenkundig widersprüchlicher Tatsachen besteht die kritische Analyse weiterhin darauf, daß das Bedürfnis nach qualitativer Änderung so dringend ist wie je zuvor. Wer verlangt nach ihr? Die Antwort ist weiterhin dieselbe: die Gesamtgesellschaft für jedes ihrer Mitglieder. Die Vereinigung von anwachsender Produktivität und anwachsender Zerstörung, das Hasardspiel mit der Vernichtung, die Auslieferung des Denkens, Hoffens und Fürchtens an die Entscheidungen der bestehenden Mächte, die Erhaltung des Elends angesichts eines beispiellosen Reichtums enthalten in sich die unparteiischste Anklage – auch wenn sie nicht die *raison d'être* dieser Gesellschaft sind, sondern nur ihr Nebenprodukt: ihre durchgreifende Rationalität, die Leistungsfähigkeit und Wachstum befördert, ist selbst irrational.

Die Tatsache, daß die große Mehrheit der Bevölkerung diese

Gesellschaft hinnimmt und dazu gebracht wird, sie hinzunehmen, macht sie nicht weniger irrational und verwerflich. Die Unterscheidung zwischen wahrem und falschem Bewußtsein, wirklichem und unmittelbarem Interesse ist immer noch sinnvoll. Aber diese Unterscheidung selbst muß bestätigt werden. Die Menschen müssen dazu gelangen, sie zu sehen, und müssen vom falschen zum wahren Bewußtsein finden, von ihrem unmittelbaren zu ihrem wirklichen Interesse. Das können sie nur, wenn sie unter dem Bedürfnis stehen, ihre Lebensweise zu ändern, das Positive zu verneinen, sich ihm zu verweigern. Eben dieses Bedürfnis vermag die etablierte Gesellschaft in dem Maße zu unterdrücken, wie sie imstande ist, »die Güter« auf erweiterter Stufenleiter »zu liefern«, und die wissenschaftliche Unterwerfung der Natur zur wissenschaftlichen Unterwerfung des Menschen zu benutzen.

Gegenüber dem totalen Charakter der Errungenschaften der fortgeschrittenen Industriegesellschaft gebricht es der kritischen Theorie an einer rationalen Grundlage zum Transzendieren dieser Gesellschaft. Dieses Vakuum entleert die theoretische Struktur selbst, weil die Kategorien einer kritischen Theorie der Gesellschaft während einer Periode entwickelt wurden, in der sich das Bedürfnis nach Weigerung und Subversion im Handeln wirksamer sozialer Kräfte verkörperte. Diese Kategorien waren wesentlich negative und oppositionelle Begriffe, welche die realen Widersprüche der europäischen Gesellschaft des neunzehnten Jahrhunderts bestimmten. Die Kategorie »Gesellschaft« selbst drückte den akuten Konflikt zwischen der sozialen und politischen Sphäre aus – die Gesellschaft als antagonistisch gegenüber dem Staat. Entsprechend bezeichneten Begriffe wie »Individuum«, »Klasse«, »privat«, »Familie« Sphären und Kräfte, die in die etablierten Verhältnisse noch nicht integriert waren – Sphären von Spannung und Widerspruch. Mit der zunehmenden Integration der Industriegesellschaft verlieren diese Kategorien ihren kritischen Inhalt und tendieren dazu, deskriptive, trügerische oder operationelle Termini zu werden.

Ein Versuch, die kritische Intention dieser Kategorien wiederzuerlangen und zu verstehen, wie diese Intention durch die gesellschaftliche Wirklichkeit entwertet wurde, erscheint von Anbeginn als Rückfall von einer mit der geschichtlichen Praxis verbundenen Theorie in abstraktes, spekulatives Denken: von der Kritik der politischen Ökonomie zur Philosophie. Dieser ideologische Charakter der Kritik ergibt sich aus der Tatsache, daß die Analyse gezwungen ist, von einer Position »außerhalb« der positiven wie der negativen, der produktiven wie der destruktiven Tendenzen in der Gesellschaft auszugehen. Die moderne Industriegesellschaft ist die durchgehende Identität dieser Gegensätze – es geht ums Ganze. Zugleich kann die Stellung der Theorie nicht eine bloßer Spekulation sein. Sie muß insofern eine historische Stellung sein, als sie in den Fähigkeiten der gegebenen Gesellschaft begründet sein muß.

Diese zweideutige Situation schließt eine noch grundlegendere Zweideutigkeit ein. Der *Eindimensionale Mensch* wird durchweg zwischen zwei einander widersprechenden Hypothesen schwanken: 1. daß die fortgeschrittene Industriegesellschaft imstande ist, eine qualitative Änderung für die absehbare Zukunft zu unterbinden; 2. daß Kräfte und Tendenzen vorhanden sind, die diese Eindämmung durchbrechen und die Gesellschaft sprengen können. Ich glaube nicht, daß eine klare Antwort gegeben werden kann. Beide Tendenzen bestehen nebeneinander – und sogar die eine in der anderen. Die erste Tendenz ist die herrschende, und alle Vorbedingungen eines Umschwungs, die es geben mag, werden benutzt, ihn zu verhindern. Vielleicht kann ein Unglück die Lage ändern, aber solange nicht die Anerkennung dessen, was getan und was verhindert wird, das Bewußtsein und Verhalten des Menschen umwälzt, wird nicht einmal eine Katastrophe die Änderung herbeiführen.

Im Brennpunkt der Analyse steht die fortgeschrittene Industriegesellschaft, in der der technische Produktions- und Verteilungsapparat (bei einem zunehmenden automatisierten Sektor) nicht als eine Gesamtsumme bloßer Instrumente funktioniert, die von ihren gesellschaftlichen und politischen Wirkungen isoliert werden können, sondern vielmehr als ein System, von dem das Produkt des Apparats wie die Operationen, ihn zu bedienen und zu erweitern, *a priori* bestimmt werden. In dieser Gesellschaft tendiert der Produktionsapparat dazu, in dem Maße totalitär zu werden, wie er nicht nur die gesellschaftlich notwendigen Betätigungen, Fertigkeiten und Haltungen bestimmt, sondern auch die individuellen Bedürfnisse und Wünsche. Er ebnet so den Gegensatz zwischen privater und öffentlicher Existenz, zwischen individuellen und gesellschaftlichen Bedürfnissen ein. Die Technik dient dazu, neue, wirksamere und angenehmere Formen sozialer Kontrolle und sozialen Zusammenhalts einzuführen. Die totalitäre Tendenz dieser Kontrollen scheint sich noch in einem anderen Sinne durchzusetzen – dadurch, daß sie sich auf die weniger entwickelten, selbst vorindustriellen Gebiete der Welt ausbreitet und dadurch, daß sie Ähnlichkeiten in der Entwicklung von Kapitalismus und Kommunismus hervorbringt.

Angesichts der totalitären Züge dieser Gesellschaft läßt sich der traditionelle Begriff der »Neutralität« der Technik nicht mehr aufrechterhalten. Technik als solche kann nicht von dem Gebrauch abgelöst werden, der von ihr gemacht wird; die technologische Gesellschaft ist ein Herrschaftssystem, das bereits im Begriff und Aufbau der Techniken am Werke ist.

Die Weise, in der eine Gesellschaft das Leben ihrer Mitglieder organisiert, schließt eine ursprüngliche *Wahl* zwischen geschichtlichen Alternativen ein, die vom überkommenen Niveau der materiellen und geistigen Kultur bestimmt sind. Die Wahl selbst ergibt sich aus dem Spiel der herrschenden Interessen. Sie *antizipiert* besondere Weisen, Mensch und Natur zu verändern und nutzbar zu machen und verwirft andere. Sie ist ein »Entwurf« von Verwirklichung unter anderen[2]. Aber ist der Entwurf einmal in den grundlegenden Institutionen und Verhältnissen wirksam geworden, so tendiert er dazu, exklusiv zu werden und die Entwicklung der Gesellschaft als Ganzes zu bestimmen. Als ein technologisches Universum ist die fortgeschrittene Industriegesellschaft ein *politisches* Universum – die späteste Stufe der Verwirklichung eines spezifischen geschichtlichen *Entwurfs* – nämlich die Erfahrung, Umgestaltung und Organisation der Natur als des bloßen Stoffs von Herrschaft.

---

2 Der Terminus »Entwurf« (Projekt) hebt das Element von Freiheit und Verantwortung in der geschichtlichen Determination hervor: er verknüpft Autonomie und Kontingenz. In diesem Sinne wird er im Werk von Jean-Paul Sartre verwandt. Zur weiteren Diskussion cf. Kapitel 8.

Indem der Entwurf sich entfaltet, modelt er das gesamte Universum von Sprache und Handeln, von geistiger und materieller Kultur. Im Medium der Technik verschmelzen Kultur, Politik und Wirtschaft zu einem allgegenwärtigen System, das alle Alternativen in sich aufnimmt oder abstößt. Produktivität und Wachstumspotential dieses Systems stabilisieren die Gesellschaft und halten den technischen Fortschritt im Rahmen von Herrschaft. Technologische Rationalität ist zu politischer Rationalität geworden.

Bei der Erörterung der bekannten Tendenzen der fortgeschrittenen industriellen Zivilisation habe ich selten besondere Belege gegeben. Das Material ist in der umfassenden soziologischen und psychologischen Literatur über Technik und sozialen Wandel, wissenschaftliche Betriebsführung, korporative Unternehmen, Veränderungen des Charakters industrieller Arbeit und der Arbeitskraft etc. zusammengestellt und beschrieben. Es gibt viele unideologische Analysen der Tatsachen – wie Berle und Means, *The Modern Corporation and Private Property*, die Berichte des 76. Kongresses des Temporary National Economic Committee über *Concentration of Economic Power*, die Veröffentlichungen der AFL-CIO über *Automation and Major Technological Change*, aber auch die von *News and Letters* und *Correspondence* in Detroit. Ich möchte auch die hohe Bedeutung des Werks von C. Wright Mills und von Studien hervorheben, die häufig wegen Vereinfachung, Übertreibung oder journalistischer Unbekümmertheit scheel angesehen werden – Vance Packards Bücher *The Hidden Persuaders*, *The Status Seekers* und *The Waste Makers*, das Buch von William H. Whyte *The Organisation Man*, das von Fred J. Cook *The Warfare State* gehören zu dieser Kategorie[3]. Freilich bleiben in diesen Werken mangels theoretischer Analyse die Wurzeln der beschriebenen Verhältnisse unaufgedeckt und geschützt; aber dazu gebracht, für sich selbst zu sprechen, reden die Verhältnisse eine deutliche Sprache. Vielleicht

3 Deutsche Ausgaben: Vance Packard, *Die geheimen Verführer, Der Griff nach dem Unbewußten in Jedermann*, Econ-Verlag, Düsseldorf 1958 (Ullstein-Buch Nr. 402); *Die Pyramidenkletterer*, Econ-Verlag, Düsseldorf 1963; *Die große Verschwendung*, Econ-Verlag, Düsseldorf 1961; William H. Whyte, *Herr und Opfer der Organisation*, Düsseldorf 1958.

verschafft man sich das durchschlagendste Beweismaterial dadurch, daß man einfach ein paar Tage lang jeweils eine Stunde das Fernsehprogramm verfolgt oder sich das Programm von AM-Radio anhört, dabei die Reklamesendungen nicht abstellt und hin und wieder den Sender wechselt.

Im Brennpunkt meiner Analyse stehen Tendenzen in den höchstentwickelten gegenwärtigen Gesellschaften. Es gibt weite Bereiche innerhalb und außerhalb dieser Gesellschaften, wo die beschriebenen Tendenzen nicht herrschen – ich würde sagen: noch nicht herrschen. Ich entwerfe diese Tendenzen und biete einige Hypothesen, nichts weiter.

Die eindimensionale Gesellschaft

1 Die neuen Formen der Kontrolle

Eine komfortable, reibungslose, vernünftige, demokratische Unfreiheit herrscht in der fortgeschrittenen industriellen Zivilisation,
ein Zeichen technischen Fortschritts. In der Tat, was könnte rationaler sein als die Unterdrückung der Individualität bei der
Mechanisierung gesellschaftlich notwendiger, aber mühevoller
Veranstaltungen; die Konzentration individueller Unternehmen
zu wirksameren, produktiveren Verbänden; die Regulierung der
freien Konkurrenz zwischen verschieden gut ausgestatteten ökonomischen Subjekten; die Beschneidung von Prärogativen und
nationalen Hoheitsrechten, welche die internationale Organisation der Ressourcen behindern. Daß diese technische Ordnung
eine politische und geistige Gleichschaltung mit sich bringt, mag
eine bedauerliche und doch vielversprechende Entwicklung sein.
  Die Rechte und Freiheiten, die zu Beginn und auf früheren
Stufen der Industriegesellschaft einmal lebenswichtige Faktoren
waren, weichen einer höheren Stufe dieser Gesellschaft: sie sind
dabei, ihre traditionelle Vernunftbasis und ihren Inhalt zu verlieren. Denk-, Rede- und Gewissensfreiheit waren – ganz wie die
freie Wirtschaft, deren Förderung und Schutz sie dienten – wesentlich *kritische* Ideen, bestimmt, eine veraltete materielle und
geistige Kultur durch eine produktivere und rationalere zu ersetzen. Einmal institutionalisiert, teilten diese Rechte und Freiheiten das Schicksal der Gesellschaft, zu deren integralem Bestandteil sie geworden waren. Der Erfolg hebt seine Voraus-
setzungen auf.
  In dem Maße, wie Freiheit von Mangel, die konkrete Substanz
aller Freiheit, zur realen Möglichkeit wird, verlieren die Freiheiten, die einer niedereren Stufe der Produktivität angehören,
ihren früheren Inhalt. Unabhängigkeit des Denkens, Autonomie,
das Recht auf politische Opposition werden gegenwärtig ihrer
grundlegenden kritischen Funktion beraubt in einer Gesellschaft,
die immer mehr imstande scheint, die Bedürfnisse der Individuen

vermittels der Weise zu befriedigen, in der sie organisiert ist. Eine solche Gesellschaft kann mit Recht verlangen, daß ihre Prinzipien und Institutionen hingenommen werden, und kann die Opposition auf die Diskussion und Förderung alternativer politischer Praktiken *innerhalb* des Status quo einschränken. In dieser Hinsicht scheint es wenig auszumachen, ob die zunehmende Befriedigung der Bedürfnisse durch ein autoritäres oder ein nichtautoritäres System erreicht wird. Unter den Bedingungen eines steigenden Lebensstandards erscheint die Nichtübereinstimmung mit dem System als solchem als gesellschaftlich sinnlos, und das umsomehr, wenn sie fühlbare wirtschaftliche und politische Nachteile im Gefolge hat und den glatten Ablauf des Ganzen bedroht. Wenigstens soweit es um die Lebensbedürfnisse geht, scheint keinerlei Grund vorhanden, weshalb die Produktion und Verteilung von Gütern und Dienstleistungen im wettbewerblichen Aufeinanderprallen individueller Freiheiten vonstatten gehen sollte.

Von Anbeginn war die Freiheit des Unternehmens keineswegs ein Segen. Als die Freiheit zu arbeiten oder zu verhungern bedeutete sie für die überwiegende Mehrheit der Bevölkerung Plackerei, Unsicherheit und Angst. Wäre das Individuum nicht mehr gezwungen, sich auf dem Markt als freies ökonomisches Subjekt zu bewähren, so wäre das Verschwinden dieser Art von Freiheit eine der größten Errungenschaften der Zivilisation. Die technologischen Prozesse der Mechanisierung und Standardisierung könnten individuelle Energie für ein noch unbekanntes Reich der Freiheit jenseits der Notwendigkeit freigeben. Die innere Struktur des menschlichen Daseins würde geändert; das Individuum würde von den fremden Bedürfnissen und Möglichkeiten befreit, die die Arbeitswelt ihm auferlegt. Das Individuum wäre frei, Autonomie über ein Leben auszuüben, das sein eigenes wäre. Könnte der Produktionsapparat im Hinblick auf die Befriedigung der notwendigen Bedürfnisse organisiert und dirigiert werden, so könnte er durchaus zentralisiert sein; eine derartige Kontrolle würde individuelle Autonomie nicht verhindern, sondern ermöglichen.

Das ist ein Ziel im Rahmen dessen, wozu die fortgeschrittene industrielle Zivilisation imstande ist, der »Zweck« technologischer

Rationalität. Tatsächlich jedoch macht sich die entgegengesetzte Tendenz geltend: der Apparat erlegt der Arbeitszeit und der Freizeit, der materiellen und der geistigen Kultur die ökonomischen wie politischen Erfordernisse seiner Verteidigung und Expansion auf. Infolge der Art, wie sie ihre technische Basis organisiert hat, tendiert die gegenwärtige Industriegesellschaft zum Totalitären. Denn »totalitär« ist nicht nur eine terroristische politische Gleichschaltung der Gesellschaft, sondern auch eine nicht-terroristische ökonomisch-technische Gleichschaltung, die sich in der Manipulation von Bedürfnissen durch althergebrachte Interessen geltend macht. Sie beugt so dem Aufkommen einer wirksamen Opposition gegen das Ganze vor. Nicht nur eine besondere Regierungsform oder Parteiherrschaft bewirkt Totalitarismus, sondern auch ein besonderes Produktions- und Verteilungssystem, das sich mit einem »Pluralismus« von Parteien, Zeitungen, »ausgleichenden Mächten« etc. durchaus verträgt[1].

Politische Macht setzt sich heute durch vermittels ihrer Gewalt über den maschinellen Prozeß und die technische Organisation des Apparats. Die Regierung fortgeschrittener und fortschreitender Industriegesellschaften kann sich nur dann behaupten und sichern, wenn es ihr gelingt, die der industriellen Zivilisation verfügbare technische, wissenschaftliche und mechanische Produktivität zu mobilisieren, zu organisieren und auszubeuten. Und diese Produktivität mobilisiert die Gesellschaft als Ganzes über allen partikulären oder Gruppeninteressen und jenseits von ihnen. Das rohe Faktum, daß die physische (nur physische?) Gewalt der Maschine die des Individuums und jeder besonderen Gruppe von Individuen übertrifft, macht die Maschine in jeder Gesellschaft, deren grundlegende Organisation die des maschinellen Prozesses ist, zum wirksamsten politischen Instrument. Aber die politische Tendenz läßt sich umkehren; im wesentlichen ist die Macht der Maschine nur die aufgespeicherte und projektierte Macht des Menschen. In dem Maße, wie die Arbeitswelt als eine Maschine verstanden und entsprechend mechanisiert wird, wird sie zur *potentiellen* Basis einer neuen Freiheit für den Menschen.

Die gegenwärtige industrielle Zivilisation beweist, daß sie die

1 Cf. S. 71.

Stufe erreicht hat, auf der »die freie Gesellschaft« in den traditionellen Begriffen ökonomischer, politischer und geistiger Freiheiten nicht mehr angemessen bestimmt werden kann; nicht weil diese Freiheiten bedeutungslos geworden sind, sondern weil sie zu bedeutsam sind, um auf die traditionellen Formen begrenzt zu bleiben. Entsprechend den neuen Fähigkeiten der Gesellschaft bedarf es neuer Weisen der Verwirklichung.

Solche neuen Weisen lassen sich nur in negativen Begriffen andeuten, weil sie auf die Negation der herrschenden hinausliefen. So würde ökonomische Freiheit Freiheit *von* der Wirtschaft bedeuten – von Kontrolle durch ökonomische Kräfte und Verhältnisse; Freiheit vom täglichen Kampf ums Dasein, davon, sich seinen Lebensunterhalt verdienen zu müssen. Politische Freiheit würde die Befreiung der Individuen *von* der Politik bedeuten, über die sie keine wirksame Kontrolle ausüben. Entsprechend würde geistige Freiheit die Wiederherstellung des individuellen Denkens bedeuten, das jetzt durch Massenkommunikation und -schulung aufgesogen wird, die Abschaffung der »öffentlichen Meinung« mitsamt ihren Herstellern. Der unrealistische Klang dieser Behauptungen deutet nicht auf ihren utopischen Charakter hin, sondern auf die Gewalt der Kräfte, die ihrer Verwirklichung im Wege stehen. Die wirksamste und zäheste Form des Kampfes gegen die Befreiung besteht darin, den Menschen materielle und geistige Bedürfnisse einzuimpfen, welche die veralteten Formen des Kampfes ums Dasein verewigen.

Die Intensität, die Befriedigung und selbst der Charakter menschlicher Bedürfnisse, die über das biologische Niveau hinausgehen, sind stets im voraus festgelegt gewesen. Ob die Möglichkeit, etwas zu tun oder zu lassen, zu genießen oder zu zerstören, zu besitzen oder zurückzuweisen als ein *Bedürfnis* erfaßt wird oder nicht, hängt davon ab, ob sie für die herrschenden gesamtgesellschaftlichen Institutionen und Interessen als wünschenswert und notwendig angesehen werden kann oder nicht. In diesem Sinne sind menschliche Bedürfnisse historische Bedürfnisse, und in dem Maße, wie die Gesellschaft die repressive Entwicklung des Individuums erfordert, unterliegen dessen Bedürfnisse selbst und ihr Verlangen, befriedigt zu werden, kritischen Maßstäben, die sich über sie hinwegsetzen.

Wir können wahre und falsche Bedürfnisse unterscheiden. »Falsch« sind diejenigen, die dem Individuum durch partikuläre gesellschaftliche Mächte, die an seiner Unterdrückung interessiert sind, auferlegt werden: diejenigen Bedürfnisse, die harte Arbeit, Aggressivität, Elend und Ungerechtigkeit verewigen. Ihre Befriedigung mag für das Individuum höchst erfreulich sein, aber dieses Glück ist kein Zustand, der aufrecht erhalten und geschützt werden muß, wenn es dazu dient, die Entwicklung derjenigen Fähigkeit (seine eigene und die anderer) zu hemmen, die Krankheit des Ganzen zu erkennen und die Chancen zu ergreifen, diese Krankheit zu heilen. Das Ergebnis ist dann Euphorie im Unglück. Die meisten der herrschenden Bedürfnisse, sich im Einklang mit der Reklame zu entspannen, zu vergnügen, zu benehmen und zu konsumieren, zu hassen und zu lieben, was andere hassen und lieben, gehören in diese Kategorie falscher Bedürfnisse.

Solche Bedürfnisse haben einen gesellschaftlichen Inhalt und eine gesellschaftliche Funktion, die durch äußere Mächte determiniert sind, über die das Individuum keine Kontrolle hat; die Entwicklung und Befriedigung dieser Bedürfnisse sind heteronom. Ganz gleich, wie sehr solche Bedürfnisse zu denen des Individuums selbst geworden sind und durch seine Existenzbedingungen reproduziert und befestigt werden; ganz gleich, wie sehr es sich mit ihnen identifiziert und sich in ihrer Befriedigung wiederfindet, sie bleiben, was sie seit Anbeginn waren – Produkte eine Gesellschaft, deren herrschendes Interesse Unterdrückung erheischt.

Das Vorherrschen repressiver Bedürfnisse ist eine vollendete Tatsache, die in Unwissenheit und Niedergeschlagenheit hingenommen wird, aber eine Tatsache, die im Interesse des glücklichen Individuums sowie aller derjenigen beseitigt werden muß, deren Elend der Preis seiner Befriedigung ist. Die einzigen Bedürfnisse, die einen uneingeschränkten Anspruch auf Befriedigung haben, sind die vitalen – Nahrung, Kleidung und Wohnung auf dem erreichbaren Kulturniveau. Die Befriedigung dieser Bedürfnisse ist die Vorbedingung für die Verwirklichung *aller* Bedürfnisse, der unsublimierten wie der sublimierten.

Für jedes Bewußtsein und Gewissen, für jede Erfahrung, die

das herrschende gesellschaftliche Interesse nicht als das oberste Gesetz des Denkens und Verhaltens hinnimmt, ist das eingeschliffene Universum von Bedürfnissen und Befriedigungen eine in Frage zu stellende Tatsache – im Hinblick auf Wahrheit und Falschheit. Diese Begriffe sind durch und durch historisch, auch ihre Objektivität ist historisch. Das Urteil über Bedürfnisse und ihre Befriedigung schließt unter den gegebenen Bedingungen Maßstäbe des *Vorrangs* ein – Maßstäbe, die sich auf die optimale Entwicklung des Individuums, aller Individuen, beziehen unter optimaler Ausnutzung der materiellen und geistigen Ressourcen, über die der Mensch verfügt. Diese Ressourcen sind berechenbar. »Wahrheit« und »Falschheit« der Bedürfnisse bezeichnen in dem Maße objektive Bedingungen, wie die allgemeine Befriedigung von Lebensbedürfnissen und darüberhinaus die fortschreitende Linderung von harter Arbeit und Armut allgemeingültige Maßstäbe sind. Aber als historische Maßstäbe variieren sie nicht nur nach Bereich und Stufe der Entwicklung, sie lassen sich auch nur im (größeren oder geringeren) *Widerspruch* zu den herrschenden bestimmen. Welches Tribunal kann für sich die Autorität der Entscheidung beanspruchen?

In letzter Instanz muß die Frage, was wahre und was falsche Bedürfnisse sind, von den Individuen selbst beantwortet werden, das heißt sofern und wenn sie frei sind, ihre eigene Antwort zu geben. Solange sie davon abgehalten werden, autonom zu sein, solange sie (bis in ihre Triebe hinein) geschult und manipuliert werden, kann ihre Antwort auf diese Frage nicht als ihre eigene verstanden werden. Deshalb kann sich auch kein Tribunal legitimerweise das Recht anmaßen, darüber zu befinden, welche Bedürfnisse entwickelt und befriedigt werden sollten. Jedes derartige Tribunal ist zu verwerfen, obgleich dadurch die Frage nicht aus der Welt geschafft wird: wie können die Menschen, die das Objekt wirksamer und produktiver Herrschaft gewesen sind, von sich aus die Bedingungen der Freiheit herbeiführen?[2]

Je rationaler, produktiver, technischer und totaler die repressive Verwaltung der Gesellschaft wird, desto unvorstellbarer sind die Mittel und Wege, vermöge derer die verwalteten Individuen

2 Cf. S. 60.

ihre Knechtschaft brechen und ihre Befreiung selbst in die Hand nehmen könnten. Freilich ist es ein paradoxer und Anstoß erregender Gedanke, einer ganzen Gesellschaft Vernunft auferlegen zu wollen – obgleich sich die Rechtschaffenheit einer Gesellschaft bestreiten ließe, die diesen Gedanken lächerlich macht, während sie ihre eigene Bevölkerung in Objekte totaler Verwaltung überführt. Alle Befreiung hängt vom Bewußtsein der Knechtschaft ab, und das Entstehen dieses Bewußtseins wird stets durch das Vorherrschen von Bedürfnissen und Befriedigungen behindert, die in hohem Maße die des Individuums geworden sind. Der Prozeß ersetzt immer ein System der Präformierung durch ein anderes; das optimale Ziel ist die Ersetzung der falschen Bedürfnisse durch wahre, der Verzicht auf repressive Befriedigung.

Es ist der kennzeichnende Zug der fortgeschrittenen Industriegesellschaft, daß sie diejenigen Bedürfnisse wirksam drunten hält, die nach Befreiung verlangen – eine Befreiung auch von dem, was erträglich, lohnend und bequem ist – während sie die zerstörerische Macht und unterdrückende Funktion der Gesellschaft »im Überfluß« unterstützt und freispricht. Hierbei erzwingen die sozialen Kontrollen das überwältigende Bedürfnis nach Produktion und Konsumtion von unnützen Dingen; das Bedürfnis nach abstumpfender Arbeit, wo sie nicht mehr wirklich notwendig ist; das Bedürfnis nach Arten der Entspannung, die diese Abstumpfung mildern und verlängern; das Bedürfnis, solche trügerischen Freiheiten wie freien Wettbewerb bei verordneten Preisen zu erhalten, eine freie Presse, die sich selbst zensiert, freie Auswahl zwischen gleichwertigen Marken und nichtigem Zubehör bei grundsätzlichem Konsumzwang.

Unter der Herrschaft eines repressiven Ganzen läßt Freiheit sich in ein mächtiges Herrschaftsinstrument verwandeln. Der Spielraum, in dem das Individuum seine Auswahl treffen kann, ist für die Bestimmung des Grades menschlicher Freiheit nicht entscheidend, sondern *was* gewählt werden kann und was vom Individuum gewählt *wird*. Das Kriterium für freie Auswahl kann niemals ein absolutes sein, aber es ist auch nicht völlig relativ. Die freie Wahl der Herren schafft die Herren oder die Sklaven nicht ab. Freie Auswahl unter einer breiten Mannigfaltigkeit von Gütern und Dienstleistungen bedeutet keine Freiheit, wenn diese Güter und Dienstleistungen die soziale Kontrolle über ein Leben von Mühe und Angst aufrechterhalten – das heißt die Entfremdung. Und die spontane Reproduktion aufgenötigter Bedürfnisse durch das Individuum stellt keine Autonomie her; sie bezeugt nur die Wirksamkeit der Kontrolle.

Wenn wir auf der Tiefe und Wirksamkeit dieser Kontrolle bestehen, setzen wir uns dem Einwand aus, daß wir die prägende Macht der »Massenmedien« sehr überschätzen und daß die Menschen ganz von selbst die Bedürfnisse verspüren und befriedigen würden, die ihnen jetzt aufgenötigt werden. Der Einwand greift fehl. Die Präformierung beginnt nicht mit der Massenproduktion von Rundfunk und Fernsehen und mit der Zentralisierung ihrer Kontrolle. Die Menschen treten in dieses Stadium als langjährig präparierte Empfänger ein; der entscheidende Unterschied besteht in der Einebnung des Gegensatzes (oder Konflikts) zwischen dem Gegebenen und dem Möglichen, zwischen den befriedigten und den nicht befriedigten Bedürfnissen. Hier zeigt die sogenannte Ausgleichung der Klassenunterschiede ihre ideologische Funktion. Wenn der Arbeiter und sein Chef sich am selben Fernsehprogramm vergnügen und dieselben Erholungsorte besuchen, wenn die Stenotypistin ebenso attraktiv hergerichtet ist wie die Tochter ihres Arbeitgebers, wenn der Neger einen Cadillac besitzt, wenn sie alle dieselbe Zeitung lesen, dann deutet diese Angleichung nicht auf das Verschwinden der Klassen hin, sondern auf das Ausmaß, in dem die unterworfene Bevölkerung an den Bedürfnissen und Befriedigungen teil hat, die der Erhaltung des Bestehenden dienen.

Allerdings ist in den am höchsten entwickelten Bereichen der gegenwärtigen Gesellschaft die Umsetzung gesellschaftlicher in individuelle Bedürfnisse derart wirksam, daß der Unterschied zwischen ihnen rein theoretisch erscheint. Kann man wirklich zwischen den Massenmedien als Instrumenten der Information und Unterhaltung und als Agenturen der Manipulation und Schulung unterscheiden? Zwischen dem Auto als etwas Lästigem und als bequemer Einrichtung? Zwischen dem Graus und der Behaglichkeit funktionaler Architektur? Zwischen der Arbeit für nationale Verteidigung und der Arbeit für den Gewinn des Konzerns? Zwischen der privaten Lust und der kommerziellen und politischen Nützlichkeit einer Erhöhung der Geburtenziffer?

Wiederum stehen wir einem der beunruhigendsten Aspekte der fortgeschrittenen industriellen Zivilisation gegenüber: dem rationalen Charakter ihrer Irrationalität. Ihre Produktivität und Leistungsfähigkeit, ihr Vermögen, Bequemlichkeiten zu erhöhen und zu verbreiten, Verschwendung in Bedürfnis zu verwandeln und Zerstörung in Aufbau, das Ausmaß, in dem diese Zivilisation die Objektwelt in eine Verlängerung von Geist und Körper des Menschen überführt, macht selbst den Begriff der Entfremdung fragwürdig. Die Menschen erkennen sich in ihren Waren wieder; sie finden ihre Seele in ihrem Auto, ihrem Hi-Fi-Empfänger, ihrem Küchengerät. Der Mechanismus selbst, der das Individuum an seine Gesellschaft fesselt, hat sich geändert, und die soziale Kontrolle ist in den neuen Bedürfnissen verankert, die sie hervorgebracht hat.

Die herrschenden Formen sozialer Kontrolle sind technologisch in einem neuen Sinne. Zwar ist die technische Struktur und Wirksamkeit des produktiven und destruktiven Apparats die ganze Neuzeit hindurch ein Hauptmittel gewesen, die Bevölkerung der etablierten gesellschaftlichen Arbeitsteilung zu unterwerfen. Ferner war solche Integration stets von handgreiflicheren Formen des Zwangs begleitet: Verlust des Lebensunterhalts, gerichtliche Sanktionen, Polizei, bewaffnete Streitkräfte. Das ist noch der Fall. Aber in der gegenwärtigen Periode erscheinen die technologischen Kontrollen als die Verkörperung der Vernunft selbst zugunsten aller sozialen Gruppen und Interessen – in solchem Maße, daß aller Widerspruch irrational scheint und aller Widerstand unmöglich.

Es ist daher kein Wunder, daß die sozialen Kontrollen in den fortgeschrittensten Bereichen dieser Zivilisation derart introjiziert worden sind, daß selbst individueller Protest in seinen Wurzeln beeinträchtigt wird. Die geistige und gefühlsmäßige Weigerung »mitzumachen« erscheint als neurotisch und ohnmächtig. Das ist der sozialpsychologische Aspekt des politischen Ereignisses, von dem die gegenwärtige Periode gekennzeichnet ist: das Dahinschwinden der historischen Kräfte, die auf der vorhergehenden Stufe der Industriegesellschaft die Möglichkeit neuer Daseinsformen zu vertreten schienen.

Aber vielleicht beschreibt der Terminus »Introjektion« nicht mehr die Weise, in der das Individuum von sich aus die von seiner Gesellschaft ausgeübten äußeren Kontrollen reproduziert und verewigt. Introjektion unterstellt eine Reihe relativ spontaner Prozesse, vermittels derer ein Selbst (Ich) das »Äußere« ins »Innere« umsetzt. Damit schließt Introjektion das Bestehen einer inneren Dimension ein, die von äußeren Erfordernissen verschieden und ihnen gegenüber sogar antagonistisch ist – ein individuelles Bewußtsein und ein individuelles Unbewußtes, unabhängig von der öffentlichen Meinung und dem öffentlichen Verhalten[3]. Die Idee der »inneren Freiheit« hat hier ihre Realität: sie bezeichnet den privaten Raum, worin der Mensch »er selbst« werden und bleiben kann.

Heute wird dieser private Raum durch die technologische Wirklichkeit angegriffen und beschnitten. Massenproduktion und -distribution beanspruchen das *ganze* Individuum, und Industriepsychologie ist längst nicht mehr auf die Fabrik beschränkt. Die mannigfachen Introjektionsprozesse scheinen zu fast mechanischen Reaktionen verknöchert. Das Ergebnis ist nicht Anpassung, sondern *Mimesis:* eine unmittelbare Identifikation des Individuums mit *seiner* Gesellschaft und dadurch mit der Gesellschaft als einem Ganzen.

Diese unmittelbare, automatische Identifikation (die für primitive Formen der Vergesellschaftung charakteristisch gewesen sein mag) erscheint aufs neue in der hochindustriellen Zivilisation; ihre neue »Unmittelbarkeit« ist jedoch das Produkt einer ausgetüftelten, wissenschaftlichen Betriebsführung und Organisation. In diesem Prozeß wird die »innere« Dimension des Geistes beschnitten, in der eine Opposition gegen den Status quo Wurzeln schlagen kann. Der Verlust dieser Dimension, in der die Macht negativen Denkens – die kritische Macht der Vernunft – ihre Stätte hat, ist das ideologische Gegenstück zu dem sehr materiellen Prozeß, in dem die fortgeschrittene Industriegesellschaft die Opposition zum Schweigen und mit sich in Einklang

---

3 Der Funktionswandel der Familie spielt hier eine entscheidende Rolle; ihre »sozialisierenden« Funktionen werden immer mehr von äußeren Gruppen und Medien übernommen. Cf. mein Buch *Eros and Civilization*, Boston 1955, S. 96 ff.; dt. *Triebstruktur und Gesellschaft*, Frankfurt am Main 1965, S. 97 ff.

bringt. Die Gewalt des Fortschritts verwandelt Vernunft in Unterwerfung unter die Lebenstatsachen und unter das dynamische Vermögen, mehr und größere Tatsachen derselben Lebensweise herzustellen. Die Leistungsfähigkeit des Systems macht die Individuen untauglich für die Erkenntnis, daß es keine Tatsachen enthält, die nicht die repressive Macht des Ganzen übermitteln. Wenn die Individuen sich in den Dingen wiederfinden, die ihr Leben gestalten, dann geschieht das nicht, indem sie den Dingen das Gesetz geben, sondern indem sie es hinnehmen – nicht das Gesetz der Physik, sondern das ihrer Gesellschaft.

Ich habe soeben darauf verwiesen, daß der Begriff der Entfremdung fraglich zu werden scheint, wenn sich die Individuen mit dem Dasein identifizieren, das ihnen auferlegt wird, und an ihm ihre eigene Entwicklung und Befriedigung haben. Diese Identifikation ist kein Schein, sondern Wirklichkeit. Die Wirklichkeit bildet jedoch eine fortgeschrittenere Stufe der Entfremdung aus. Diese ist gänzlich objektiv geworden; das Subjekt, das entfremdet ist, wird seinem entfremdeten Dasein einverleibt. Es gibt nur eine Dimension, und sie ist überall und tritt in allen Formen auf. Die Errungenschaften des Fortschritts spotten ebenso ideologischer Anklage wie Rechtfertigung; vor ihrem Tribunal wird das »falsche Bewußtsein« ihrer Rationalität zum wahren Bewußtsein.

Dieses Aufgehen der Ideologie in der Wirklichkeit bedeutet jedoch nicht das »Ende der Ideologie«. Im Gegenteil, in einem bestimmten Sinne ist die fortgeschrittene industrielle Kultur *ideologischer* als ihre Vorgängerin, insofern nämlich, als heute die Ideologie im Produktionsprozeß selbst steckt[4]. In provokativer Form offenbart dieser Satz die politischen Aspekte der herrschenden technologischen Rationalität. Der Produktionsapparat und die Güter und Dienstleistungen, die er hervorbringt, »verkaufen« das soziale System als Ganzes oder setzen es durch. Die Mittel des Massentransports und der Massenkommunikation, die Gebrauchsgüter Wohnung, Nahrung, Kleidung, die unwiderstehliche Leistung der Unterhaltungs- und Nachrichtenindustrie gehen mit verordneten Einstellungen und Ge-

4 Theodor W. Adorno, *Prismen, Kulturkritik und Gesellschaft,* Frankfurt 1955, S. 24 f.

wohnheiten, mit geistigen und gefühlsmäßigen Reaktionen einher, die die Konsumenten mehr oder weniger angenehm an die Produzenten binden und vermittels dieser ans Ganze. Die Erzeugnisse durchdringen und manipulieren die Menschen; sie befördern ein falsches Bewußtsein, das gegen seine Falschheit immun ist. Und indem diese vorteilhaften Erzeugnisse mehr Individuen in mehr gesellschaftlichen Klassen zugänglich werden, hört die mit ihnen einhergehende Indoktrination auf, Reklame zu sein; sie wird ein Lebensstil, und zwar ein guter – viel besser als früher –, und als ein guter Lebensstil widersetzt er sich qualitativer Änderung. So entsteht ein Muster *eindimensionalen Denkens und Verhaltens,* worin Ideen, Bestrebungen und Ziele, die ihrem Inhalt nach das bestehende Universum von Sprache und Handeln transzendieren, entweder abgewehrt oder zu Begriffen dieses Universums herabgesetzt werden. Sie werden neubestimmt von der Rationalität des gegebenen Systems und seiner quantitativen Ausweitung.

Diese Tendenz kann mit einer Entwicklung der wissenschaftlichen Methode zusammengebracht werden: mit dem Operationalismus in den Naturwissenschaften, dem Behaviorismus in den Sozialwissenschaften. Ihr gemeinsamer Zug ist ein totaler Empirismus, was die Behandlung der Begriffe angeht; ihr Sinn wird auf die Darstellung partikularer Operationen und partikularen Verhaltens eingeengt. Der operationelle Gesichtspunkt wird von P. W. Bridgmans Analyse des Begriffs der Länge gut verdeutlicht:

»Wir wissen eindeutig, was wir unter Länge verstehen, wenn wir sagen können, wie lang jedes beliebige Objekt ist; und für den Physiker ist außerdem nichts erforderlich. Um die Länge eines Objekts herauszufinden, müssen wir bestimmte physikalische Operationen durchführen. Der Begriff der Länge ist daher festgelegt, wenn die Operationen festgelegt sind, wodurch die Länge gemessen wird: das heißt, der Begriff der Länge enthält nur so viel wie die Reihe von Operationen, wodurch die Länge bestimmt wird. Im allgemeinen verstehen wir unter irgendeinem Begriff nichts als eine Reihe von Operationen; *der Begriff ist gleichbedeutend mit der entsprechenden Reihe von Operationen.*«[5]

Bridgman hat die weitreichenden Implikationen dieser Denkweise für die Gesellschaft insgesamt gesehen:

»Den operationellen Gesichtspunkt zu übernehmen, involviert weit mehr als die bloße Einschränkung des Sinnes, in dem wir den ›Begriff‹ verstehen, es liegt vielmehr eine weitreichende Änderung aller unserer Denkgewohnheiten darin, daß wir es uns künftig versagen, Begriffe als Werkzeuge unseres Denkens zu gebrauchen, von denen wir uns nicht hinreichend als Operationen Rechenschaft ablegen können.«[6]

Bridgmans Voraussage hat sich bewahrheitet. Die neue Denkweise ist die heute in Philosophie, Psychologie, Soziologie und anderen Bereichen vorherrschende Tendenz. Viele der allerlästigsten Begriffe werden durch den Nachweis »eliminiert«, daß man sich über sie im Sinne von Operationen oder des Verhaltens nicht hinreichend Rechenschaft ablegen kann. Der radikale empiristische Angriff (ich werde später in den Kapiteln 7 und 8 seinen Anspruch, empiristisch zu sein, untersuchen) liefert so die methodologische Rechtfertigung für die Herabminderung des Geistes durch die Intellektuellen – ein Positivismus, der damit, daß er die transzendierenden Elemente der Vernunft leugnet, das akademische Gegenstück bildet zum gesellschaftlich erforderten Verhalten.

Außerhalb der akademischen Sphäre ist die »weitreichende Änderung aller unserer Denkgewohnheiten« ernster. Sie dient dazu, die Gedanken und Ziele denjenigen gleichzuordnen, die das herrschende System erzwingt, und diejenigen abzuwehren, die mit dem System unversöhnbar sind. Die Herrschaft einer solchen eindimensionalen Realität bedeutet nicht, daß der Materialismus herrscht und es mit geistigen, metaphysischen und

---

5 P. W. Bridgman, *The Logic of Modern Physics*, New York, Macmillan, 1928, S. 5. Die operationelle Lehre ist seitdem verfeinert und abgewandelt worden. Bridgman selbst hat den Begriff der »Operation« dahingehend erweitert, daß er auch die Operationen des Theoretikers mit »Papier und Bleistift« einschließt (in: Philipp J. Frank, *The Validation of Scientific Theories*, Boston, Beacon Press, 1954, Kapitel II). Der Hauptimpuls bleibt derselbe: es ist »wünschenswert«, daß die Operationen mit Papier und Bleistift »eines schließlichen Kontaktes, obzwar vielleicht indirekt, mit instrumentellen Operationen fähig seien«.

6 *The Logic of Modern Physics*, loc. cit., S. 3 f.

künstlerischen Beschäftigungen zu Ende geht. Im Gegenteil, es gibt allerhand im Stil von »Gemeinsamer Gottesdienst diese Woche«, »Warum es nicht einmal mit Gott versuchen«, Zen, Existentialismus und Beatniks usf. Aber solche Arten von Protest und Transzendenz stehen nicht mehr im Widerspruch zum Status quo und sind nicht mehr negativ. Sie sind vielmehr der feierliche Teil des praktischen Behaviorismus, seine harmlose Negation, und werden vom Status quo als Teil seiner gesunden Kost rasch verdaut.

Das eindimensionale Denken wird von den Technikern der Politik und ihren Lieferanten von Masseninformation systematisch gefördert. Ihr sprachliches Universum ist voller Hypothesen, die sich selbst bestätigen und die, unaufhörlich und monopolistisch wiederholt, zu hypnotischen Definitionen oder Diktaten werden. »Frei« zum Beispiel sind die Institutionen, die sich in den Ländern der Freien Welt betätigen (und mit denen operiert wird); andere transzendierende Arten von Freiheit sind ex definitione entweder Anarchismus, Kommunismus oder Propaganda. »Sozialistisch« sind alle Eingriffe in private Unternehmen, die nicht seitens der freien Wirtschaft selbst (oder durch Regierungsverträge) erfolgen, wie allgemeine und umfassende Krankenversicherung oder der Schutz der Natur vor allzu durchgreifender Kommerzialisierung oder die Einrichtung öffentlicher Dienste, die dem privaten Profit schaden können. Diese totalitäre Logik der vollendeten Tatsachen hat ihr östliches Gegenstück. Dort ist Freiheit die von einem kommunistischen Regime eingeführte Lebensweise, und alle anderen, transzendierenden Arten von Freiheit sind entweder kapitalistisch oder revisionistisch oder linkes Sektierertum. In beiden Lagern sind nichtoperationelle Gedanken nicht aufs Verhalten abgestellt und subversiv. Die Denkbewegung wird vor Schranken angehalten, die als die Grenzen der Vernunft selbst erscheinen.

Solche Beschränkung des Denkens ist sicher nichts Neues. Der aufsteigende moderne Rationalismus zeigt in seiner spekulativen wie in seiner empiristischen Form einen auffallenden Gegensatz zwischen extremem, kritischem Radikalismus in der wissenschaftlichen und philosophischen Methode auf der einen Seite und einem unkritischen Quietismus in der Haltung gegenüber den etablierten und funktionierenden gesellschaftlichen Institutionen auf der anderen. So sollte Descartes' *ego cogitans* die »großen öffentlichen Körper« unberührt lassen, und Hobbes war der Ansicht, daß »das Gegenwärtige stets vorgezogen, erhalten und für am besten erachtet werden sollte«. Kant stimmte mit Locke darin überein, daß die Revolution dann zu rechtfertigen sei, *falls und wenn* es ihr gelungen ist, das Ganze zu organisieren und einen Umsturz zu verhindern.

Diesen sich anpassenden Vernunftbegriffen widersprachen jedoch stets das offenkundige Elend und die Ungerechtigkeit der »großen politischen Körper« und die wirksame, mehr oder minder bewußte Rebellion gegen sie. Es bestanden gesellschaftliche Verhältnisse, die eine wirkliche Absage an den gegebenen Zustand hervorriefen und gestatteten; es gab eine private wie politische Dimension, worin diese Absage sich zu wirksamer Opposition entwickeln konnte, die ihre Kraft erprobte und die Gültigkeit ihrer Ziele.

Mit der allmählichen Absperrung dieser Dimension durch die Gesellschaft nimmt die Selbstbeschränkung des Denkens eine umfassendere Bedeutung an. Die Wechselbeziehung zwischen wissenschaftlich-philosophischen und gesellschaftlichen Prozessen, zwischen theoretischer und praktischer Vernunft setzt sich »hinter dem Rücken« der Wissenschaftler und Philosophen durch. Die Gesellschaft behindert einen ganzen Typ oppositionellen Verhaltens; damit werden die ihm zugehörigen Begriffe illusorisch gemacht oder sinnlos. Geschichtliche Transzendenz erscheint als metaphysische Transzendenz, unannehmbar für die Wissenschaft und wissenschaftliches Denken. Im großen als »Denkgewohnheit« praktiziert, wird der operationelle und behavioristische Gesichtspunkt zu dem des etablierten Universums von Sprache und Handeln, von Bedürfnissen und Bestrebungen. Die »List der Vernunft« arbeitet, wie so oft, im Interesse der bestehenden Mächte. Die Insistenz auf operationellen und behavioristischen Begriffen richtet sich gegen die Anstrengungen, Denken und Verhalten *von* der gegebenen Wirklichkeit und *für* die unterdrückten Alternativen zu befreien. Theoretische und praktische Vernunft, akademischer und sozialer Behaviorismus begegnen sich auf gemeinsamem Boden: auf dem einer fortgeschrittenen Gesellschaft, die den wissenschaftlichen und technischen Fortschritt in ein Herschaftsinstrument verwandelt.

»Fortschritt« ist kein neutraler Begriff; er bewegt sich auf bestimmte Ziele zu, und diese Ziele sind von den Möglichkeiten bestimmt, die menschliche Lage zu verbessern. Die fortgeschrittene Industriegesellschaft nähert sich dem Stadium, wo weiterer Fortschritt den radikalen Umsturz der herrschenden Richtung und Organisation des Fortschritts erfordern würde. Dieses Stadium wäre erreicht, wenn die materielle Produktion (einschließlich der notwendigen Dienstleistungen) dermaßen automatisiert wird, daß alle Lebensbedürfnisse befriedigt werden und sich die notwendige Arbeitszeit zu einem Bruchteil der Gesamtzeit verringert. Von diesem Punkt an würde der technische Fortschritt das Reich der Notwendigkeit transzendieren, in dem er als Herrschafts- und Ausbeutungsinstrument diente, was wiederum seine Rationalität eingeschränkt hat; die Technik würde dem freien Spiel der Anlagen im Kampf um die Befriedung von Natur und Gesellschaft unterworfen.

Ein solcher Zustand ist in dem Marxschen Begriff der »Aufhebung der Arbeit« ins Auge gefaßt. Der Ausdruck »Befriedung des Daseins« scheint besser geeignet, die geschichtliche Alternative zu einer Welt zu bezeichnen, die – infolge eines internationalen Konflikts, der die Widersprüche innerhalb der etablierten Gesellschaft umformt und suspendiert – am Rande eines erdumspannenden Krieges fortschreitet. »Befriedung des Daseins« bedeutet, daß sich der Kampf des Menschen mit dem Menschen und der Natur unter Bedingungen entfaltet, worin die miteinander wetteifernden Bedürfnisse, Wünsche und Bestrebungen nicht mehr von hergebrachten Mächten organisiert werden, die an Herrschaft und Knappheit interessiert sind – eine Organisation, welche die zerstörerischen Formen dieses Kampfes verewigt.

Der heutige Kampf gegen diese geschichtliche Alternative findet eine feste Massenbasis in der unterworfenen Bevölkerung und seine Ideologie in der strengen Orientierung von Denken und Verhalten am gegebenen Universum von Tatsachen. Bestärkt durch die Leistungen von Wissenschaft und Technik, gerechtfertigt durch seine anwachsende Produktivität, spottet der Status quo aller Transzendenz. Der Möglichkeit einer Befriedung auf-

grund ihrer technischen und geistigen Leistungen gegenübergestellt, sperrt sich die reife Industriegesellschaft gegen diese Alternative. Operationalismus in Theorie und Praxis wird zur Theorie
und Praxis der *Eindämmung*. Unter ihrer handgreiflichen Dynamik ist diese Gesellschaft ein völlig statisches System des Lebens: sie reproduziert sich stets aufs neue in ihrer unterdrückenden
Produktivität und vorteilhaften Gleichschaltung. Die Eindämmung des technischen Fortschritts geht Hand in Hand mit seinem
Anwachsen in der festgelegten Richtung. Ganz abgesehen von
den politischen Fesseln, die der Status quo dem Menschen auferlegt, wird dieser an Leib und Seele gegen die Alternative
organisiert, und dies umsomehr, je mehr die Technik imstande
scheint, die Bedingungen für die Befriedung hervorzubringen.
   Die fortgeschrittensten Bereiche der Industriegesellschaft weisen durchweg diese beiden Züge auf: eine Tendenz zur Vollendung der technologischen Rationalität und intensive Bestrebungen, diese Tendenz im Rahmen der bestehenden Institutionen
zu halten. Darin besteht der innere Widerspruch dieser Zivilisation: das irrationale Element ihrer Rationalität. Es ist der Beweis
ihrer Leistungen. Die Industriegesellschaft, die sich Technik und
Wissenschaft zu eigen macht, wird für die stets wirksamer werdende Herrschaft über Mensch und Natur organisiert, für die
stets wirksamer werdende Ausnutzung ihrer Ressourcen. Sie wird
irrational zu einem Zeitpunkt, wo der Erfolg dieser Anstrengungen neue Dimensionen menschlicher Verwirklichung eröffnet.
Die Organisation für den Frieden ist von der für den Krieg
verschieden; die Institutionen, die dem Kampf ums Dasein dienten, können nicht der Befriedung des Daseins dienen. Das Leben
als Zweck ist qualitativ verschieden vom Leben als Mittel.
   Solch eine qualitativ neue Daseinsweise kann niemals als das
bloße Nebenprodukt ökonomischer und politischer Veränderungen angesehen werden, als mehr oder weniger spontane Auswirkung der neuen Institutionen, welche die notwendige Vorbedingung bilden. Qualitative Änderung schließt auch eine
Änderung der *technischen* Basis ein, auf der diese Gesellschaft
beruht – eine Basis, die die ökonomischen und politischen Institutionen fortbestehen läßt, vermittels derer die »zweite Natur«
des Menschen als eines aggressiven Verwaltungsobjekts gefestigt

wird. Die Techniken der Industrialisierung sind politische Techniken; als solche entscheiden sie im vorhinein über die Möglichkeiten von Vernunft und Freiheit.

Freilich muß Arbeit der Reduktion der Arbeit vorausgehen und Industrialisierung der Entwicklung menschlicher Bedürfnisse und Befriedigungen. Da aber alle Freiheit von der Bewältigung fremder Notwendigkeit abhängt, hängt die Verwirklichung der Freiheit von den *Techniken* dieser Bewältigung ab. Die höchste Arbeitsproduktivität läßt sich zur Verewigung der Arbeit verwenden, und die leistungsstärkste Industrialisierung kann der Beschränkung und Manipulation der Bedürfnisse dienen.

Wenn dieser Punkt erreicht ist, erstreckt sich Herrschaft – in der Maske von Überfluß und Freiheit – auf alle Bereiche des privaten und öffentlichen Daseins, integriert alle wirkliche Opposition und verleibt sich alle Alternativen ein. Die technologische Rationalität offenbart ihren politischen Charakter, indem sie zum großen Vehikel besserer Herrschaft wird und ein wahrhaft totalitäres Universum hervorbringt, in dem Gesellschaft und Natur, Geist und Körper in einem Zustand unaufhörlicher Mobilisation zur Verteidigung dieses Universums gehalten werden.

2 Die Abriegelung des Politischen

Die auf den fortgeschrittensten Gebieten der industriellen Zivilisation Gestalt annehmende Gesellschaft der totalen Mobilisierung verbindet in produktiver Einheit die Züge des Wohlfahrtsmit denen des Kriegsführungsstaates *(Warfare State).* Verglichen mit ihren Vorgängerinnen, ist sie in der Tat eine »neue Gesellschaft«. Traditionelle Unruheherde werden jetzt beseitigt oder isoliert, auflösende Elemente gebändigt. Die Haupttendenzen sind bekannt: Konzentration der Volkswirtschaft auf die Bedürfnisse der großen Konzerne, wobei die Regierung sich als anregende, unterstützende und manchmal sogar kontrollierende Kraft betätigt; Verflechtung dieser Wirtschaft mit einem weltweiten System von militärischen Bündnissen, monetären Übereinkünften, technischer Hilfe und Entwicklungsplänen; allmähliche Angleichung der Arbeiter- an die Angestelltenbevölkerung, der Führungstypen bei den Unternehmer- und Arbeitnehmerorganisationen, der Freizeitbeschäftigungen und Wünsche der verschiedenen sozialen Klassen; Förderung einer prästabilierten Harmonie zwischen Wissenschaft und nationalem Anliegen; Angriff auf die Privatsphäre durch die Allgegenwart der öffentlichen Meinung, Auslieferung des Schlafzimmers an die Kommunikation der Massenmedien.

Im politischen Bereich offenbart sich diese Tendenz in einer auffälligen Vereinigung oder Konvergenz der Gegensätze. Das Zwei-Parteien-System in der Außenpolitik setzt sich unter der Bedrohung durch den internationalen Kommunismus über konkurrierende Gruppeninteressen hinweg und dehnt sich auf die Innenpolitik aus, in der die Programme der großen Parteien selbst im Grad der Heuchelei und im Geruch der Clichés immer ununterscheidbarer werden. Diese Vereinigung der Gegensätze wirkt sich gerade dort auf die Möglichkeiten einer gesellschaftlichen Änderung aus, wo sie diejenigen Schichten umfaßt, auf deren Rücken das System fortschreitet – das heißt gerade die Klassen, deren Existenz einmal die Opposition gegen das System als Ganzes verkörperte.

In den Vereinigten Staaten stellt man das abgekartete Spiel und die Allianz von Geschäftswelt und organisierter Arbeiterschaft fest; in *Labor Looks at Labor: A Conversation,* 1963 vom Center for the Study of Democratic Institutions veröffentlicht, wird uns folgendes mitgeteilt:

»Inzwischen ist die Gewerkschaft in *ihren eigenen Augen* von dem Konzern fast ununterscheidbar geworden. Wir stehen heute dem Phänomen gegenüber, daß Gewerkschaften und Konzerne *gemeinsam* als Lobbyisten auftreten. Die Gewerkschaft wird nicht imstande sein, die Arbeiter in der Raketenproduktion davon zu überzeugen, daß die Unternehmung, für die sie arbeiten, ihr Gegner ist, wenn es der Gewerkschaft wie dem Konzern darum geht, größere Raketenverträge zu erhandeln, und beide versuchen, andere Verteidigungsindustrien in das Gebiet zu bekommen, oder wenn sie gemeinsam vor dem Kongreß erscheinen und gemeinsam verlangen, daß Raketengeschosse statt Bomber gebaut werden oder Bomben statt Raketengeschosse, je nach dem Vertrag, den sie gerade haben«.

Die britische Labour Party, deren Führer mit ihrer konservativen Gegenseite wetteifern in der Beförderung nationaler Interessen, hat alle Mühe, auch nur ein bescheidenes Programm teilweiser Nationalisierung zu retten. In Westdeutschland, das die Kommunistische Partei geächtet hat, beweist die Sozialdemokratische Partei in überzeugender Weise ihre Respektabilität, nachdem sie sich offiziell von ihren marxistischen Programmen losgesagt hat. So steht es in den führenden Industrieländern des Westens. Im Osten bezeugt die allmähliche Abnahme direkter politischer Kontrollen, daß man sich zunehmend auf die Wirksamkeit technischer Kontrollen als Herrschaftsinstrumente verläßt. Was die starken kommunistischen Parteien in Frankreich und Italien angeht, so bestätigen sie den allgemeinen Trend der Umstände, indem sie einem Minimalprogramm anhängen, das die revolutionäre Machtergreifung ad acta legt und den Regeln des parlamentarischen Spiels genügt.

Während es jedoch falsch ist, die französische und die italienische Partei in dem Sinne als »fremd« zu betrachten, daß sie von einer auswärtigen Macht gestützt werden, ist in dieser Propaganda ein unbeabsichtigter Wahrheitskern enthalten: sie sind insofern fremd, als sie Zeugen einer vergangenen (oder künftigen?) Geschichte in der gegenwärtigen Wirklichkeit sind. Wenn sie sich bereitgefunden haben, im Rahmen des bestehenden Systems zu arbeiten, so nicht nur aus taktischen Gründen und im Sinne kurzfristiger Strategie, sondern weil ihre gesellschaftliche Basis infolge der Umformung des kapitalistischen Systems geschwächt und ihre Ziele geändert wurden (ganz wie die Ziele der Sowjetunion, die diese Änderung der Politik bekräftigt hat). Diese nationalen kommunistischen Parteien spielen die historische Rolle legaler Oppositionsparteien, die zur Nichtradikalität »verdammt« sind. Sie zeugen von der Tiefe und Reichweite der kapitalistischen Integration und von Verhältnissen, die die qualitative Differenz widerstreitender Interessen als quantitative Differenzen innerhalb der etablierten Gesellschaft erscheinen lassen.

Keine tiefgehende Analyse scheint notwendig, um die Gründe für diese Entwicklungen zu finden. Was den Westen angeht: die früheren Konflikte in der Gesellschaft werden unter der doppelten (und auf Wechselseitigkeit beruhenden) Einwirkung von technischem Fortschritt und internationalem Kommunismus modifiziert und geschlichtet. Die Klassenkämpfe werden abgeschwächt, und die »imperialistischen Widersprüche« bleiben angesichts der Bedrohung von außen unausgetragen. Mobilisiert gegen diese Bedrohung, zeigt die kapitalistische Gesellschaft eine innere Einheit und Kohärenz, wie sie auf früheren Stufen der industriellen Zivilisation unbekannt war. Es handelt sich um eine Kohärenz, die sehr materielle Gründe hat; die Mobilisierung gegen den Feind wirkt als mächtiger Antrieb zu Produktion und Beschäftigung und erhält so den hohen Lebensstandard.

Auf diesem Boden erhebt sich ein Universum von Verwaltungsakten, worin wirtschaftliche Flauten kontrolliert und Konflikte stabilisiert werden durch die heilsamen Auswirkungen wachsender Produktivität und eines drohenden nuklearen Krieges. Ist diese Stabilisierung in dem Sinne »zeitlich befristet«, daß sie die *Wurzeln* der Konflikte unberührt läßt, die Marx in der kapitalistischen Produktionsweise fand (Widerspruch zwischen Privateigentum an den Produktionsmitteln und gesellschaftlicher Produktivität), oder ist sie eine Umformung der antagonistischen Struktur selbst, welche die Konflikte löst indem sie sie erträglich macht? Und falls die zweite Alternative zutrifft, wie ändert sie das Verhältnis von Kapitalismus und Sozialismus, das diesen als historische Negation von jenem erscheinen ließ?

Die Unterbindung des gesellschaftlichen Wandels

Die klassische Marxsche Theorie stellt sich den Übergang vom Kapitalismus zum Sozialismus als eine Revolution vor: das Proletariat zerstört den *politischen* Apparat des Kapitalismus, behält aber den *technischen* Apparat bei und unterwirft ihn der Sozialisierung. In der Revolution gibt es eine Kontinuität: befreit von irrationalen Schranken und Zerstörungen, erhält und vollendet sich die technologische Rationalität in der neuen Gesellschaft. Es ist interessant, eine sowjetmarxistische Äußerung zu dieser Kontinuität zu lesen, die für den Begriff des Sozialismus als der bestimmten Negation des Kapitalismus von solch großer Wichtigkeit ist:

»1. Obgleich die Entwicklung der Technik den ökonomischen Gesetzen einer jeden Gesellschaftsformation unterliegt, endet sie nicht, wie andere ökonomische Faktoren, mit dem Ungültig-Werden der Gesetze der Formation. Wenn im Prozeß der Revolution die alten Produktionsverhältnisse gesprengt werden, bleibt die Technik erhalten und entwickelt sich – den ökonomischen Gesetzen der neuen ökonomischen Formation unterworfen – weiter, und zwar mit erhöhtem Tempo. 2. Im Gegensatz zur Entwicklung der ökonomischen Basis in antagonistischen Gesellschaften entwickelt sich die Technik nicht sprunghaft, sondern durch eine allmähliche Anhäufung von Elementen einer neuen Qualität, während die Elemente der alten Qualität verschwinden. 3. [unwichtig in diesem Zusammenhang].«[1]

---

1 A. Zworikine, »The History of Technology as a Science and as a Branch of Learning; a Soviet view«, in: *Technology and Culture*, Detroit, Wayne University Press, Winter 1961, S. 2.

Im fortgeschrittenen Kapitalismus ist technische Rationalität trotz ihrer irrationalen Anwendung im Produktionsapparat verkörpert. Das gilt nicht nur für mechanisierte Fabriken, Werkzeuge und die Erschließung von Ressourcen, sondern auch für die Arbeitsweise als Anpassung an den maschinellen Prozeß und seine Lenkung, wie sie im »wissenschaftlichen Management« erfolgen. Weder Verstaatlichung noch Sozialisierung ändern *von sich aus* diese materielle Verkörperung technologischer Rationalität; im Gegenteil, *letztere* bleibt eine Vorbedingung für die sozialistische Entwicklung aller Produktivkräfte.

Freilich war Marx der Ansicht, daß die Organisation und Leitung des Produktionsapparats durch die »unmittelbaren Produzenten« eine *qualitative* Änderung in die technische Kontinuität einführen würde: nämlich Produktion zur Befriedigung sich frei entfaltender individueller Bedürfnisse. In dem Maße jedoch, wie der bestehende technische Apparat das öffentliche und private Dasein in allen Bereichen der Gesellschaft verschlingt – das heißt zum Medium von Kontrolle und Zusammenhalt in einem politischen Universum wird, das sich die arbeitenden Klassen einverleibt – in dem Maße würde die qualitative Änderung eine solche in der *technologischen Struktur selbst* nach sich ziehen. Und eine derartige Änderung würde *voraussetzen,* daß die arbeitenden Klassen ihrer ganzen Existenz nach diesem Universum entfremdet sind, daß ihr Bewußtsein das der totalen Unmöglichkeit ist, in diesem Universum fortzubestehen, so daß es bei dem Bedürfnis nach qualitativer Änderung um Leben und Tod geht. Daher besteht die Negation *vor* der Änderung selbst; die Vorstellung, daß die befreienden historischen Kräfte sich *innerhalb* der etablierten Gesellschaft entwickeln, ist ein Eckstein der Marxschen Theorie[2].

Nun wird gerade dieses neue Bewußtsein, dieser »Innenraum«, der Raum für die transzendierende geschichtliche Praxis von einer Gesellschaft abgeriegelt, in der die Subjekte wie die Objekte Mittel in einem Ganzen sind, das seine *raison d'être* in den vielfältigen Leistungen seiner überwältigenden Produktivität hat.

2 Cf. S. 61.

Sein höchstes Versprechen ist ein stets bequemer werdendes Leben für eine stets zunehmende Anzahl von Menschen, die sich – in einem strengen Sinne – kein qualitativ anderes Universum von Sprache und Handeln vorstellen können; denn die Fähigkeit, subversive Vorstellungen und Bestrebungen einzudämmen und zu manipulieren, ist ein wesentlicher Teil der bestehenden Gesellschaft. Jene, die in der Hölle der Gesellschaft im Überfluß leben müssen, werden mit einer Brutalität bei der Stange gehalten, die mittelalterliche Praktiken und solche der frühen Neuzeit wiederbelebt. Bei den anderen, weniger benachteiligten Menschen nimmt sich die Gesellschaft des Bedürfnisses nach Befreiung an, indem sie die Bedürfnisse befriedigt, die die Sklaverei schmackhaft und vielleicht sogar unbemerkbar machen, und sie erreicht diese Tatsache im Produktionsprozeß selbst. Unter seiner Einwirkung unterliegen die arbeitenden Klassen in den fortgeschrittenen Bereichen der industriellen Zivilisation einer entscheidenden Transformation, die zum Gegenstand einer umfassenden soziologischen Forschung geworden ist. Ich werde die Hauptfaktoren dieser Transformation aufzählen:

1. Die Mechanisierung setzt die bei der Arbeit verausgabte Quantität und Intensität körperlicher Energie immer mehr herab. Diese Entwicklung ist für den Marxschen Begriff des Arbeiters (Proletariers) von großer Tragweite. Für Marx ist der Proletarier in erster Linie der Handarbeiter, der seine körperliche Energie im Arbeitsprozeß verausgabt und erschöpft, selbst wenn er mit Maschinen arbeitet. Der Kauf und Gebrauch dieser körperlichen Energie unter unmenschlichen Verhältnissen zur privaten Aneignung von Mehrwert zog die empörenden, unmenschlichen Aspekte der Ausbeutung nach sich; der Marxsche Begriff denunziert die körperliche Pein und das Elend der Arbeit. Das ist das materielle, greifbare Element der Lohnsklaverei und Entfremdung – die physiologische und biologische Dimension des klassischen Kapitalismus.

»Pendant les siècles passés, une cause importante d'aliénation résidait dans le fait que l'être humain prêtait son individualité biologique à l'organisation technique: il était porteur d'outils; les ensembles techniques ne pouvaient se constituer qu'en incorporant l'homme comme porteur d'outils. Le caractère déformant de la profession était à la fois psychique et somatique.«[3]

Jetzt modifiziert die stets vollkommener werdende Mechanisierung der Arbeit im fortgeschrittenen Kapitalismus bei beibehaltener Ausbeutung die Einstellung und den Status der Ausgebeuteten. Innerhalb des technologischen Ganzen bleibt die mechanisierte Arbeit, bei der automatische und halbautomatische Reaktionen den größeren Teil der Arbeitszeit (wenn nicht die ganze) erfüllen, als lebenslängliche Tätigkeit eine anstrengende, abstumpfende, unmenschliche Sklaverei – die sogar anstrengender ist wegen der erhöhten Beschleunigung und Kontrolle der mehr an der Maschine (als am Produkt) Tätigen und der Isolierung der Arbeiter voneinander[4]. Freilich drückt sich in dieser Art Plackerei *gehemmte, teilweise* Automation aus, das Nebeneinander von automatisierten, halbautomatisierten und nicht-automatisierten Abteilungen in derselben Fabrik, aber selbst unter diesen Verhältnissen »hat die Technik die Ermüdung der Muskeln durch Angespanntheit und (oder) geistige Anstrengung ersetzt«[5]. Was die fortgeschritteneren automatischen Fabriken angeht, so wird die Umwandlung von körperlicher Energie in technische und geistige Fertigkeiten hervorgehoben:

»... Fertigkeiten des Kopfes eher als solche der Hand, des Logikers eher als des Handwerkers, der Nerven eher als der Muskeln, des Lenkers eher als des manuell Tätigen, des Instandhalters eher als des Bedieners.«[6]

Diese Art meisterhafter Versklavung ist nicht wesentlich verschieden von der des Maschinenschreibers, Bankkassierers, des

---

3 »Während der vergangenen Jahrhunderte bestand eine wichtige Ursache der Entfremdung darin, daß der Mensch seine biologische Individualität an die technische Organisation auslieferte: er war der Träger der Werkzeuge; die technischen Einheiten konnten sich nur so ausbilden, daß sie sich den Menschen als Träger der Werkzeuge einverleibten. Der deformierende Charakter der Tätigkeit war ein zugleich seelischer und körperlicher.« Gilbert Simondon, *Du mode d'existence des objets techniques*, Paris 1958, S, 103, Fußnote.

4 Cf. Charles Denby, »Workers Battle Automation«, in: *News and Letters*, Detroit 1960.

5 Charles R. Walker, *Toward the Automatic Factory*, New Haven, Yale University Press, 1957, S. XIX.

6 Ibid., S. 195.

unter Hochdruck arbeitenden Verkäufers oder der Verkäuferin und des Fernsehansagers. Standardisierung und Routine gleichen produktive und unproduktive Tätigkeiten einander an. Der Proletarier auf früheren Stufen des Kapitalismus war zwar das Lasttier, das durch die Arbeit seines Körpers für die Lebens- und Luxusbedürfnisse sorgte, während er in Dreck und Armut lebte. Damit aber war er die lebendige Absage an diese Gesellschaft[7]. Demgegenüber verkörpert der organisierte Arbeiter in den fortgeschrittenen Bereichen der technologischen Gesellschaft diese Absage weniger deutlich und wird gegenwärtig, wie die anderen menschlichen Objekte der gesellschaftlichen Arbeitsteilung, der technischen Gemeinschaft der verwalteten Bevölkerung einverleibt. Überhaupt scheint in den erfolgreichsten Bereichen der Automation eine Art technischer Gemeinschaft die Menschenatome bei der Arbeit zu integrieren. Die Maschine scheint denen, die sie bedienen, einen betäubenden Rhythmus beizubringen:

> »Es besteht allgemeine Übereinkunft darüber, daß wechselseitige Bewegungen, die von einer Gruppe von Personen ausgeführt werden, die einem rhythmischen Schema folgen, Befriedigung gewähren – ganz abgesehen davon, was durch die Bewegungen hervorgebracht wird.«[8]

Und der soziologische Beobachter sieht darin einen Grund für die allmähliche Entwicklung eines »allgemeinen Betriebsklimas«, das für die Produktion wie für bestimmte wichtige Arten menschlicher Befriedigung günstig ist«. Er spricht vom »Wachsen eines starken Gruppen-Gefühls bei jedem Arbeitsteam« und führt einen Arbeiter an: »Alles in allem schwingen wir mit den Dingen mit . . .« (. . . we are in the swing of things)[9]. Dieser Satz

---

7 Man muß auf dem inneren Zusammenhang zwischen den Marxschen Begriffen der Ausbeutung und der Verelendung trotz späterer Neubestimmungen bestehen, bei denen die Verelendung entweder ein kultureller Aspekt oder derart relativ wird, daß er auch auf ein Vorstadthaus mit Auto, Fernsehgerät usw. zutrifft. »Verelendung« bedeutet das *absolute Bedürfnis und die absolute Notwendigkeit*, unerträgliche Existenzbedingungen umzuwälzen, und ein solches absolutes Bedürfnis erscheint in den Anfängen aller Revolution gegen die grundlegenden gesellschaftlichen Institutionen.

8 Charles R. Walker, loc. cit., S. 104.

9 Ibid., S. 104 f.

drückt in bewundernswerter Weise den in der mechanisierten Versklavung eingetretenen Wandel aus: die Dinge schwingen mehr, als daß sie unterdrücken, und sie schwingen das menschliche Instrument – nicht nur seinen Körper, sondern auch seinen Geist und sogar seine Seele. Eine Bemerkung Sartres erläutert, wie tief dieser Prozeß geht:

> »Aux premiers temps des machines semi-automatiques, des enquêtes ont montré que les ouvrières spécialisées se laissaient aller, en travaillant, à une rêverie d'ordre sexuel, elles se rappelaient la chambre, le lit, la nuit, tout ce qui ne concerne que la personne dans la solitude du couple fermé sur soi. Mais c'est la machine en elle qui rêvait de caresses ...«[10]

Der maschinelle Prozeß im technologischen Universum zerstört die innerste Privatsphäre der Freiheit und vereinigt Sexualität und Arbeit in einem unbewußten, rhythmischen Automatismus – ein Prozeß, der dazu parallel läuft, daß die Beschäftigungen einander ähnlich werden.

2. Dieser Trend zur Angleichung läßt sich dartun an der berufsmäßigen Schichtung. In den Schlüsselindustrien geht die Tätigkeit von Arbeitern im Verhältnis zu der von Angestellten zurück; die Zahl nicht in der Produktion tätiger Arbeiter erhöht sich[11]. Diese quantitative Änderung weist auf eine Änderung des Charakters der grundlegenden Produktionsinstrumente zurück[12]. Auf der fortgeschrittenen Stufe der Mechanisierung ist die Maschine als Teil der technologischen Wirklichkeit keine

> »unité absolue, mais seulement une réalité technique individualisée, ouverte selon deux voies: celle de la relation aux

---

10 »Umfragen haben gezeigt, daß kurz nachdem halbautomatische Maschinen eingeführt worden waren, die gelernten Arbeiterinnen sich bei der Arbeit Träumereien sexueller Art überließen; sie erinnerten sich an das Schlafzimmer, das Bett, die Nacht, an alles, was nur die Person in der Einsamkeit des mit sich beschäftigten Paares angeht. Aber es war die Maschine in ihnen, die von Zärtlichkeiten träumte ...« Jean-Paul Sartre, *Critique de la raison dialectique*, Bd. I, Paris 1960, S. 290.

11 *Automation and Major Technological Change:* Impact on Union Size, Structure and Function, Industrial Union Dept. AFL-CIO, Washington 1958, S. 5 ff. Solomon Barkin, *The Decline of the Labor Movement*, Santa Barbara, Center for the Study of Democratic Institutions, 1961, S. 10 ff.

12 Cf. S. 43.

éléments, et celle des relations interindividuelles dans l'en-semble technique.«[13]

In dem Maße, wie die Maschine selbst zu einem System mecha-nischer Werkzeuge und Beziehungen wird und damit weit über den individuellen Arbeitsprozeß hinausgeht, setzt sie ihre um-fassendere Herrschaft durch, indem sie die »berufliche Autono-mie« des Arbeiters abbaut und ihn mit anderen Berufen zusam-menfaßt, die unter dem technischen Ganzen leiden und es diri-gieren. Freilich war die frühere »berufliche« Autonomie des Ar-beiters eher seine berufliche Versklavung. Aber die *spezifische* Art von Versklavung war zugleich die Quelle seiner spezifischen, beruflichen Macht der Negation – die Macht, einen Prozeß auf-zuhalten, der ihn mit der Vernichtung als menschliches Wesen bedrohte. Jetzt verliert der Arbeiter seine berufliche Autonomie, die ihn zum Glied einer von anderen Berufsgruppen abgehobe-nen Klasse machte, weil sie die Widerlegung der etablierten Gesellschaft verkörperte.

Der technologische Wandel, der dazu tendiert, die Maschine als *individuelles* Produktionsinstrument zu beseitigen, als »abso-lute Einheit«, scheint den Marxschen Begriff der »organischen Zusammensetzung des Kapitals« und mit ihm die Theorie der Mehrwertbildung ungültig zu machen. Nach Marx erzeugt die Maschine niemals Wert, sondern überträgt lediglich ihren eigenen auf das Produkt, während der Mehrwert das Ergebnis der Aus-beutung lebendiger Arbeit bleibt. Die Maschine ist die Verkör-perung menschlicher Arbeitskraft, und vermittels ihrer erhält sich die vergangene (tote) Arbeit und bestimmt die lebendige. Nun scheint die Automation das Verhältnis von toter und leben-diger Arbeit qualitativ zu ändern; sie strebt dem Punkt zu, wo die Produktivität »durch die Maschinen« bestimmt wird und nicht durch die individuelle Arbeitsleistung[14]. Überdies wird ge-rade deren Messung unmöglich.

»Automation im weitesten Sinne bedeutet im Effekt das *Ende*

---

13 »absolute Einheit, sondern nur eine individualisierte technische Realität, die nach zwei Richtungen hin offen ist: nach der der Beziehung der Elemente und nach der der Beziehung zwischen den Individuen im technischen Ganzen.« Gilbert Simon-don, loc. cit., S. 164.
14 Serge Mallet, in: *Arguments*, Nr. 12—13, Paris 1958, S. 18.

der Messung von Arbeit. ... Bei der Automation kann man die Arbeitsleistung eines einzelnen Menschen nicht messen; man muß jetzt einfach die Nutzung der Anlage messen. Wird das als eine Art Konzept verallgemeinert ..., so besteht beispielsweise keinerlei Grund mehr, einen Mann nach Stück oder Stunde zu entlohnen«, das heißt, es besteht kein Grund mehr, das »doppelte Zahlungssystem« von Gehältern und Löhnen aufrechtzuerhalten[15].

Daniel Bell, der Verfasser dieses Berichts, geht weiter; er verknüpft diese technologische Änderung mit dem historischen System der Industrialisierung selbst: die Bedeutung der Industrialisierung entstand nicht mit der Einführung von Fabriken, sie »entstand aus der *Messung der Arbeit.* Erst wenn die Arbeit gemessen werden kann, wenn man einen Menschen an seine Tätigkeit binden kann, wenn man ihm ein Geschirr anlegen und seine Arbeitsleistung am einzelnen Stück messen und ihn nach Stück oder Stunde bezahlen kann, erst dann liegt moderne Industrialisierung vor«[16].

Worum es bei diesen technologischen Veränderungen geht, ist weit mehr als ein Zahlungssystem, die Beziehung des Arbeiters zu anderen Klassen und die Organisation der Arbeit. Worum es geht, ist die Vereinbarkeit des technischen Fortschritts mit gerade denjenigen Institutionen, in denen die Industrialisierung sich entwickelte.

3. Diese Veränderungen im Charakter der Arbeit und der Produktionsinstrumente verändern die Haltung und das Bewußtsein des Arbeiters, was in der ausführlich diskutierten »sozialen und kulturellen Integration« der Arbeiterklasse in die kapitalistische Gesellschaft deutlich wurde. Handelt es sich hierbei nur um eine Änderung des Bewußtseins? Die bejahende Antwort, die häufig von Marxisten gegeben wird, scheint merkwürdig inkonsequent. Ist eine solch grundlegende Änderung im Bewußtsein verständlich, ohne daß man eine entsprechende Änderung im »gesellschaftlichen Sein« annimmt? Selbst wenn ein hoher Grad ideologischer Unabhängigkeit unterstellt wird, wider-

15 *Automation and Major Technological Change,* loc. cit., S. 8.
16 Ibid.

setzen sich die Glieder, die diese Änderung mit der Umgestaltung des Produktionsprozesses verknüpfen, einer solchen Interpretation. Angleichung von Bedürfnissen und Wünschen, im Lebensstandard, in der Freizeitgestaltung, in der Politik, leitet sich her von einer Integration *in der Fabrik* selbst, im materiellen Produktionsprozeß. Es ist sicher fraglich, ob man von einer »freiwilligen Integration« (Serge Mallet) in einem anderen als ironischen Sinne sprechen kann. In der gegenwärtigen Lage herrschen die negativen Züge der Automation vor: Antreiberei, technologische Arbeitslosigkeit, Stärkung der Position der Betriebsführung, zunehmende Ohnmacht und Resignation auf seiten der Arbeiter. Die Aufstiegschancen nehmen ab, da die Betriebsführung Ingenieure und Hochschulabsolventen vorzieht[17]. Es gibt jedoch auch andere Tendenzen. Dieselbe technische Organisation, die eine mechanische Gemeinschaft bei der Arbeit hervorbringt, erzeugt auch eine umfassendere wechselseitige Abhängigkeit, die[18] den Arbeiter in die Fabrik eingliedert. Man stellt einen »Eifer« seitens der Arbeiter fest, »an der Lösung von Produktionsproblemen teilzunehmen«, einen »Wunsch, aktiv mitzumachen, indem sie selbst über technische und Produktionsprobleme nachdenken, die eindeutig zur Technologie gehörten«[19]. In einigen der technisch fortgeschrittensten Betriebe zeigen die Arbeiter sogar ein ernsth.ˉes Interesse am Betrieb – eine häufig beobachtete Wirkung der »Mitbeteiligung der Arbeiter« am kapitalistischen Unternehmen. Eine provokatorische Beschreibung, die sich auf die weitgehend amerikanisierten Raffinerien von Caltex in Ambès, Frankreich, beziehen, kann dazu dienen, diesen Trend zu charakterisieren. Die Arbeiter des Werks sind sich der Bande bewußt, die sie an das Unternehmen fesseln:

»Liens professionnels, liens sociaux, liens matériels: le métier appris dans la raffinerie, l'habitude des rapports de production qui s'y sont établis, les multiples avantages sociaux qui, en cas de mort subite, de maladie grave, d'incapacité de tra-

17 Charles R. Walker, loc. cit., S. 97 ff. Cf. auch Ely Chinoy, *Automobile Workers and the American Dream*, Garden City, Doubleday, 1955, passim.
18 Floyd C. Mann und L. Richard Hoffmann, *Automation and the Worker. A Study of Social Change in Power Plants*, New York, Henry Holt, 1960, S. 189.
19 Charles R. Walker, loc. cit., S. 213 f.

vail, de vieillesse enfin, lui sont assurés par sa seule appartenance à la firme, prolongeant au-delà de la période productive de leur vie la sûreté des lendemains. Ainsi, la notion de ce contrat vivant et indestructible avec la «Caltex» les amène à se préoccuper, avec une attention et une lucidité inattendue, de la gestion financière de l'entreprise. Les délégués aux Comités d'entreprise épluchent la comptabilité de la société avec le soin jaloux qu'y accorderaient des actionnaires consciencieux. La direction de la Caltex peut certes se frotter les mains lorsque les syndicats acceptent de surseoir à leurs revendications de salaires en présence des besoins d'investissements nouveaux. Mais elle commence à manifester les plus «légitimes» inquiétudes lorsque, prenant au mot les bilans truqués de la filiale française, ils s'inquiètent des marchés «désavantageux» passés par celles-ci et poussent l'audace jusqu'à contester les prix de revient et suggérer des propositions économiques!«[20]

20 »Berufliche, soziale, materielle Bindungen: das in der Raffinerie erlernte Handwerk, die Gewöhnung an Produktionsverhältnisse, die sich dort gebildet haben, die mannigfachen sozialen Vergünstigungen im Falle eines plötzlichen Todes, ernstlicher Erkrankung, bei Arbeitsunfähigkeit und im Alter, mit denen sie rechnen können, nur weil sie der Firma angehören, womit sich ihre Sicherheit über die produktive Periode ihres Lebens hinaus erstreckt. So veranlaßt sie die Vorstellung eines lebendigen und unzerstörbaren Vertrags mit Caltex dazu, sich mit unerwarteter Aufmerksamkeit und Klarheit um die Finanzverwaltung des Unternehmens zu kümmern. Die zu den ›Comités d'entreprise‹ Delegierten überprüfen die Buchführung der Gesellschaft mit derselben eifersüchtigen Sorgfalt, die gewissenhafte Aktionäre ihr widmen würden. Die Direktion der Caltex kann sich sicherlich die Hände reiben, wenn die Gewerkschaften sich bereitfinden, angesichts des Bedarfs an neuen Investitionen mit Lohnforderungen auszusetzen. Aber sie fängt an, Zeichen ›legitimer‹ Besorgnis zu zeigen, wenn die Delegierten die verschleierten Bilanzen der französischen Filiale ernstnehmen und so weit gehen, die Produktionskosten anzuzweifeln und Sparmaßnahmen vorschlagen!« (Serge Mallet, La Nouvelle Classe Ouvrière, Paris 1963, S. 172). Hier die erstaunliche Feststellung des Gewerkschaftsführers der United Automobile Workers, die den Trend zur Integration in den Vereinigten Staaten belegt: »Oft ... kamen wir in einem Gewerkschaftshaus zusammen und sprachen über die Beschwerden, die die Arbeiter vorgebracht hatten, und darüber, was wir tun wollten. Bis ich mit der Werksleitung am nächsten Tage eine Zusammenkunft vereinbart hatte, war das Problem beseitigt, und daß Abhilfe geschaffen wurde, ging nicht auf das Konto der Gewerkschaft ... Alles, wofür wir kämpften, gibt der Konzern jetzt den Arbeitern. Was wir finden müssen, sind andere Dinge, die der Arbeiter wünscht und der Unternehmer ihm nicht zu geben bereit ist ... Wir sind auf der Suche. Wir sind auf der Suche.« (Labor Looks at Labor: A Conversation, Santa Barbara, Center for the Study of Democratic Institutions, 1963, S. 16 f.).

4. Die neue technische Arbeitswelt erzwingt so eine Schwächung der negativen Position der arbeitenden Klasse: letztere erscheint nicht mehr als der lebendige Widerspruch zur bestehenden Gesellschaft. Dieser Trend verstärkt sich durch die Auswirkung der technologischen Organisation der Produktion auf die Gegenseite: auf die Betriebsführung und die Direktion. Herrschaft wird in Verwaltung überführt[21]. Die kapitalistischen Herren und Eigentümer verlieren ihre Identität als verantwortliche Kräfte; sie nehmen die Funktion von Bürokraten in einer körperschaftlichen Maschine an. In der umfassenden Hierarchie geschäftsführender und managerieller Ausschüsse, die sich weit über das Einzelunternehmen hinaus auf das wissenschaftliche Laboratorium und Forschungsinstitut, die nationale Regierung und das nationale Interesse erstrecken, verschwindet die reale Quelle der Ausbeutung hinter der Fassade objektiver Rationalität. Haß und Enttäuschung werden ihres spezifischen Ziels beraubt, und der technologische Schleier verhüllt die Reproduktion von Ungleichheit und Versklavung[22]. Mit dem technischen Fortschritt als ihrem Instrument wird Unfreiheit – im Sinne der Unterwerfung des Menschen unter seinen Produktionsapparat – in Gestalt vieler Freiheiten und Bequemlichkeiten verewigt und intensiviert. Der neuartige Zug ist die überwältigende Rationalität in diesem irrationalen Unternehmen und das Ausmaß der Präformation, die die Triebe und Bestrebungen der Individuen modelt und den Unterschied zwischen wahren und falschen Bedürfnissen verdunkelt. Denn in Wirklichkeit wiegt weder die Anwendung eher administrativer als physischer Kontrollen (Hunger, persönliche Abhängigkeit, Gewalt) noch die Änderung des Charakters schwerer Arbeit, noch die Angleichung der Berufsgruppen, noch die Gleichstellung im Konsumbereich die Tatsache auf, daß die Entscheidungen über Leben und Tod, über persönliche und na-

21 Ist es immer noch erforderlich, die Ideologie der »Revolution der Manager« zu denunzieren? Die kapitalistische Produktion vollzieht sich durch die Investition von privatem Kapital zwecks privater Gewinnung und Aneignung von Mehrwert, und Kapital ist ein gesellschaftliches Instrument der Herrschaft des Menschen über den Menschen. Die wesentlichen Züge dieses Prozesses werden durch die Streuung der Aktien, die Trennung des Eigentums von der Betriebsleitung etc. in keiner Weise geändert.
22 Cf. S. 29.

tionale Sicherheit von Stellen aus getroffen werden, über welche die Individuen keine Kontrolle haben. Die Sklaven der entwickelten industriellen Zivilisation sind sublimierte Sklaven, aber sie sind Sklaven; denn den Sklaven erkennt man

> »pas pour l'obéissance, ni par la rudesse des labeurs, mais par le statu d'instrument et la réduction de l'homme à l'état de chose.«[23]

Darin besteht die reine Form von Knechtschaft: als ein Instrument, als ein Ding zu existieren. Und diese Existenzweise ist nicht aufgehoben, wenn das Ding belebt ist und seine materielle und geistige Nahrung auswählt, wenn es sein Ding-Sein nicht empfindet, wenn es ein hübsches, sauberes, mobiles Ding ist. Da die Verdinglichung vermöge ihrer technologischen Form die Tendenz hat, totalitär zu werden, werden umgekehrt die Organisatoren und Verwalter selbst immer abhängiger von der Maschinerie, die sie organisieren und handhaben. Und diese wechselseitige Abhängigkeit ist nicht mehr das dialektische Verhältnis von Herr und Knecht, das im Kampf um wechselseitige Anerkennung durchbrochen worden ist, sondern eher ein *circulus vitiosus*, der beide einschließt, den Herrn und den Knecht. Herrschen die Techniker oder ist ihre Herrschaft die von anderen, die sich auf die Techniker als ihre Planer und Vollzugsorgane verlassen?

> »Der Druck des gegenwärtigen hochtechnisierten Rüstungswettlaufs hat die Initiative und Macht, kritische Entscheidungen zu treffen, den verantwortlichen Regierungsbeamten aus den Händen genommen und in die von Technikern, Planern und Wissenschaftlern gelegt, die im Dienst großer Industriekonzerne stehen und die Verantwortung für die Interessen ihrer Arbeitgeber tragen. Ihre Aufgabe ist es, neue Waffensysteme auszudenken und die Militärs zu überzeugen, daß die Zukunft ihres militärischen Berufs ebenso wie die des Landes davon abhängt, daß gekauft wird, was sie sich ausgedacht haben.«[24]

23 »nicht an seinem Gehorsam und nicht an der Härte seiner Arbeit, sondern an seiner Erniedrigung zum Werkzeug und an seiner Verwandlung von einem Menschen in eine Sache«. (François Perroux, *La Coexistence pacifique*, Paris 1958, zit. nach der dt. Übersetzung *Feindliche Koexistenz?*, Stuttgart 1961, S. 579).

24 Stewart Meacham, *Labor and the Cold War*, American Friends Service Committee, Philadelphia 1959, S. 9.

Wie die erzeugenden Firmen sich auf die Militärs verlassen, um sich selbst und wirtschaftliches Wachstum zu erhalten, so verlassen sich die Militärs auf die Konzerne »nicht nur deren Waffen wegen, sondern auch, weil sie wissen, welche Art von Waffen sie brauchen, wieviel sie kosten werden und wie lange es dauern wird, sie zu bekommen«.[25] Ein *circulus vitiosus* scheint in der Tat das wahre Bild einer Gesellschaft, die sich in ihrer vorher festgelegten Richtung von selbst erweitert und perpetuiert – getrieben von den zunehmenden Bedürfnissen, die sie erzeugt und zugleich eindämmt.

Aussichten dieser Eindämmung

Besteht irgendeine Aussicht, daß diese Kette anwachsender Produktivität und Repression zerbrochen werden kann? Eine Antwort würde den Versuch erfordern, gegenwärtige Entwicklungen in die Zukunft zu projizieren und dabei eine relativ normale Entwicklung anzunehmen, das heißt die sehr reale Möglichkeit eines nuklearen Krieges außer acht zu lassen. Unter dieser Annahme bliebe der Feind »permanent« – das heißt, der Kommunismus würde weiterhin mit dem Kapitalismus koexistieren. Dieser wäre zugleich weiterhin imstande, den Lebensstandard für einen zunehmenden Bevölkerungsanteil aufrechtzuerhalten und sogar zu erhöhen – trotz und aufgrund intensivierter Produktion von Destruktionsmitteln und methodischer Verschwendung von Ressourcen und Kräften. Diese Fähigkeit hat sich trotz und aufgrund zweier Weltkriege und der unermeßlichen physischen und geistigen Regression durchgesetzt, wie die faschistischen Systeme sie bewirkt haben.

Die materielle Basis für diese Fähigkeit stünde weiterhin zur Verfügung in

a) der wachsenden Arbeitsproduktivität (technischer Fortschritt);
b) der sich erhöhenden Geburtenziffer der vorhandenen Bevölkerung;
c) der permanenten Verteidigungswirtschaft;

25 Ibid.

d) der ökonomisch-politischen Integration der kapitalistischen Länder und im Aufbau ihrer Beziehungen zu den unterentwickelten Gebieten.

Aber der anhaltende Konflikt zwischen den produktiven Fähigkeiten der Gesellschaft und ihrer zerstörerischen und unterdrückenden Anwendung würde verstärkte Anstrengungen notwendig machen, der Bevölkerung die Erfordernisse des Apparats aufzuerlegen – überschüssige Kapazität loszuwerden, das Bedürfnis zu erzeugen, die Güter zu kaufen, die mit Gewinn verkauft werden müssen, und den Wunsch, für ihre Produktion und Propagierung zu arbeiten. Das System tendiert so zu totaler Verwaltung und totaler Abhängigkeit der Verwaltung von den öffentlichen und privaten »Führungskräften« und festigt die prästabilierte Harmonie zwischen dem Interesse der großen öffentlichen und privaten Körperschaften und dem ihrer Kunden und Diener. Weder teilweise Verstaatlichung noch erweiterte Teilhabe der Arbeiterschaft an Betriebsführung und Gewinn würden von sich aus dieses Herrschaftssystem ändern – solange die Arbeiterschaft selbst dessen Stütze und affirmative Kraft bleibt.

Es gibt zentrifugale Tendenzen, im Inneren und außerhalb. Eine von ihnen ist dem technischen Fortschritt selbst immanent, nämlich die *Automation*. Ich gab zu verstehen, daß sich erweiternde Automation mehr ist als ein quantitatives Anwachsen der Mechanisierung – daß sie ein Wandel im Charakter der grundlegenden Produktivkräfte ist[26]. Es scheint, daß die bis zu den Grenzen des technisch Möglichen getriebene Automation mit einer Gesellschaft unvereinbar ist, die auf der privaten Ausbeutung menschlicher Arbeitskraft im Produktionsprozeß beruht. Fast ein Jahrhundert vor der Verwirklichung der Automation faßte Marx ihre sprengenden Aussichten ins Auge:

»In dem Maße . . ., wie die große Industrie sich entwickelt, wird die Schöpfung des wirklichen Reichtums abhängig weniger von der Arbeitszeit und dem Quantum angewandter Arbeit, als von der Macht der Agentien, die während der Arbeitszeit in Bewegung gesetzt werden . . . und deren power-

26 Cf. S. 47.

ful effectiveness selbst wieder in keinem Verhältnis steht zur
unmittelbaren Arbeitszeit, die ihre Produktion kostet, sondern vielmehr abhängt vom allgemeinen Stand der Wissenschaft und dem Fortschritt der Technologie oder der Anwendung dieser Wissenschaft auf die Produktion ... Die Arbeit
erscheint nicht mehr so sehr als in den Produktionsprozeß
eingeschlossen, als sich der Mensch vielmehr als Wächter und
Regulator zum Produktionsprozeß selbst verhält. ... Er tritt
neben den Produktionsprozeß, statt sein Hauptagent zu sein.
In dieser Umwandlung ist es weder die unmittelbare Arbeit,
die der Mensch selbst verrichtet, noch die Zeit, die er arbeitet,
sondern die Aneignung seiner eigenen allgemeinen Produk-
tivkraft, sein Verständnis der Natur und die Beherrschung
derselben durch sein Dasein als Gesellschaftskörper – in einem
Wort die Entwicklung des gesellschaftlichen Individuums, die
als der große Grundpfeiler der Produktion und des Reichtums
erscheint. *Der Diebstahl an fremder Arbeitszeit, worauf der
jetzige Reichtum beruht,* erscheint miserable Grundlage gegen
diese neuentwickelte, durch die große Industrie selbst ge-
schaffne. Sobald die Arbeit in unmittelbarer Form aufgehört
hat, die große Quelle des Reichtums zu sein, hört und muß
aufhören die Arbeitszeit sein Maß zu sein und daher der
Tauschwert (das Maß) des Gebrauchswerts. Die *Surplusarbeit
der Masse* hat aufgehört, Bedingung für die Entwicklung des
allgemeinen Reichtums zu sein, ebenso wie die *Nichtarbeit der
Wenigen* für die Entwicklung der allgemeinen Mächte des
menschlichen Kopfes. Damit bricht die auf dem Tauschwert
ruhende Produktion zusammen ...«[27].

Die Automation scheint in der Tat der große Katalysator der
fortgeschrittenen Industriegesellschaft. Sie ist ein sprengender
oder nichtsprengender Katalysator in der materiellen Basis der
qualitativen Änderung, das technische Instrument des Umschlags
von Quantität in Qualität; denn der gesellschaftliche Automa-
tionsprozeß drückt die Transformation oder vielmehr Trans-

27 Karl Marx, *Grundrisse der Kritik der politischen Ökonomie*, Berlin 1953, S. 592 f.
Cf. auch S. 596.

substantiation der Arbeitskraft aus, bei der diese, vom Individuum getrennt, zu einem unabhängigen, produzierenden Objekt und damit selbst zu einem Subjekt wird.

Einmal zum materiellen Produktionsprozeß schlechthin geworden, würde Automation die ganze Gesellschaft revolutionieren. Zur Perfektion getrieben, würde die Verdinglichung der menschlichen Arbeitskraft die verdinglichte Form dadurch zerstören, daß sie die Kette durchschnitte, die das Individuum an die Maschinerie bindet – den Mechanismus, wodurch seine eigene Arbeit es versklavt. Vollständige Automation im Reich der Notwendigkeit würde die Dimension freier Zeit als diejenige eröffnen, in der das private *und* gesellschaftliche Dasein sich ausbilden würde. Das wäre die geschichtliche Transzendenz zu einer neuen Zivilisation.

Auf der gegenwärtigen Stufe des fortgeschrittenen Kapitalismus widersetzt sich die organisierte Arbeiterschaft mit Recht der Automation ohne Ausgleichsbeschäftigung. Sie besteht auf der extensiven Nutzung menschlicher Arbeitskraft in der materiellen Produktion und widersetzt sich so dem technischen Fortschritt. Indem sie dies tut, widersetzt sie sich jedoch auch der ergiebigeren Nutzung des Kapitals. Mit anderen Worten, ein weiterer Aufschub der Automation kann die nationale und internationale Konkurrenzfähigkeit des Kapitals schwächen, eine langfristige Depression verursachen und folglich den Konflikt der Klasseninteressen wiederaufleben lassen.

Diese Möglichkeit wird realistischer mit der Verlagerung des Wettbewerbs zwischen Kapitalismus und Kommunismus vom militärischen auf das gesellschaftliche und ökonomische Gebiet. Dank der Macht totaler Verwaltung kann die Automation im Sowjetsystem rascher vonstatten gehen, sobald ein gewisses technisches Niveau erreicht ist. Diese Bedrohung ihrer Position im internationalen Konkurrenzkampf würde die westliche Welt zwingen, die Rationalisierung des Produktionsprozesses zu beschleunigen. Eine solche Rationalisierung stößt auf den zähen Widerstand der Arbeiterschaft, ein Widerstand, der nicht von politischer Radikalisierung begleitet ist. Zumindest in den Vereinigten Staaten geht die Führung der Arbeiterschaft in ihren Zielen und Mitteln nicht über den üblichen Rahmen des nationalen und Gruppeninteresses hinaus, wobei dieses sich jenem unterwirft oder unterworfen wird. Mit diesen zentrifugalen Kräften läßt sich daher leicht fertig werden.

Auch hier bedeutet der abnehmende Anteil menschlicher Arbeitskraft am Produktionsprozeß ein Abnehmen der politischen Macht der Opposition. In Anbetracht des zunehmenden Gewichts des Angestelltenelements in diesem Prozeß müßte politische Radikalisierung vom Aufkommen eines unabhängigen Bewußtseins und Handelns unter den Angestelltengruppen begleitet sein – eine ziemlich unwahrscheinliche Entwicklung in der fortgeschrittenen Industriegesellschaft. Das verstärkte Bemühen, das zunehmende Angestelltenelement in den Industriegewerkschaften[28] zu organisieren, kann, sofern es überhaupt Erfolg hat, dazu führen, daß das gewerkschaftliche Bewußtsein dieser Gruppen sich entwickelt, aber kaum zu ihrer politischen Radikalisierung.

»Politisch wird die wachsende Zahl von Angestellten, die den Arbeitergewerkschaften beitreten, den Wortführern der Linken die Möglichkeit geben, mit größerer Berechtigung die ›Interessen der Arbeiterschaft‹ mit denen der Allgemeinheit zu identifizieren ... Aber die tiefere Bedeutung der Gewerkschaften berührt die Frage ..., ob sie zu einer echten Bewegung werden oder nur eine weitere Interessengruppe, eine Stelle für politische Regelung um wirtschaftlichen Preis ... sind.«[29]

Unter diesen Umständen hängen die Aussichten einer ultramodernen Eindämmung der zentrifugalen Tendenzen in erster Linie von der Fähigkeit der althergebrachten Interessen ab, sich und ihre Wirtschaft den Erfordernissen des Wohlfahrtsstaates anzupassen. Beträchtlich erhöhter Geldaufwand und Lenkung seitens der Regierung, Planung im nationalen und internationalen Maßstab, ein erweitertes Auslandshilfeprogramm, umfassende soziale Sicherheit, öffentliche Arbeiten großen Stils, vielleicht sogar teilweise Verstaatlichung gehören zu diesen Erfor-

28 *Automation and Major Technological Change*, loc. cit., S. 11 f.
29 C. Wright Mills, dt.: *Menschen im Büro*, Köln 1955, S. 429 f.

dernissen[30]. Ich glaube, daß die herrschenden Interessen allmählich und zögernd diese Erfordernisse akzeptieren und ihre Vorrechte einer wirksameren Macht anvertrauen werden.

Wenn wir uns jetzt den Aussichten für die Eindämmung gesellschaftlichen Wandels in dem anderen System der industriellen Zivilisation, der Sowjetgesellschaft[31], zuwenden, so steht die Diskussion von Anbeginn einer im doppelten Sinne unvergleichbaren Lage gegenüber: a) chronologisch: die Sowjetgesellschaft befindet sich auf einer früheren Stufe der Industrialisierung, wobei weite Sektoren sich noch auf vortechnischer Stufe befinden, und b) strukturell: ihre wirtschaftlichen und politischen Institutionen sind wesentlich anders (totale Verstaatlichung und Diktatur).

Die wechselseitige Verbundenheit der beiden Aspekte verschärft die Schwierigkeiten der Analyse. Die historische Rückständigkeit setzt die sowjetische Industrialisierung nicht nur in den Stand, sondern zwingt sie, ohne geplante Verschwendung und vorzeitigen Verschleiß fortzuschreiten, ohne die Beschränkungen, die der Produktivität durch die privaten Profitinteressen auferlegt werden, und die Befriedigung noch unerfüllter Grundbedürfnisse zu planen, nachdem die vorrangigen militärischen und politischen Bedürfnisse befriedigt sind, vielleicht sogar gleichzeitig mit diesen.

Ist diese größere Rationalität der Industrialisierung nur das Zeichen und der Vorteil historischer Rückständigkeit, eine Rationalität, die wahrscheinlich verschwindet, wenn das fortgeschrittene Niveau einmal erreicht ist? Ist es dieselbe historische Rückständigkeit, die auf der anderen Seite – unter den Bedingungen der wettbewerblichen Koexistenz mit dem fortgeschrit-

---

30 In den weniger fortgeschrittenen kapitalistischen Ländern, wo noch starke Segmente der kämpferischen Arbeiterbewegung lebendig sind (Frankreich, Italien), steht ihre Kraft derjenigen beschleunigter technischer und politischer Rationalisierung in autoritärer Form feindlich gegenüber. Die Erfordernisse des internationalen Wettbewerbs werden wohl die letztere stärken und eine Übernahme der herrschenden Tendenzen in den fortgeschrittensten industriellen Bereichen sowie ein Bündnis mit ihnen bewirken.

31 Zum folgenden cf. mein Buch *Soviet Marxism*, New York, Columbia University Press, 1958; dt. *Die Gesellschaftslehre des sowjetischen Marxismus*, Neuwied und Berlin 1964.

tenen Kapitalismus – die totale Entwicklung und Kontrolle aller Ressourcen durch ein diktatorisches Regime erzwingt? Und wäre die Sowjetgesellschaft, nachdem sie das Ziel, »einzuholen und zu überholen«, erreicht hat, imstande, die totalitären Kontrollen bis zu dem Punkt zu liberalisieren, daß eine qualitative Änderung stattfinden könnte?

Das Argument, das sich auf die historische Rückständigkeit beruft – demzufolge unter den herrschenden Bedingungen materieller und geistiger Unreife Befreiung notwendigerweise das Werk von Gewalt und Verwaltung sein muß – bildet nicht nur den Kern des Sowjetmarxismus, sondern ist auch von den Theoretikern der »erzieherischen Diktatur«, von Platon bis Rousseau verfochten worden. Es ist leicht lächerlich zu machen, aber schwer zu widerlegen, weil es das Verdienst hat, ohne viel Heuchelei die (materiellen und geistigen) Bedingungen anzuerkennen, die dazu dienen, wahrhafte und vernünftige Selbstbestimmung zu verhindern.

Außerdem entlarvt das Argument die repressive Freiheitsideologie, wonach menschliche Freiheit in einem Leben von Mühe, Armut und Dummheit aufblühen kann. Allerdings muß die Gesellschaft erst die materiellen Vorbedingungen der Freiheit für alle ihre Glieder schaffen, ehe sie eine freie Gesellschaft sein kann; sie muß zunächst den Reichtum *hervorbringen,* ehe sie imstande ist, ihn gemäß den sich frei entwickelnden Bedürfnissen des Individuums zu *verteilen;* sie muß erst ihre Sklaven befähigen zu lernen, zu sehen und zu denken, ehe sie wissen, was vor sich geht und was sie selbst tun können, um es zu ändern. Und in dem Maße, wie die Sklaven vorgeformt sind, als Sklaven zu existieren und mit dieser Rolle zufrieden zu sein, scheint ihre Befreiung notwendigerweise von außen und von oben zu kommen. Sie müssen »gezwungen« werden, »frei zu sein«. Man muß ihnen die Dinge »so vor Augen stellen, wie sie sind«, und »manchmal wie sie ... erscheinen sollen«; man muß ihnen den »guten Weg« zeigen, den sie suchen[32].

Aber bei all seiner Wahrheit kann das Argument die altehr-

32 Jean-Jacques Rousseau, *Contrat social,* Buch I, Kap. VII, Buch II, Kap. VI. *Staat und Gesellschaft,* München 1959, cf. S. 36 f.

würdige Frage nicht beantworten: wer erzieht die Erzieher und was beweist, daß sie im Besitz »des Guten« sind? Die Frage wird nicht durch den Einwand entkräftet, daß sie gleichermaßen für bestimmte demokratische Regierungsformen gilt, bei denen die schicksalsschweren Entscheidungen über das, was für die Nation gut ist, von gewählten Abgeordneten getroffen (oder vielmehr gutgeheißen) werden – gewählt unter Bedingungen wirksamer und bereitwillig entgegengenommener Indoktrination. Und doch besteht die einzig mögliche Entschuldigung (sie ist schwach genug!) der »Erziehungsdiktatur« darin, daß das schreckliche Risiko, das sie einschließt, nicht schrecklicher als dasjenige sein kann, das die großen liberalen wie autoritären Gesellschaften jetzt eingehen, und daß die Kosten nicht viel höher sein können.

Gegen die Sprache der brutalen Fakten und Ideologie besteht jedoch die dialektische Logik darauf, daß die Sklaven *frei für* ihre Befreiung sein müssen, ehe sie frei werden können, und daß der Zweck in den Mitteln, ihn zu erreichen, wirksam sein muß. Marx' Satz, daß die Befreiung der Arbeiterklasse das Werk der Arbeiterklasse selbst sein muß, stellt dieses Apriori fest. Der Sozialismus muß mit dem ersten Akt der Revolution zur Wirklichkeit werden, da er bereits im Bewußtsein und Handeln jener vorliegen muß, die die Träger der Revolution waren.

Zwar gibt es eine »erste Phase« des sozialistischen Aufbaus, während der die neue Gesellschaft »noch behaftet ist mit den Muttermalen der alten Gesellschaft, aus deren Schoß sie herkommt«[33], aber der qualitative Umschlag von der alten zur neuen Gesellschaft fand mit dem Beginn dieser Phase statt. Nach Marx gründet die »zweite Phase« buchstäblich in der ersten. Die von der neuen Produktionsweise hervorgebrachte qualitativ neue Lebensweise erscheint *in* der sozialistischen Revolution, die das Ende des kapitalistischen Systems ist und *an* seinem Ende steht. Der sozialistische Aufbau beginnt mit der ersten Phase der Revolution.

Ebenso ist der Übergang von dem Prinzip »Jedem nach seiner Arbeit» zu »Jedem nach seinen Bedürfnissen« von der ersten

---

33 Karl Marx, *Kritik des Gothaer Programms*, Berlin 1955, S. 23.

Phase bestimmt – nicht nur durch die Schaffung der technischen und materiellen Basis, sondern auch (und das ist entscheidend!) durch die *Weise*, in der sie geschaffen wird. Die Kontrolle des Produktionsprozesses durch die »unmittelbaren Produzenten« soll eine Entwicklung einleiten, die die Geschichte freier Menschen von der Vorgeschichte des Menschen unterscheidet. Das ist eine Gesellschaft, bei der die seitherigen Objekte der Produktivität zum ersten Mal menschliche Individuen werden, die die Produktionsinstrumente zur Verwirklichung ihrer eigenen, humanen Bedürfnisse und Anlagen planen und benutzen. Zum ersten Mal in der Geschichte würden die Menschen frei und kollektiv unter der Notwendigkeit und gegen sie handeln, eine Notwendigkeit, die ihre Freiheit und Menschlichkeit beschränkt. Deshalb wäre alle von der Notwendigkeit erzwungene Unterdrückung wirklich selbstauferlegte Notwendigkeit. Im Gegensatz zu dieser Konzeption schiebt die tatsächliche Entwicklung der gegenwärtigen kommunistischen Gesellschaft den qualitativen Umschlag zur zweiten Phase hinaus (oder ist dazu durch die internationale Lage gezwungen), und der Übergang vom Kapitalismus zum Sozialismus erscheint, trotz der Revolution, noch als quantitative Änderung. Die Versklavung des Menschen durch seine Arbeitsmittel besteht fort in einer hochrationalisierten, umfassend wirksamen und vielversprechenden Form.

Die Lage feindlicher Koexistenz mag die terroristischen Züge der stalinistischen Industrialisierung erklären, aber sie setzte auch diejenigen Kräfte in Bewegung, die dazu tendieren, den technischen Fortschritt als Herrschaftsinstrument zu verewigen; die Mittel beeinträchtigen den Zweck. Wiederum angenommen, daß keine nukleare Kriegsführung oder eine andere Katastrophe seine Entwicklung abschneidet, so würde der technische Fortschritt eine stetige Erhöhung des Lebensstandards und eine stetige Liberalisierung der Kontrollen bewirken. Die verstaatlichte Wirtschaft könnte die Produktivität von Arbeit und Kapital ohne strukturellen Widerstand[34] ausnutzen und dabei die Arbeitsstunden beträchtlich verringern und die Bequemlichkeiten

---

34 Zum Unterschied zwischen eingebautem und behebbarem Widerstand cf. mein Buch *Die Gesellschaftslehre des sowjetischen Marxismus*, loc. cit., S. 112 ff.

des Lebens vermehren. Und sie könnte all dies erreichen, ohne die Macht totaler Verwaltung über das Volk aufzugeben. Es besteht kein Grund zu der Annahme, daß technischer Fortschritt plus Verstaatlichung eine »automatische« Freisetzung der negierenden Kräfte bewirkt. Im Gegenteil, der Widerspruch zwischen den wachsenden Produktivkräften und ihrer versklavenden Organisation – selbst von Stalin[35] offen als ein Zug der sowjetisch-sozialistischen Entwicklung zugegeben – wird sich wohl eher einebnen als verschärfen. Je mehr die Herrschenden in der Lage sind, Konsumgüter zu liefern, desto fester wird die Bevölkerung an die verschiedenen herrschenden Bürokratien gekettet werden.

Aber während diese Aussichten für eine Unterbindung qualitativen Wandels im Sowjetsystem zu denen in der fortgeschrittenen kapitalistischen Gesellschaft parallel zu laufen scheinen, führt die sozialistische Produktionsbasis einen entscheidenden Unterschied ein. Im Sowjetsystem trennt die Organisation des Produktionsprozesses unzweifelhaft die »unmittelbaren Produzenten« (die Arbeiter) von der Kontrolle über die Produktionsmittel und bewirkt so Klassenunterschiede gerade an der Basis des Systems. Diese Trennung wurde durch politische Entscheidung und Macht nach der kurzen »heroischen Periode« der bolschewistischen Revolution eingeführt und ist seitdem beibehalten worden. Und doch ist sie nicht der Motor des Produktionsprozesses selbst; sie ist in diesem Prozeß nicht als die im Privateigentum an den Produktionsmitteln gründende Spaltung von Kapital und Arbeit eingebaut. Folglich sind die herrschenden Schichten selbst vom Produktionsprozeß trennbar – das heißt, sie sind ersetzbar, ohne daß die grundlegenden Institutionen der Gesellschaft gesprengt werden.

Darin besteht die Halbwahrheit der sowjetmarxistischen These, daß die herrschenden Widersprüche zwischen den »zurückbleibenden Produktionsverhältnissen« und den »Charakter der Produktivkräfte« ohne Explosion gelöst werden können und daß »Übereinstimmung« zwischen den beiden Faktoren durch »allmähliche Umwandlung« eintreten kann[36]. Die

35 *Ökonomische Probleme des Sozialismus in der UdSSR*, Berlin 1953, S. 7, 52, 68 f.
36 Ibid., S. 52, 69.

andere Hälfte der Wahrheit ist, daß sich quantitative Änderung immer noch in qualitative zu verwandeln hätte, in das Verschwinden des Staates, der Partei, des Plans usw. als unabhängige, den Individuen aufgenötigte Mächte. Soweit diese Änderung die materielle Basis der Gesellschaft (den verstaatlichten Produktionsprozeß) unberührt ließe, wäre sie auf eine *politische* Revolution eingeschränkt. Wenn sie zur Selbstbestimmung gerade an der Basis der menschlichen Existenz, nämlich in der Dimension notwendiger Arbeit, führen könnte, wäre sie die radikalste und vollständigste Revolution in der Geschichte. Verteilung lebenswichtiger Güter ohne Rücksicht auf Arbeitsleistung, Reduktion der Arbeitszeit auf ein Minimum, umfassende, allseitige Erziehung zur Austauschbarkeit der Funktionen – darin bestehen die Vorbedingungen, nicht die Inhalte der Selbstbestimmung. Während das Schaffen dieser Vorbedingungen noch der herrschenden Verwaltung entspringen kann, würde ihre Etablierung das Ende dieser Verwaltung bedeuten. Freilich hinge eine reife und freie Industriegesellschaft weiterhin von einer Arbeitsteilung ab, die ungleiche Funktionen mit sich bringt. Solche Ungleichheit ergibt sich notwendig aus wirklichen gesellschaftlichen, technischen Erfordernissen und aus den körperlichen und geistigen Unterschieden zwischen den Individuen. Die ausführenden und Überwachungsfunktionen gingen jedoch nicht mehr mit dem Vorrecht einher, das Leben anderer in irgendeinem partikulären Interesse zu beherrschen. Der Übergang zu einem solchen Zustand ist eher ein revolutionärer als ein evolutionärer Prozeß, selbst auf der Grundlage einer vollverstaatlichten und geplanten Wirtschaft.

Läßt sich annehmen, daß das kommunistische System in seiner bestehenden Form die Bedingungen, die einen solchen Übergang bewirkten, entwickeln (oder vielmehr aufgrund des internationalen Wettbewerbs zu entwickeln *gezwungen*) würde? Es gibt starke Argumente gegen diese Annahme. Man betont den mächtigen Widerstand, den die verschanzte Bürokratie leisten würde – ein Widerstand, der seine *raison d'être* in genau denselben Gründen findet, welche die Triebkraft dafür sind, die Vorbedingungen zur Befreiung zu schaffen, nämlich die Konkurrenz auf Leben und Tod mit der kapitalistischen Welt.

Auf den Begriff eines angeborenen »Machttriebs« in der Menschennatur kann man verzichten. Es ist dies ein höchst zweifelhafter psychologischer Begriff und in hohem Maße unzureichend für die Analyse gesellschaftlicher Entwicklungen. Die Frage ist nicht, ob die kommunistischen Bürokratien ihre bevorrechtete Stellung »aufgeben« würden, wenn einmal das Niveau einer möglichen qualitativen Änderung erreicht ist, sondern ob sie imstande sein werden, das Erreichen dieses Niveaus zu verhindern. Um dies zu tun, hätten sie das materielle und geistige Wachstum an einem Punkt aufzuhalten, wo Herrschaft noch rational und einträglich ist, wo die Bevölkerung noch an den Beruf, das Staatsinteresse oder andere bestehende Institutionen gebunden werden kann. Wiederum scheint hier der entscheidende Faktor die Weltlage der Koexistenz, die seit langem zu einem Faktor der *inneren* Lage der beiden entgegengesetzten Gesellschaften geworden ist. Das Bedürfnis nach totaler Ausnutzung des technischen Fortschritts sowie das, aufgrund eines höheren Lebensstandards zu überleben, kann sich als stärker erweisen als der Widerstand der überkommenen Bürokratien.

Ich möchte dem einige Bemerkungen hinzufügen zu der oft gehörten Meinung, daß die neue Entwicklung der rückständigen Länder nicht nur die Aussichten der fortgeschrittenen Industrieländer ändern, sondern auch eine »dritte Kraft« hervorbringen könnte, die zu einer relativ unabhängigen Macht werden kann. Im Sinne der vorangehenden Diskussion: Gibt es irgendeinen Beweis dafür, daß die ehemaligen kolonialen oder halbkolonialen Räume einen Weg der Industrialisierung einschlagen könnten, der von dem des Kapitalismus und des heutigen Kommunismus wesentlich verschieden ist? Gibt es in der einheimischen Kultur und Tradition dieser Gebiete etwas, das auf eine solche Alternative hindeuten könnte? Ich werde meine Bemerkungen auf solche Modelle der Rückständigkeit beschränken, die sich bereits im Prozeß der Industrialisierung befinden – das heißt auf Länder, in denen Industrialisierung mit einer ungebrochenen vor- und antiindustriellen Kultur koexistiert (Indien, Ägypten).

Diese Länder treten in den Industrialisierungsprozeß mit einer Bevölkerung ein, die im Hinblick auf die Werte sich selbst erweiternder Produktivität, Leistungsfähigkeit und technologischer

Rationalität ungeschult ist. Mit anderen Worten, mit einer überwiegenden Mehrheit der Bevölkerung, die noch nicht in eine von den Produktionsmitteln getrennte Arbeitskraft umgeformt ist. Begünstigen diese Bedingungen, daß Industrialisierung und Befreiung auf neue Weise zusammenkommen, eine wesentlich andere Art von Industrialisierung, die den Produktionsapparat nicht nur gemäß den Lebensbedürfnissen der Bevölkerung, sondern auch mit dem Ziel aufbauen würde, den Kampf ums Dasein zu befrieden?

Die Industrialisierung in diesen rückständigen Gebieten findet nicht in einem luftleeren Raum statt. Sie ereignet sich in einer geschichtlichen Situation, in der das für die ursprüngliche Akkumulation erforderliche gesellschaftliche Kapital in hohem Maße von außen entgegengenommen werden muß, vom kapitalistischen oder kommunistischen Block – oder von beiden. Ferner besteht weithin die Annahme, ein Unabhängig-Bleiben erfordere, *rasch* zu industrialisieren und ein Produktivitätsniveau zu erreichen, das in der Konkurrenz mit den beiden Riesen zumindest relative Autonomie sicherstellen würde.

Unter diesen Umständen muß die Überführung unterentwickelter in Industriegesellschaften so schnell wie möglich die vortechnischen Formen beseitigen. Besonders in Ländern, wo selbst die lebensnotwendigsten Bedürfnisse der Bevölkerung weit davon entfernt sind, befriedigt zu sein, wo der erschreckende Lebensstandard vor allem nach Quantitäten *en masse* verlangt, nach mechanisierter und standardisierter Massenproduktion und -distribution. Und in eben diesen Ländern setzt das tote Gewicht vortechnischer und sogar vor»bürgerlicher« Sitten und Verhältnisse einer solchen von oben aufgenötigten Entwicklung starken Widerstand entgegen. Der maschinelle Prozeß (als sozialer Prozeß) erheischt Gehorsam gegenüber einem System anonymer Mächte – totale Säkularisierung und Zerstörung von Werten und Institutionen, deren Entweihung kaum begonnen hat. Läßt sich vernünftigerweise annehmen, daß sich unter der Einwirkung der beiden großen Systeme totaler technischer Verwaltung die Beseitigung dieses Widerstands in liberalen und demokratischen Formen vollziehen wird? Daß die unterentwickelten Länder den historischen Sprung von der vortechnischen zur *nach*technischen

Gesellschaft machen können, in der der beherrschte technische Apparat die Basis für eine wahrhafte Demokratie abgeben kann? Im Gegenteil, es scheint vielmehr, daß die diesen Ländern aufgenötigte Entwicklung eine Periode totaler Verwaltung hervorbringen wird, gewaltsamer und strenger als die von den fortgeschrittenen Gesellschaften durchlaufene, die auf den Errungenschaften des liberalistischen Zeitalters aufbauen kann. Fassen wir zusammen: die rückständigen Gebiete werden wahrscheinlich entweder einer der verschiedenen Formen des Neokolonialismus unterliegen oder einem mehr oder weniger terroristischen System ursprünglicher Akkumulation.

Es scheint jedoch noch eine Alternative möglich[37]. Wenn die Industrialisierung und die Einführung der Technik in den rückständigen Ländern auf starken Widerstand seitens der einheimischen und traditionellen Lebens- und Arbeitsweisen stoßen – ein Widerstand, der nicht einmal bei der sehr handgreiflichen Aussicht auf ein besseres und leichteres Leben aufgegeben wird – könnte diese vortechnische Tradition selbst zur Quelle von Fortschritt und Industrialisierung werden?

Ein solcher einheimischer Fortschritt würde eine geplante Politik erfordern, die, anstatt die Technik den traditionellen Lebens- und Arbeitsweisen von oben aufzuerlegen, diese auf ihrem eigenem Boden erweitern und verbessern und dabei die unterdrückenden und ausbeuterischen (materiellen und religiösen) Kräfte beseitigen würde, die sie unfähig machten, die Entwicklung einer menschlichen Existenz sicherzustellen. Soziale Revolution, Agrarreform und eine Abnahme der Übervölkerung wären Vorbedingungen, nicht aber Industrialisierung nach dem Muster der fortgeschrittenen Gesellschaften. Einheimischer Fortschritt scheint in der Tat in Gebieten möglich, wo die natürlichen Hilfsquellen, befreit von unterdrückendem Eingriff, noch ausreichend sind nicht nur für den Lebensunterhalt, sondern auch für ein menschliches Leben. Und wo sie es nicht sind, könnten sie nicht durch die allmähliche und stückweise Hilfe der Technik dazu gebracht werden – im Rahmen der traditionellen Formen?

Wenn das der Fall ist, dann würden Bedingungen herrschen,

---

37 Cf. zum folgenden die großartigen Bücher von René Dumont, besonders *Terres vivantes*, Plon, Paris 1961.

die in den alten und fortgeschrittenen Industriegesellschaften nicht existieren (und niemals existiert haben) – nämlich die »unmittelbaren Produzenten« selbst hätten die Chance, ihren eigenen Fortschritt durch eigene Arbeit und Muße hervorzubringen und seinen Grad und seine Richtung zu bestimmen. Selbstbestimmung ginge von der Basis aus, und Arbeit für das Lebensnotwendige könnte übergehen in Arbeit für den Genuß.

Aber selbst unter diesen abstrakten Annahmen müssen die brutalen Grenzen der Selbstbestimmung anerkannt werden. Die am Anfang stehende Revolution, die durch die Abschaffung der geistigen und materiellen Ausbeutung die Vorbedingungen für die neue Entwicklung herstellen soll, ist kaum als spontane Aktion denkbar. Außerdem würde einheimischer Fortschritt einen Wechsel in der Politik der beiden großen industriellen Machtblöcke voraussetzen, die heute der Welt das Gepräge geben – Aufgabe des Neokolonialismus in allen seinen Formen. Gegenwärtig deutet nichts auf einen solchen Wechsel hin.

Der Wohlfahrts- und Kriegsführungsstaat

Zusammenfassend läßt sich sagen: die Aussichten, eine Änderung zu unterbinden, wie die Politik der technologischen Rationalität sie bietet, hängen ab von den Aussichten des Wohlfahrtsstaats. Ein solcher Staat scheint imstande, den Standard des *verwalteten* Lebens zu heben, ein Vermögen, das allen fortgeschrittenen Industriegesellschaften innewohnt, bei denen das Funktionieren des hochmodernen technischen Apparats – als getrennte Macht gegenüber den Individuen aufgerichtet – von der intensivierten Entwicklung und Expansion der Produktivität abhängt. Unter solchen Bedingungen hat die Abnahme von Freiheit und Opposition nichts mit moralischem oder intellektuellem Verfall oder Korrruption zu tun. Sie ist vielmehr insofern ein objektiver gesellschaftlicher Prozeß, als die Produktion und Verteilung einer größer werdenden Menge von Gütern und Dienstleistungen Willfährigkeit zu einer rationalen technischen Einstellung machen.

Bei all seiner Rationalität ist der Wohlfahrtsstaat jedoch ein

Staat der Unfreiheit, weil seine totale Verwaltung eine systematische Beschränkung a) der »technisch« verfügbaren freien Zeit ist[38]; b) der Quantität und Qualität »technisch« für lebenswichtige individuelle Bedürfnisse verfügbarer Güter und Dienstleistungen; c) der (bewußten und unbewußten) Einsicht, die imstande wäre, die Möglichkeiten der Selbstbestimmung zu begreifen und zu verwirklichen.

Die späte Industriegesellschaft hat das Bedürfnis nach parasitären und entfremdeten Funktionen (für die Gesamtgesellschaft, wenn auch nicht für das Individuum) eher erhöht als verringert. Reklame, Öffentlichkeitsarbeit, »Schulung«, geplanter Verschleiß der Güter sind keine unproduktiven, zusätzlichen Kosten mehr, sondern vielmehr Elemente der grundlegenden Produktionskosten. Um wirksam zu sein, erfordert eine derartige Produktion gesellschaftlich notwendiger Verschwendung eine unaufhörliche Rationalisierung – die rücksichtslose Anwendung fortgeschrittener Techniken und der Wissenschaft. Folglich ist ein sich erhöhender Lebensstandard das nahezu unvermeidliche Nebenprodukt der politisch manipulierten Industriegesellschaft, ist einmal eine bestimmte Stufe der Rückständigkeit überwunden. Die wachsende Arbeitsproduktivität schafft ein zunehmendes Mehrprodukt, das – ob privat oder zentral angeeignet und verteilt – erhöhten Konsum gestattet – ungeachtet der vermehrten Mannigfaltigkeit der Produktivität. Solange diese Konstellation herrscht, schmälert sie den Gebrauchswert der Freiheit; es besteht kein Grund, auf Selbstbestimmung zu dringen, wenn das verwaltete Leben das bequeme und sogar »gute« Leben ist. Das ist der rationale und materielle Grund für die Vereinigung der Gegensätze, für eindimensionales politisches Verhalten. Auf diesem Boden werden die transzendierenden politischen Kräfte *innerhalb* der Gesellschaft gehemmt, und qualitative Änderung scheint möglich nur als eine von *außen*.

Die Ablehnung des Wohlfahrtsstaates zugunsten abstrakter Freiheitsideen ist kaum überzeugend. Der Verlust der ökonomischen und politischen Freiheiten, worin die wirkliche Errun-

---

38 »Freie« Zeit, keine »Freizeit«. Letztere gedeiht in der fortgeschrittenen Industriegesellschaft, aber ist in dem Maße unfrei, wie sie durch Geschäft und Politik verwaltet wird.

genschaft der letzten beiden Jahrhunderte bestand, mag in einem Zustand, der das verwaltete Leben sicher und bequem machen kann, als geringfügiger Schaden erscheinen[39]. Wenn die Individuen – und das macht sogar ihr Glück aus – mit den Gütern und Dienstleistungen zufrieden sind, die ihnen von der Verwaltung heruntergereicht werden, warum sollten sie auf anderen Einrichtungen um einer anderen Produktion anderer Güter und Dienstleistungen willen bestehen? Und wenn die Individuen derart präformiert sind, daß zu den befriedigenden Gütern auch Gedanken, Gefühle und Wünsche gehören, warum sollten sie selbst denken, fühlen und sich etwas vorstellen? Zwar mögen die angebotenen materiellen und geistigen Waren schlecht, verschwenderisch, Schund sein – aber Geist und Erkenntnis sind keine durchschlagenden Argumente gegen die Befriedigung von Bedürfnissen.

Die Kritik des Wohlfahrtsstaates im Sinne des Liberalismus und Konservativismus (ob mit dem Präfix »Neo-« oder nicht) stützt sich in ihrer Gültigkeit auf das Vorhandensein eben der Bedingungen, über die der Wohlfahrtsstaat hinausgegangen ist – nämlich auf eine niederere Stufe des gesellschaftlichen Reichtums und der Technik. Die finsteren Aspekte dieser Kritik treten offen zutage im Kampf gegen eine umfassende Sozialgesetzgebung und angemessene Regierungsausgaben für andere Zwecke als solche militärischer Verteidigung.

So dient die Denunziation der unterdrückenden Fähigkeiten des Wohlfahrtsstaates dazu, die unterdrückenden Fähigkeiten der Gesellschaft *vor* dem Wohlfahrtsstaat zu schützen. Auf der fortgeschrittensten Stufe des Kapitalismus ist diese Gesellschaft ein System des unterworfenen Pluralismus, in dem konkurrierende Institutionen darum wetteifern, die Macht des Ganzen über das Individuum zu festigen. Und doch ist pluralistische Verwaltung für das verwaltete Individuum weit besser als totale. Eine Institution könnte vor der anderen schützen, eine Organisation die Einwirkung der anderen abschwächen; Möglichkeiten des Entkommens und der Abhilfe sind berechenbar. Die Herrschaft des Gesetzes, ganz gleich wie beschränkt, ist

39 Cf. S. 21 f.

immer noch unendlich sicherer als eine Herrschaft über dem Gesetz oder ohne Gesetz.

Im Hinblick auf die herrschenden Tendenzen ist jedoch die Frage aufzuwerfen, ob nicht diese Form von Pluralismus die Zerstörung des Pluralismus beschleunigt. Die fortgeschrittene Industriegesellschaft ist zwar ein System von Mächten, die einander ausgleichen. Aber diese Kräfte heben sich gegenseitig in einer höheren Einheit auf – im gemeinsamen Interesse, die erreichte Stellung zu verteidigen und auszubauen, die historischen Alternativen zu bekämpfen, qualitative Änderung zu hintertreiben. Den sich ausgleichenden Mächten gehören diejenigen nicht an, die dem Ganzen zuwiderlaufen[40]. Jene haben die Tendenz, das Ganze gegen Negation von innen wie von außen zu immunisieren; die Außenpolitik der Eindämmung erscheint als eine erweiterte Innenpolitik der Eindämmung.

Die Realität des Pluralismus wird ideologisch, trügerisch. Sie scheint Manipulation und Gleichschaltung eher zu erweitern als zu verringern, die verhängnisvolle Integration eher zu befördern als ihr entgegenzuwirken. Freie Institutionen wetteifern mit autoritären darum, den Feind zu einer tödlichen Kraft *innerhalb* des Systems zu machen. Und diese tödliche Kraft regt Wachstum und Initiative an – nicht infolge der Größe und ökonomischen Auswirkung des Verteidigungs»sektors«, sondern der Tatsache, daß die Gesellschaft als Ganzes zu einer Verteidigungsgesellschaft wird. Denn der Feind ist permanent. Er existiert nicht in einer Notsituation, sondern im Normalzustand. Er droht im Frieden wie im Krieg (und vielleicht mehr noch im Frieden); er wird so ins System als eine Bindekraft eingebaut.

Weder die wachsende Produktivität noch der hohe Lebensstandard hängen von der äußeren Bedrohung ab, wohl aber der Umstand, daß sie benutzt werden, gesellschaftlichen Wandel einzudämmen und die Knechtschaft zu verewigen. Der Feind ist der gemeinsame Nenner alles Tuns und Lassens. Und der Feind ist nicht identisch mit dem gegenwärtigen Kommunismus oder

40 Zur kritischen und realistischen Bewertung von Galbraith' ideologischem Begriff der »countervailing powers« cf. Earl Latham, »The Body Politic of the Corporation«, in: E. S. Mason, *The Corporation in Modern Society*, Cambridge, Havard University Press, 1959, S. 223, 235 f.

gegenwärtigen Kapitalismus – er ist in beiden Fällen das reale Gespenst der Befreiung.

Noch einmal: der Wahnsinn des Ganzen spricht die einzelnen Wahnsinnstaten frei und verkehrt die Verbrechen gegen die Menschheit in ein rationales Unternehmen. Wenn die Menschen, entsprechend stimuliert durch die öffentlichen und privaten Behörden, sich auf ein Leben totaler Mobilisierung vorbereiten, dann handeln sie vernünftig nicht nur wegen des vorhandenen Feindes, sondern ebenso wegen der Investitions- und Arbeitsmöglichkeiten in Industrie und Unterhaltung. Selbst die wahnsinnigsten Berechnungen sind rational: die Vernichtung von fünf Millionen Menschen ist der von zehn Millionen, zwanzig Millionen usw. vorzuziehen. Es ist hoffnungslos einzuwenden, daß eine Kultur, die ihre Verteidigung mit einem solchen Kalkül rechtfertigt, ihr eigenes Ende verkündet.

Unter diesen Umständen kommen selbst die bestehenden Freiheiten und Fluchtmöglichkeiten mit dem organisierten Ganzen ohne Schwierigkeiten zurecht. Bremst oder intensiviert die Konkurrenz auf dieser Stufe des reglementierten Marktes die Jagd nach größerem und rascherem Umschlag und Verschleiß der Güter? Konkurrieren die politischen Parteien um Befriedung oder um eine stärkere und kostspieligere Rüstungsindustrie? Fördert oder verzögert die Produktion von »Überfluß« die Befriedigung noch unerfüllter Lebensbedürfnisse? Sind die ersteren Alternativen wahr, so würde die gegenwärtige Form des Pluralismus das Potential zum Eindämmen einer qualitativen Änderung stärken und damit die »Katastrophe« der Selbstbestimmung eher verhindern als erzwingen. Demokratie erwiese sich als das leistungsfähigste Herrschaftssystem.

Das in den vorangehenden Abschnitten entworfene Bild des Wohlfahrtsstaates ist das einer historischen Mißgeburt zwischen organisiertem Kapitalismus und Sozialismus, Knechtschaft und Freiheit, Totalitarismus und Glück. Seine Möglichkeit geht hinreichend aus den herrschenden Tendenzen des technischen Fortschritts hervor und ist hinreichend bedroht durch explosive Kräfte. Die stärkste ist natürlich die Gefahr, daß die Vorbereitung auf den totalen nuklearen Krieg sich in seine Verwirklichung verwandeln kann: das Abschreckmittel dient auch dazu,

Bemühungen abzuschrecken, das *Bedürfnis* nach dem Abschreckmittel zu beseitigen. Andere Faktoren sind im Spiel, die das angenehme Zusammentreffen von Totalitarismus und Glück, Manipulation und Demokratie, Heteronomie und Autonomie durchkreuzen können – kurzum, die Verewigung der prästabilierten Harmonie von organisiertem und spontanem Verhalten, präformiertem und freiem Denken, Zweckmäßigkeit und Überzeugung.

Selbst im höchstorganisierten Kapitalismus bleibt das gesellschaftliche Bedürfnis nach privater Aneignung und Verteilung des Profits als Regulator der Wirtschaft erhalten. Das heißt, er verknüpft weiterhin die Verwirklichung des allgemeinen Interesses mit der partikulärer, althergebrachter Interessen. Indem er so verfährt, steht er weiterhin dem Konflikt gegenüber zwischen dem anwachsenden Potential, den Kampf ums Dasein zu befrieden, und dem Bedürfnis, diesen Kampf zu intensivieren; zwischen der fortschreitenden »Aufhebung der Arbeit« und dem Bedürfnis, die Arbeit als Profitquelle zu erhalten. Dieser Konflikt verewigt die unmenschliche Existenz derer, die die menschliche Basis der sozialen Pyramide bilden – die Außenseiter und die Armen, die Arbeitslosen und Arbeitsunfähigen, die verfolgten farbigen Rassen, die Insassen von Strafanstalten und Irrenhäusern.

In den gegenwärtigen kommunistischen Gesellschaften verewigen der äußere Feind, Rückständigkeit und das Vermächtnis des Terrors die unterdrückenden Züge des »Einholens und Überholens« der Errungenschaften des Kapitalismus. Dadurch verschärft sich der Vorrang des Mittels vor dem Zweck – ein Vorrang, der nur gebrochen werden könnte, wenn eine Befriedung erreicht wird – und Kapitalismus und Kommunismus weiterhin ohne militärische Gewalt miteinander konkurrieren im Weltmaßstab und vermittels weltumspannender Institutionen. Diese Befriedung würde das Aufkommen einer wahrhaften Weltwirtschaft bedeuten – das Ableben des Nationalstaats, nationalen Interesses und nationalen Geschäfts mitsamt ihren internationalen Bündnissen. Und gerade gegen diese Möglichkeit wird die gegenwärtige Welt mobilisiert:

L'ignorance et l'inconscience sont telles que les nationalismes demeurent florissants. Ni l'armement ni l'industrie du XXe siècle ne permettent aux *patries* d'assurer leur sécurité et leur vie sinon en ensembles organisés de poids mondial, dans l'ordre militaire et économique. Mais à l'Ouest non plus qu'à l'Est, les croyances collectives n'assimilent les changements réels. Les Grands forment leurs empires, ou en réparent les architectures sans accepter les changements de régime économique et politique qui donneraient efficacité et sens à l'une et à l'autre coalitions.

Und:

Dupes de la nation et dupes de la classe, les masses souffrantes sont partout engagées dans les duretés de conflits où leurs seuls ennemis sont des maîtres qui emploient sciemment les mystifications de l'industrie et du pouvoir.

La collusion de l'industrie moderne et du pouvoir territorialisé est un vice dont la réalité est plus pronfonde que les institutions et les structures capitalistes et communistes et qu'aucune dialectique nécessaire ne doit nécessairement extirper[41].

Die verhängnisvolle wechselseitige Abhängigkeit der einzigen beiden »souveränen« Gesellschaftssysteme in der gegenwärtigen

41 »Die Gewissenlosigkeit und die Unkenntnis sind so groß, daß die Nationalismen weiter gedeihen. Weder die Rüstung noch die Industrie des zwanzigsten Jahrhunderts gestatten es den ›Vaterländern‹, ihre Sicherheit und ihr Dasein zu verbürgen, es sei denn durch organisierte Einheiten, die in militärischer und ökonomischer Hinsicht im Weltmaßstab ins Gewicht fallen. Und weder im Westen noch im Osten vermag ein kollektiv eingedrillter Glaube die Verwandlungen der Wirklichkeit zu sehen. Die Großen bilden ihre Imperien oder reparieren deren Architektur, ohne die Veränderungen im ökonomischen und politischen System zu akzeptieren, was der einen oder anderen Koalition erst Wirksamkeit und Sinn verliehe.«

(Und:)

»Überall sind die leidenden Massen durch Vaterlandsideologien betrogen, durch die Klassenideologien genarrt. Nur der Härte des Konflikts sind sie überall unterworfen, und ihre einzigen Feinde sind jene Meister, die wissentlich die Industrialisierung und die Macht mißbrauchen.

Das Einverständnis zwischen der modernen Industrie und der territorialen Macht ist ein Laster, das folgenreicher ist als die Institutionen und Strukturen des Kapitalismus und des Kommunismus, und keine zwangsläufige Dialektik muß es zwangsläufig ausmerzen.« François Perroux, loc. cit., Band III, S. 631 f.; 633; dt. Ausgabe, loc. cit., S. 606 f. (und, soweit in dieser nicht enthalten, eigene Übersetzung, A. d. Ü.).

Welt drückt die Tatsache aus, daß der Konflikt zwischen Fort-schritt und Politik, zwischen dem Menschen und seinen Herren total geworden ist. Wenn der Kapitalismus sich der Herausfor-derung des Kommunismus stellt, so stellt er sich seinen eigenen Möglichkeiten: eine beachtliche Entwicklung aller Produktiv-kräfte, nachdem die privaten Profitinteressen zurückgestellt wurden, die eine solche Entwicklung hemmen. Wenn der Kom-munismus sich der Herausforderung des Kapitalismus stellt, so stellt auch er sich seinen eigenen Möglichkeiten: ein beacht-licher Komfort, Freiheiten und eine Erleichterung der Lebens-last. Beide Systeme enthalten diese Möglichkeiten bis zur Un-kenntlichkeit entstellt, und in beiden Fällen ist der Grund dafür in letzter Instanz derselbe – der Kampf gegen eine Lebensform, die die Grundlage der Herrschaft auflösen würde.

3 Der Sieg über das unglückliche Bewußtsein: repressive Entsublimierung

Nachdem wir die politische Integration der fortgeschrittenen Industriegesellschaft erörtert haben – eine Leistung, die durch die anwachsende technische Produktivität und die sich erweiternde Unterwerfung von Mensch und Natur ermöglicht wird –, wollen wir uns jetzt einer entsprechenden Integration im kulturellen Bereich zuwenden. In diesem Kapitel werden bestimmte Schlüsselbegriffe und Bilder der Literatur und ihr Schicksal verdeutlichen, wie der Fortschritt technologischer Rationalität dabei ist, die oppositionellen und transzendierenden Elemente in der »höheren Kultur« zu beseitigen. Sie fallen praktisch dem Prozeß der *Entsublimierung* zum Opfer, der in den fortgeschrittenen Bereichen der gegenwärtigen Gesellschaft die Oberhand gewinnt.

Die Errungenschaften und Mißerfolge dieser Gesellschaft entwerten ihre höhere Kultur. Die Feier des autonomen Charakters, des Humanismus, tragischer und romantischer Liebe erscheint als das Ideal einer rückständigen Entwicklungsstufe. Was heute geschieht, ist nicht die Herabsetzung der höheren Kultur zur Massenkultur, sondern die Widerlegung dieser Kultur durch die Wirklichkeit. Diese übertrifft ihre Kultur. Der Mensch vermag heute *mehr* als die Helden der Kultur und die Halbgötter; er hat viele unlösbare Probleme gelöst. Aber er hat auch die Hoffnung verraten und die Wahrheit zerstört, die in den Sublimationen der höheren Kultur aufgehoben waren. Freilich befand die höhere Kultur sich stets im Widerspruch mit der gesellschaftlichen Realität, und nur eine privilegierte Minderheit erfreute sich ihrer Segnungen und vertrat ihre Ideale. Die beiden antagonistischen Sphären der Gesellschaft haben immer nebeneinander bestanden; die höhere Kultur paßte sich stets an, während die Wirklichkeit durch ihre Ideale und ihre Wahrheit selten gestört wurde.

Als neues Merkmal kommt hinzu, daß der Antagonismus zwischen Kultur und gesellschaftlicher Wirklichkeit dadurch eingeebnet wird, daß die oppositionellen, fremden und transzendenten Elemente der höheren Kultur getilgt werden, kraft deren sie *eine andere Dimension* der Wirklichkeit bildete. Diese Liquidation der *zweidimensionalen* Kultur findet nicht so statt, daß die »Kulturwerte« geleugnet und verworfen werden, sondern so, daß sie der etablierten Ordnung unterschiedslos einverleibt und in massivem Ausmaß reproduziert und zur Schau gestellt werden.

Praktisch dienen sie als Instrumente gesellschaftlichen Zusammenhalts. Die Größe einer freien Literatur und Kunst, die Ideale des Humanismus, die Sorgen und Freuden des Individuums, die Erfüllung der Persönlichkeit sind wichtige Punkte im Konkurrenzkampf zwischen Ost und West. Sie sprechen schwerwiegend gegen die heutigen Formen des Kommunismus, und sie werden täglich verordnet und verkauft. Die Tatsache, daß sie der Gesellschaft widersprechen, die sie verkauft, zählt nicht. Ebenso wie die Menschen wissen oder fühlen, daß Reklame und Parteiprogramme nicht notwendig wahr oder gerechtfertigt sein müssen, und sie sich doch anhören, sie lesen und sich sogar von ihnen leiten lassen, so akzeptieren sie die traditionellen Werte und machen sie zum Bestandteil ihres geistigen Rüstzeugs. Wenn die Massenkommunikationsmittel Kunst, Politik, Religion und Philosophie harmonisch und oft unmerklich mit kommerziellen Mitteilungen vermischen, so bringen sie diese Kulturbereiche auf ihren gemeinsamen Nenner – die Warenform. Die Musik der Seele ist auch die der Verkaufstüchtigkeit. Der Tauschwert zählt, nicht der Wahrheitswert. In ihm faßt sich die Rationalität des Status quo zusammen, und alle andersartige Rationalität wird ihr unterworfen.

Indem die großen Worte über Freiheit und Erfüllung von Führern und Politikern bei Wahlkampagnen verkündet werden, in den Kinos, im Radio und Fernsehen, verkehren sie sich in sinnlose Laute, die nur im Zusammenhang mit Propaganda, Geschäft, Disziplin und Zerstreuung einen Sinn erhalten. Diese Angleichung des Ideals an die Realität bezeugt, wie sehr das Ideal überboten worden ist. Es wird dem sublimierten Bereich der Seele oder des Geistes oder des inneren Menschen entzogen und in operationelle Begriffe und Probleme übersetzt. Hierin bestehen die fortschrittlichen Elemente der Massenkultur. Die Abkehr von der Innerlichkeit deutet auf die Tatsache hin, daß die fortgeschrittene Industriegesellschaft der Möglichkeit einer

Materialisierung der Ideale gegenübersteht. Die Kapazitäten dieser Gesellschaft verringern immer mehr den sublimierten Bereich, in dem die Lage des Menschen dargestellt, idealisiert und angeklagt wurde. Die höhere Kultur wird ein Teil der materiellen und büßt bei dieser Umformung ihre Wahrheit weitgehend ein.

Die höhere Kultur des Westens – zu deren moralischen, ästhetischen und gedanklichen Werten sich die Industriegesellschaft immer noch bekennt – war im funktionellen wie historischen Sinne eine vortechnische Kultur. Ihre Verbindlichkeit ging hervor aus der Erfahrung einer Welt, die nicht mehr besteht und nicht wiedererlangt werden kann, weil sie von der technischen Gesellschaft in einem strengen Sinne außer Kraft gesetzt wird. Zudem blieb sie weitgehend eine feudale Kultur, auch wenn es während der bürgerlichen Periode zu einigen ihrer nachhaltigsten Formulierungen kam. Sie war nicht nur feudal, weil sie auf privilegierte Minderheiten begrenzt blieb, und nicht nur, weil ihr ein romantisches Element innewohnte (das sogleich erörtert werden soll), sondern auch deshalb, weil ihre authentischen Werke eine bewußte, methodische Entfremdung von der ganzen Geschäfts- und Industriesphäre und ihrer kalkulierbaren und einträglichen Ordnung ausdrückten.

Obwohl diese bürgerliche Ordnung ihre reiche – und sogar affirmative – Darstellung in Kunst und Literatur fand (wie bei den holländischen Malern des siebzehnten Jahrhunderts, in Goethes *Wilhelm Meister,* im englischen Roman des neunzehnten Jahrhunderts, bei Thomas Mann), blieb sie eine Ordnung, die von einer anderen Dimension überschattet, durchbrochen und widerlegt wurde, welche der Ordnung des Geschäfts unversöhnlich antagonistisch gegenüberstand, sie anklagte und verneinte. Und in der Literatur wird diese andere Dimension *nicht* durch die religiösen, geistigen und moralischen Helden dargestellt (die oft die herrschende Ordnung stützen), sondern vielmehr durch solche auflösenden Charaktere wie den Künstler, die Prostituierte, die Ehebrecherin, den großen Verbrecher und Geächteten, den Räuber, den rebellischen Dichter, den Schelm, den Narren – jene, die sich ihren Lebensunterhalt nicht verdienen, zumindest nicht auf ordentliche und normale Weise.

Freilich sind diese Charaktere nicht aus der Literatur der fortgeschrittenen Industriegesellschaft verschwunden, aber sie überleben wesentlich verändert. Der Vamp, der Nationalheld, der Beatnik, die neurotische Hausfrau, der Gangster, der Star, der charismatische Industriekapitän üben eine Funktion aus, die von der ihrer kulturellen Vorläufer sehr verschieden ist, ja im Gegensatz zu ihr steht. Sie sind keine Bilder einer anderen Lebensweise mehr, sondern eher Launen oder Typen desselben Lebens, die mehr als Affirmation denn als Negation der bestehenden Ordnung dienen.

Die Welt ihrer Vorläufer war gewiß eine rückständige, vortechnische Welt, eine Welt, die angesichts von Ungleichheit und Plackerei ein gutes Gewissen hatte und in der die Arbeit noch ein vom Schicksal verhängtes Unglück war – aber eine Welt, in der Mensch und Natur noch nicht als Dinge und Mittel organisiert waren. Mit ihrem Formen- und Sittenkodex, mit dem Stil und Vokabular ihrer Literatur und Philosophie drückte diese vergangene Kultur den Rhythmus und Inhalt eines Universums aus, in dem Täler und Wälder, Dörfer und Schenken, Edelleute und Leibeigene, Salons und Höfe zur erfahrenen Wirklichkeit gehörten. In der Lyrik und Prosa dieser vortechnischen Kultur ist der Rhythmus von Menschen enthalten, die wandern oder in Kutschen fahren und die Zeit und Lust haben, nachzudenken, etwas zu betrachten, zu fühlen und zu erzählen.

Es ist eine altmodische und überholte Kultur, und nur Träume und kindliche Regressionen können sie wieder einfangen. Aber diese Kultur ist in einigen ihrer entscheidenden Elemente zugleich eine *nach*technische. Ihre fortgeschrittensten Bilder und Positionen scheinen ihr Aufgehen in verordnetem Trost und in Reizmitteln zu überleben; sie verfolgen das Bewußtsein noch immer mit der Möglichkeit ihrer Wiedergeburt in der Vollendung des technischen Fortschritts. Sie sind der Ausdruck jener freien und bewußten Entfremdung von den herrschenden Lebensformen, mit der Literatur und Kunst sich diesen Formen selbst dort widersetzten, wo sie sie ausschmückten.

In Gegensatz zu dem Marxschen Begriff, der das Verhältnis des Menschen zu sich und seiner Arbeit in der kapitalistischen Gesellschaft bezeichnet, ist die *künstlerische Entfremdung* das bewußte Transzendieren der entfremdeten Existenz – ein »höheres Niveau« oder vermittelte Entfremdung. Der Konflikt mit der Welt des Fortschritts, die Negation der Ordnung des Geschäfts, die antibürgerlichen Elemente in der bürgerlichen Literatur und Kunst gehen weder auf den ästhetischen Tiefstand dieser Ordnung zurück noch auf romantische Reaktion – die sehnsuchtsvolle Weihe einer verschwindenden Zivilisationsstufe. »Romantisch« ist ein Begriff herablassender Diffamierung, schnell zur Hand, um avantgardistische Positionen zu verunglimpfen, wie auch der Begriff »dekadent« weit häufiger die wahrhaft fortschrittlichen Züge einer sterbenden Kultur denunziert als die wirklichen Faktoren des Verfalls. Die traditionellen Bilder künstlerischer Entfremdung sind in der Tat insofern romantisch, als sie mit der sich entwickelnden Gesellschaft ästhetisch unvereinbar sind. Diese Unvereinbarkeit ist das Zeichen ihrer Wahrheit. Woran sie erinnern und was sie im Gedächtnis aufbewahren, erstreckt sich auf die Zukunft: Bilder einer Erfüllung, welche die Gesellschaft auflösen würde, die sie unterdrückt. Die große surrealistische Kunst der zwanziger und dreißiger Jahre hat sie in ihrer subversiven und befreienden Funktion noch einmal eingefangen. Aufs Geratewohl herausgegriffene Beispiele aus dem literarischen Grundvokabular mögen die Reichweite und Verwandtschaft dieser Bilder andeuten sowie die von ihnen offenbarte Dimension: Seele und Geist und Herz; *la recherche de l'absolu, Les fleurs du mal, la femme-enfant;* das Königreich am Meer; *Le bateau ivre* und *The Long-legged Bait;* Ferne und Heimat; aber auch Dämon Alkohol, Dämon Maschine und Dämon Geld; Don Juan und Romeo; *Baumeister Solneß* und *Wenn wir Toten erwachen.*

Ihre bloße Aufzählung zeigt, daß sie einer verlorenen Dimension angehören. Sie haben nicht nur deshalb ihre Kraft eingebüßt, weil sie literarisch veraltet sind. Einige dieser Bilder gehören zur zeitgenössischen Literatur und überleben in ihren avanciertesten Schöpfungen. Entkräftet wurde ihre subversive Gewalt, ihr zerstörerischer Inhalt – ihre Wahrheit. Derart umgeformt, finden sie im Alltagsleben ihre Stätte. Die fremden und entfremdenden Werke der geistigen Kultur werden zu vertrauten Gütern und Dienstleistungen. Bedeutet ihre massive

Reproduktion und Konsumtion nur einen quantitativen Wandel, das heißt zunehmende Wertschätzung, zunehmendes Verständnis, eine Demokratisierung der Kultur?

Die Wahrheit von Literatur und Kunst war stets nur (wenn überhaupt) zugelassen als die einer »höheren« Ordnung, welche die Ordnung des Geschäfts nicht stören sollte und auch nicht störte. Was sich in der gegenwärtigen Periode geändert hat, ist die Differenz zwischen den beiden Ordnungen und ihren Wahrheiten. Die absorbierende Macht der Gesellschaft höhlt die künstlerische Dimension aus, indem sie sich ihre antagonistischen Inhalte angleicht. Im Bereich der Kultur manifestiert sich der neue Totalitarismus gerade in einem harmonisierenden Pluralismus, worin die einander widersprechendsten Werke und Wahrheiten friedlich nebeneinander koexistieren.

Vor dieser kulturellen Versöhnung waren Literatur und Kunst wesentlich Entfremdung, hielten den Widerspruch aus und bewahrten ihn – das unglückliche Bewußtsein der gespaltenen Welt, der vereitelten Möglichkeiten, der unerfüllten Hoffnungen, der verratenen Versprechen. Sie waren eine rationale, eine Kraft der Erkenntnis, die eine Dimension von Mensch und Natur bloßlegte, die in der Wirklichkeit unterdrückt und verstoßen wurde. Ihre Wahrheit bestand im beschworenen Schein, im Bestehen darauf, eine Welt zu schaffen, worin der Schrecken des Lebens wachgerufen und suspendiert wurde – gemeistert durch Anerkennung. Das ist die Wunderkraft des *chef-d'oeuvre;* die bis zum Letzten ertragene Tragödie und das Ende der Tragödie – ihre unmögliche Lösung. Seiner Liebe und seinem Haß zu leben, so zu leben, wie man *ist*, bedeutet Niederlage, Resignation und Tod. Die Verbrechen der Gesellschaft, die Hölle, die der Mensch dem Menschen bereitet hat, werden zu unbesiegbaren kosmischen Mächten.

Die Spannung zwischen dem Wirklichen und dem Möglichen wird zu einem unlösbaren Konflikt verklärt, in dem Versöhnung kraft des Oeuvres als *Form* besteht: Schönheit als »promesse de bonheur«. In der Form des Oeuvres werden die tatsächlichen Umstände in eine andere Dimension versetzt, worin die gegebene Wirklichkeit sich als das erweist, was sie ist. Sie berichtet so die Wahrheit über sich; ihre Sprache hört auf, die von Täuschung, Unwissenheit und Unterwerfung zu sein. Der Roman nennt die Tatsachen beim Namen, und ihre Herrschaft bricht zusammen; er untergräbt die Alltagserfahrung und zeigt, daß sie verstümmelt und falsch ist. Kunst hat jedoch diese magische Kraft nur als die Kraft der Negation. Sie kann ihre eigene Sprache nur so lange sprechen, wie die Bilder lebendig sind, welche die etablierte Ordnung ablehnen und widerlegen.

Flauberts *Madame Bovary* unterscheidet sich von ebenso traurigen Liebesgeschichten der zeitgenössischen Literatur durch die Tatsache, daß das bescheidene Vokabular ihres Gegenstücks im wirklichen Leben noch die Bilder der Heldin enthielt – dort las man Geschichten, die solche Bilder noch enthielten. Ihre Angst war verhängnisvoll, weil es keinen Psychoanalytiker gab, und es gab keinen Psychoanalytiker, weil er in ihrer Welt außerstande gewesen wäre, sie zu heilen. Sie hätte ihn als einen Teil der Ordnung von Yonville zurückgewiesen, die sie zerstörte. Ihre Geschichte war »tragisch«, weil sie sich in einer rückständigen Gesellschaft abspielte mit einer noch nicht liberalisierten Geschlechtsmoral und einer noch nicht institutionalisierten Psychologie. Die Gesellschaft, die ihr Problem »gelöst« hat, indem sie es unterdrückte, sollte erst noch kommen. Sicher wäre es Unsinn zu sagen, daß ihre Tragödie oder die von Romeo und Julia in der modernen Demokratie gelöst sei, aber es wäre ebenso Unsinn, das geschichtliche Wesen der Tragödie zu leugnen. Die sich entwickelnde technologische Realität untergräbt nicht nur die traditionellen Formen, sondern auch die gesamte Grundlage der künstlerischen Entfremdung – das heißt, sie tendiert dazu, nicht nur bestimmte »Stile« zu entwerten, sondern auch die Substanz der Kunst selbst.

Freilich ist Entfremdung nicht das einzige Charakteristikum der Kunst. Eine Analyse oder auch nur Darlegung des Problems geht über den Rahmen dieses Werks hinaus, aber einige Hinweise zur Klärung lassen sich geben. Während ganzer Perioden der Zivilisation erscheint die Kunst als völlig in ihre Gesellschaft integriert. Die ägyptische, griechische und gotische Kunst sind bekannte Beispiele; auch werden Bach und Mozart gewöhnlich als Belege für die »positive« Seite der Kunst angeführt. Der Ort des Kunstwerks in einer vortechnischen und zweidimensionalen

Kultur ist sehr verschieden von dem in einer eindimensionalen Zivilisation, aber Entfremdung charakterisiert affirmative ebenso wie negative Kunst.

Der entscheidende Unterschied ist nicht der psychologische zwischen Kunst, die in Freude und Kunst, die in Trauer geschaffen wurde, zwischen Gesundheit und Neurose, sondern der zwischen der künstlerischen und der gesellschaftlichen Wirklichkeit. Der Bruch mit der letzteren, ihr magisches oder rationales Überschreiten, ist eine wesentliche Qualität selbst der affirmativsten Kunst; sie ist ferner gerade jener Öffentlichkeit entfremdet, der sie sich zuwendet. Ganz gleich, wie nahe und vertraut der Tempel oder die Kathedrale den Menschen waren, die um sie herum lebten, sie verblieben in erschreckendem oder erhebendem Gegensatz zum täglichen Leben des Sklaven, des Bauern und des Handwerkers – und vielleicht sogar zu dem ihrer Herren.

Ob ritualisiert oder nicht, enthält Kunst die Rationalität der Negation. In ihren fortgeschrittenen Positionen ist sie die Große Weigerung – der Protest gegen das, was ist. Die Weisen, in denen die Menschen und Dinge dazu gebracht werden, zu erscheinen, zu singen, zu tönen und zu sprechen, sind Weisen, ihre tatsächliche Existenz zu widerlegen, zu durchbrechen und neuzuschaffen. Aber diese Weisen der Negation zahlen der antagonistischen Gesellschaft Tribut, mit der sie verbunden sind. Getrennt von der Sphäre der Arbeit, worin die Gesellschaft sich und ihr Elend reproduziert, bleibt die von ihnen geschaffene Welt der Kunst bei all ihrer Wahrheit ein Privileg und ein Schein.

Trotz aller Demokratisierung und Popularisierung besteht sie in dieser Form fort während des neunzehnten Jahrhunderts und bis ins zwanzigste Jahrhundert hinein. Die »hohe Kultur«, in der diese Entfremdung gefeiert wird, hat ihre eigenen Riten und ihren eigenen Stil. Der Salon, das Konzert, Oper und Theater sind dazu bestimmt, eine andere Dimension der Wirklichkeit zu schaffen und zu beschwören. Ihr Besuch erfordert feiertägliche Vorbereitung; sie unterbrechen die Alltagserfahrung und transzendieren sie.

Jetzt wird diese wesentliche Kluft zwischen den Künsten und

der Forderung des Tages, die in der künstlerischen Entfremdung offen gehalten wurde, durch die fortschreitende technologische Gesellschaft immer mehr geschlossen. Und indem sie geschlossen wird, wird die Große Weigerung ihrerseits verweigert; die »Dimension des Anderen« wird vom herrschenden Zustand aufgesogen. Die Werke der Entfremdung werden selbst dieser Gesellschaft einverleibt und zirkulieren als wesentlicher Bestandteil der Ausstattung, die den herrschenden Zustand ausschmückt und psychoanalysiert. Sie werden so zu Reklameartikeln – sie lassen sich verkaufen, sie trösten oder erregen.

Die neokonservativen Kritiker der linken Kritik an der Massenkultur bespötteln, daß gegen Bach als Hintergrundmusik in der Küche protestiert wird, gegen Platon und Hegel, Shelley und Baudelaire, Marx und Freud im Kaufhaus. Stattdessen bestehen sie auf der Anerkennung der Tatsache, daß die Klassiker das Mausoleum verlassen haben und wieder lebendig wurden, daß die Menschen eben sehr viel gebildeter sind. Das stimmt, aber indem sie als Klassiker lebendig werden, werden sie als etwas anderes lebendig als sie waren; sie werden ihrer antagonistischen Kraft beraubt, der Entfremdung, worin gerade die Substanz ihrer Wahrheit bestand. Absicht und Funktion dieser Werke haben sich daher grundlegend geändert. Wenn sie einmal zum Status quo in Widerspruch standen, so wird dieser Widerspruch jetzt eingeebnet.

Solche Angleichung ist jedoch historisch verfrüht; sie stellt kulturelle Gleichheit her und behält die Herrschaft bei. Die Gesellschaft beseitigt die Vor- und Sonderrechte der feudal-aristokratischen Kultur mitsamt ihrem Inhalt. Die Tatsache, daß die transzendierenden Wahrheiten der schönen Künste, die Ästhetik von Leben und Denken nur den wenigen Wohlhabenden und Gebildeten zugänglich waren, war der Mangel einer repressiven Gesellschaft. Aber dieser Mangel wird nicht durch Paperbacks, Allgemeinbildung, Langspielplatten und das Abschaffen feiertäglicher Kleidung in Theater und Konzertsaal behoben[1]. Die kulturellen Privilegien drückten die Ungerechtigkeit der Freiheit

---

1 Kein Mißverständnis: an und für sich sind Paperbacks, Allgemeinbildung und Langspielplatten durchaus erfreulich.

aus, den Widerspruch zwischen Ideologie und Wirklichkeit, die Trennung geistiger von materieller Produktivität; sie gewährten aber auch einen umhegten Bereich, in dem die tabuierten Wahrheiten in abstrakter Integrität überleben konnten – der Gesellschaft enthoben, die sie unterdrückte.

Jetzt ist diese Distanziertheit beseitigt – und mit ihr Transzendenz und Anklage. Text und Ton sind noch vorhanden, aber die Distanz ist bewältigt, die sie zur »Luft von anderen Planeten« machte[2]. Die künstlerische Entfremdung ist so funktional wie die Architektur der neuen Theater und Konzerthallen geworden, in denen sie dargeboten wird. Und auch hier sind Rationales und Schlechtes nicht zu trennen. Fraglos ist die neue Architektur besser, das heißt schöner und praktischer als die Monstrositäten der viktorianischen Ära. Aber sie ist auch »integrierter« – das Kulturzentrum wird zu einem geeigneten Teil des Einkaufs-, Stadt- oder Regierungszentrums. Herrschaft hat ihre eigene Ästhetik, und demokratische Herrschaft hat ihre demokratische Ästhetik. Es ist gut, daß heute fast jeder die schönen Künste in den Fingerspitzen haben kann, indem er einfach an einem Knopf seines Radios dreht oder ins nächste Kaufhaus geht. Bei dieser Verbreitung werden sie jedoch zu Zahnrädern einer Kulturmaschine, die ihren Inhalt ummodelt.

Die künstlerische Entfremdung erliegt mit den anderen Weisen der Negation dem Prozeß technologischer Rationalität. Der Wandel offenbart seine Tiefe und das Maß, indem er unwiderruflich ist, wenn er als Ergebnis des technischen Fortschritts angesehen wird. Die gegenwärtige Stufe bestimmt die Möglichkeiten von Mensch und Natur neu, gemäß den neuen Mitteln, die ihrer Verwirklichung zu Gebote stehen, und in ihrem Licht verlieren die vortechnischen Bilder ihre Macht.

Ihr Wahrheitswert hing weitgehend von einer unbegriffenen und unbewältigten Dimension von Mensch und Natur ab, von den engen Grenzen, die der Organisation und Manipulation gesteckt waren, von dem »unauflöslichen Kern«, der sich der Integration widersetzte. In der vollentwickelten Industriegesell-

---

2 Stefan George, in Arnold Schönbergs Quartett in fis-Moll. Cf. Th. W. Adorno, *Philosophie der neuen Musik*, Tübingen 1949, S. 19 ff.

schaft wird dieser unauflösliche Kern immer mehr geschmälert. Offenkundig hat die materielle Umgestaltung der Welt die geistige Umgestaltung ihrer Symbole, Bilder und Ideen im Gefolge. Wenn Städte, Autobahnen und Naturschutzgebiete die Dörfer, Täler und Wälder ersetzen, wenn Motorboote über die Seen rasen und Flugzeuge den Himmel durchstoßen – dann verlieren diese Bereiche offenkundig ihren Charakter als eine qualitativ andere Wirklichkeit, als Gebiete des Widerspruchs.

Und da Widerspruch das Werk des Logos ist – die rationale Konfrontation dessen, »was nicht ist«, mit dem, »was ist« –, muß er ein Medium haben, worin er sich mitteilt. Der Kampf um dieses Medium oder vielmehr der Kampf dagegen, daß es von der herrschenden Eindimensionalität aufgesogen wird, tritt hervor in den avangardistischen Versuchen, eine Verfremdung zu schaffen, welche die künstlerische Wahrheit wieder kommunizierbar machen soll.

Bertolt Brecht hat die theoretischen Grundlagen für diese Anstrengungen skizziert. Der totale Charakter der bestehenden Gesellschaft stellt den Dramatiker vor die Frage, »ob die heutige Welt durch Theater überhaupt noch wiedergegeben werden kann« – das heißt so, daß der Zuschauer die Wahrheit anerkennt, die das Stück übermitteln soll. Brecht antwortet, daß die heutige Welt nur dann in dieser Weise wiedergegeben werden kann, wenn sie als veränderbar wiedergegeben wird[3] – als der Zustand zu negierender Negativität. Das ist die Lehre, die gelernt, begriffen und nach der gehandelt werden muß; aber das Theater ist Unterhaltung, Vergnügen, und das sollte es sein. Unterhaltung und Lernen sind jedoch keine Gegensätze; Unterhaltung kann die wirksamste Art des Lernens sein. Um zu lehren, was die heutige Welt hinter dem ideologischen und materiellen Schleier wirklich ist und wie sie geändert werden kann, muß das Theater die Identifikation des Zuschauers mit den Ereignissen auf der Bühne durchbrechen. Nicht Einfühlung und Empfindung, sondern Distanz und Reflexion sind erforderlich. Der »Verfremdungseffekt« soll diese Dissoziation bewirken, in der die Welt als das anerkannt werden kann, was sie ist.

3 Bertolt Brecht, *Schriften zum Theater*, Berlin und Frankfurt, S. 7, 9.

»Alltägliche Dinge werden ... aus dem Bereich des Selbstver-
ständlichen gehoben ...«.[4] »Das ›Natürliche‹ muß das Moment
des Auffälligen bekommen. Nur so können die Gesetze von
Ursache und Wirkung zu Tage treten.«[5] Der »Verfremdungseffekt« wird der Literatur nicht von außen aufgenötigt. Er ist
vielmehr die Antwort der Literatur selbst auf ihre Bedrohung
durch den totalen Behaviorismus – der Versuch, die Rationalität
des Negativen zu retten. In diesem Versuch schließt sich der
große »Konservative« der Literatur dem radikalen Aktivisten
an. Paul Valéry besteht auf der unvermeidlichen Gebundenheit
der poetischen Sprache an die Negation. Die Verse dieser Sprache
»ne parlent jamais que de choses absentes«.[6] Sie sprechen von
dem, was – wenn auch abwesend – das bestehende Universum
von Sprache und Verhalten als dessen tabuierteste Möglichkeit
heimsucht – weder Himmel noch Hölle, weder Gut noch Böse,
sondern einfach »le bonheur«. Damit spricht die dichterische
Sprache von dem, was von dieser Welt ist, was in Mensch und
Natur sichtbar, fühlbar, hörbar ist – und von dem, was nicht
gesehen, nicht berührt, nicht gehört wird.

Indem sie ein Medium schafft und sich in ihm bewegt, worin
das Abwesende dargestellt wird, ist die dichterische Sprache eine
der Erkenntnis – aber einer Erkenntnis, die das Positive unter-
höhlt. In ihrer Erkenntnisfunktion kommt Dichtung der großen
Aufgabe des *Denkens* nach: »le travail qui fait vivre en nous ce
qui n'existe pas«.[7]

Die »abwesenden Dinge« nennen, heißt den Bann der seienden Dinge brechen; es liegt darin ferner, daß eine andere Ordnung der Dinge in die bestehende eindringt – »le commencement
d'un monde«.[8]

Weil sie diese andere Ordnung ausdrückt – Transzendenz
innerhalb der einen Welt –, hängt die dichterische Sprache von
den transzendenten Elementen der Alltagssprache ab[9]. Die totale

---

4 Ibid., S. 76 f.
5 Ibid., S. 63.
6 Paul Valéry, »Poésie et pensée abstraite«, in: *Oeuvres*, Band 1, Paris 1957, S. 1324.
7 »die Anstrengung, die in uns leben macht, was nicht existiert«. Ibid., S. 1333.
8 Ibid., S. 1327 (mit Bezug auf die Sprache der Musik).
9 Cf. Kapitel 7.

Mobilisation aller Medien zur Verteidigung der bestehenden Wirklichkeit hat jedoch die Ausdrucksmittel derart gleichgeschaltet, daß die Mitteilung transzendierender Inhalte technisch unmöglich wird. Das Gespenst, von dem das künstlerische Bewußtsein seit Mallarmé heimgesucht worden ist – die Unmöglichkeit, eine nichtverdinglichte Sprache zu sprechen, das Negative mitzuteilen, hat aufgehört, ein Gespenst zu sein. Es hat Gestalt angenommen.

Die wahrhaft avantgardistischen Werke der Literatur kommunizieren den Bruch mit der Kommunikation. Mit Rimbaud und dann im Dadaismus und Surrealismus weist die Literatur gerade jene Struktur der Rede zurück, die während der gesamten Kulturgeschichte künstlerische und Alltagssprache verbunden hat. Das Satzsystem[10] (mit dem Satz als seiner Bedeutungseinheit) war das Medium, worin die beiden Dimensionen der Wirklichkeit sich treffen, kommunizieren und kommuniziert werden konnten. Die erhabenste Dichtung und die gemeinste Prosa hatten teil an diesem Ausdrucksmedium. Die moderne Dichtung jedoch »détruisait les rapports du langage et ramenait le discours à des stations de *mots*«.[11]

Das Wort verweigert sich der vereinheitlichenden, vernünftigen Herrschaft des Satzes. Es sprengt die im voraus festgelegte Struktur der Bedeutung und bezeichnet, indem es ein »absolutes Objekt« wird, ein unerträgliches, sich selbst zunichte machendes Universum – ein Diskontinuum. Diese Umwälzung der sprachlichen Struktur schließt eine Umwälzung der Erfahrung von Natur ein:

> »La nature devient un discontinu d'objets solitaires et terribles, parce qu'ils n'ont que des liaisons virtuelles; personne ne choisit pour eux un sens privilégié ou un emploi ou un service, personne ne les réduit à la signification d'un comportement mental ou d'une intention, c'est-à-dire finalement d'une tendresse.
> ... Ces mots-objets sans liaison, parés de toute la violence de leur éclatement ... ces mots poétiques excluent les hommes;

10 Cf. Kapitel 5.
11 »zerstörte die Beziehungen in der Sprache und führte die Rede auf *Wortstationen* zurück.« Roland Barthes, Le Degré Zéro de l'Ecriture, Paris 1953; dt.: *Am Nullpunkt der Literatur*, Hamburg 1959, S. 50 (Hervorhebung vom Verfasser).

il n'y a pas d'humanisme poétique de la modernité: ce discours debout est un discours plein de terreur, c'est-à-dire qu'il met l'homme en liaison non pas avec les autres hommes, mais avec les images les plus inhumaines de la nature; le ciel, l'enfer, le sacré, l'enfance, la folie, la matière pure, etc«.[12]

Der traditionelle Stoff der Kunst (Bilder, Harmonien, Farben) kehrt nur wieder in »Zitaten«, Überbleibsel eines vergangenen Sinnes in einem Zusammenhang von Verweigerung. So sind die surrealistischen Gemälde

»der Inbegriff dessen, was die Sachlichkeit mit einem Tabu zudeckt, weil es sie an ihr eigenes dinghaftes Wesen gemahnt und daran, daß sie nicht damit fertig wird, daß ihre Rationalität irrational bleibt. Der Surrealismus sammelt ein, was die Sachlichkeit den Menschen versagt; die Entstellungen bezeugen, was das Verbot dem Begehrten antat. Durch sie errettete er das Veraltete, ein Album von Idiosynkrasien, in denen der Glücksanspruch verraucht, den die Menschen in ihrer eigenen technifizierten Welt verweigert finden«.[13]

Oder das Werk von Bertolt Brecht bewahrt die in Romanze und Kitsch (Mondschein und das blaue Meer; Melodie und süße Heimat; Treue und Liebe) enthaltene *promesse de bonheur*«, indem es sie in ein politisches Ferment überführt. Seine Gestalten singen von verlorenen Paradiesen und unvergeßlicher Hoffnung (»Siehst du den Mond über Soho, Geliebter?«, »Jedoch eines Tages, und der Tag war blau«, »Zuerst war es immer Sonntag«, »Und ein Schiff mit acht Segeln«, »Alter Bilbao Mond, Da wo noch Liebe

12 Die Natur wird ... ein Nichtzusammenhängendes von Objekten, die einsam und furchtbar sind, weil sie nur mögliche Verbindungen besitzen; niemand wählt für sie einen bestimmten Sinn, einen vor anderen privilegierten Gebrauch oder Dienst, ... niemand reduziert sie auf das Bedeuten eines geistigen Verhaltens oder einer Absicht, das heißt letztlich einer Zärtlichkeit ... Diese Objektworte ohne Verbindung, die mit der ganzen Gewalt ihres Zerspringens geschmückt sind ..., diese lyrischen Worte schließen die Menschen aus: es gibt keinen lyrischen Humanismus der Modernität; dieser Diskurs ist voller Schrecken, das heißt, daß er den Menschen nicht in Verbindung mit den anderen Menschen setzt, sondern mit den unmenschlichsten Bildern der Natur: dem Himmel, der Hölle, dem Heiligen, der Kindheit, dem Wahnsinn, der reinen Materie etc. Ibid.

13 Th. W. Adorno, *Noten zur Literatur*, Berlin und Frankfurt 1958, S. 160.

lohnt«) – und das Lied ist eines von Grausamkeit und Gier, Ausbeutung, Betrug und Lüge. Die Getäuschten singen von ihrer Täuschung, aber sie erfahren deren Ursachen (oder haben sie erfahren), und nur, indem sie die Ursachen erfahren (und wie sie zu bewältigen sind), gelangen sie wieder zur Wahrheit ihres Traums.

Die Anstrengungen, die Große Weigerung in der Sprache der Literatur wiederzugewinnen, erleiden das Schicksal, von dem absorbiert zu werden, was sie widerlegen. Als moderne Klassiker haben die Avantgardisten und Beatniks an der Funktion teil zu unterhalten, ohne das gute Gewissen der Menschen guten Willens zu gefährden. Diese Absorption wird durch den technischen Fortschritt gerechtfertigt und die Weigerung widerlegt durch die Linderung des Elends in der fortgeschrittenen Industriegesellschaft. Die Liquidation der hohen Kultur ist ein Nebenprodukt des Sieges über die Natur und der fortschreitenden Bewältigung des Mangels.

Indem diese Gesellschaft die festgehaltenen Bilder der Transzendenz dadurch entkräftet, daß sie sie ihrer allgegenwärtigen täglichen Realität einverleibt, bezeugt sie das Ausmaß, in dem unlösbare Konflikte behandelt werden können – in dem Tragödie und Romanze, archetypische Träume und Ängste für eine technische Lösung und Auflösung empfänglich gemacht werden. Der Psychiater kümmert sich um die Don Juans, Romeos, Hamlets und Fauste, indem er sich um Oedipus kümmert – er heilt sie. Die Herren der Welt verlieren ihre metaphysischen Züge. Ihr Auftreten im Fernsehen, auf Pressekonferenzen, im Parlament und bei öffentlichen Kundgebungen ist kaum für ein Drama geeignet, das über das der Reklame[14] hinausgeht, während die Konsequenzen ihres Handelns den Rahmen des Dramas überschreiten.

Die Rezepte zur Unmenschlichkeit und Ungerechtigkeit werden von einer rationell organisierten Bürokratie verabfolgt, die jedoch in ihrem eigentlichen Zentrum unsichtbar ist. Die Seele enthält wenige Geheimnisse und Sehnsüchte, die nicht vernünftig

---

14 Der sagenhafte revolutionäre Held, der selbst Fernsehen und Presse trotzen kann, existiert noch – seine Welt ist die der »unterentwickelten« Länder.

diskutiert und analysiert werden können, über die man nicht ab-
stimmen kann. Einsamkeit, diejenige Bedingung, die dem Individuum gegen seine Gesellschaft und jenseits ihrer Stärke verlieh,
ist technisch unmöglich geworden. Logische und sprachliche Analyse beweisen, daß die alten metaphysischen Probleme Schein-
probleme sind; das Verlangen nach dem »Sinn« der Dinge läßt
sich als das nach dem Sinn von Wörtern neuformulieren, und das
bestehende Universum von Sprache und Verhalten kann der
Antwort völlig hinreichende Kriterien bieten.

Es handelt sich um ein rationales Universum, das aufgrund des
bloßen Gewichts und der Leistungsfähigkeit seines Apparats jedes
Entrinnen vereitelt. In ihrer Beziehung zur Realität des täglichen
Lebens bestand die hohe Kultur der Vergangenheit in mancherlei
– in Opposition und Ausschmückung, in Aufschrei und Resignation. Aber sie war auch die Erscheinung des Reichs der Freiheit:
die Weigerung, sich zusammen zu nehmen. Einer solchen Weigerung läßt sich kein Riegel vorschieben, ohne daß ein Ersatz
gewährt würde, der befriedigender scheint als die Weigerung.
Die Bewältigung und Vereinigung der Gegensätze, die in der
Transformation von höherer in populäre Kultur ideologisch verklärt wird, findet statt auf einem materiellen Boden erhöhter
Befriedigung. Dieser ist es denn auch, der eine durchgreifende
Entsublimierung gestattet.

Künstlerische Entfremdung ist Sublimierung. Sie bringt die
Bilder von Zuständen hervor, die mit dem bestehenden Realitätsprinzip unvereinbar sind, die aber als Bilder der Kultur erträglich, ja erhebend und nützlich werden. Jetzt wird diese Bilder-
welt außer Kraft gesetzt. Ihre Einverleibung in die Küche, das
Büro und den Laden, ihre kommerzielle Freigabe an Geschäft
und Vergnügen ist in gewissem Sinne eine Entsublimierung –
vermittelter Genuß wird durch unmittelbaren ersetzt. Aber es ist
eine Entsublimierung, die von einer »Position der Stärke« seitens
der Gesellschaft ausgeübt wird, die es sich leisten kann, mehr als
früher zu gewähren, weil ihre Interessen zu den innersten Trie-
ben ihrer Bürger geworden sind und weil die von ihr gewährten
Freuden sozialen Zusammenhalt und Zufriedenheit befördern.

Das Lustprinzip absorbiert das Realitätsprinzip; die Sexualität wird in gesellschaftlich aufbauenden Formen befreit (oder

vielmehr liberalisiert). Dieser Gedanke schließt ein, daß es repressive Weisen von Entsublimierung gibt[15], im Vergleich zu denen die sublimierten Triebe und Ziele mehr Abweichung, mehr Freiheit und mehr Weigerung enthalten, die gesellschaftlichen Tabus zu beachten. Es scheint, daß eine solche repressive Entsublimierung in der sexuellen Sphäre tatsächlich vor sich geht, und hier erscheint sie, wie bei der Entsublimierung der höheren Kultur, als das Nebenprodukt der gesellschaftlichen Kontrollen über die technologische Wirklichkeit, welche die Freiheit erweitern und dabei die Herrschaft intensivieren. Die Verbindung von Entsublimierung und technologischer Gesellschaft läßt sich vielleicht dadurch am besten verdeutlichen, daß man den Wechsel im gesellschaftlichen Gebrauch von Triebenergie erörtert.

In dieser Gesellschaft ist nicht die gesamte auf Mechanismen verwandte und mit ihnen verbrachte Zeit Arbeitszeit (das heißt unangenehme, aber notwendige Mühe), und nicht die gesamte durch die Maschine eingesparte Energie ist Arbeitskraft. Die Mechanisation hat auch Libido »eingespart«, die Energie der Lebenstriebe – das heißt, sie hat sie von früheren Weisen ihrer Verwirklichung abgesperrt. Darin besteht der Wahrheitskern des romantischen Gegensatzes zwischen dem modernen Reisenden und dem wandernden Dichter oder Handwerker, zwischen Fließband und Kunsthandwerk, Stadt und Land, Brot, das in der Fabrik produziert wurde, und dem selbstgebackenen Laib, dem Segelboot und dem Außenbordmotor usw. Sicher war diese romantische, vortechnische Welt durchdrungen von Elend, harter Arbeit und Schmutz, die wiederum den Hintergrund alles Vergnügens und aller Freude abgaben. Und doch gab es eine »Landschaft«, ein Medium lustbetonter Erfahrung, das nicht mehr existiert.

Mit seinem Verschwinden (das selbst eine historische Voraussetzung des Fortschritts ist) wurde eine ganze Dimension menschlicher Aktivität und Passivität enterotisiert. Die Umgebung, von der das Individuum Lust empfangen konnte – die es als Genuß gewährende fast wie erweiterte Körperzonen besetzen konnte – wurde streng beschnitten. Damit reduziert sich gleichermaßen

---

15 Cf. mein Buch *Eros and Zivilization*, Boston 1954, dt. *Triebstruktur und Gesellschaft*, Frankfurt 1965, besonders Kapitel X.

das »Universum« libidinöser Besetzung. Die Folge ist eine Lokalisierung und Kontraktion der Libido, die Reduktion erotischer auf sexuelle Erfahrung und Befriedigung[16].

Man vergleiche zum Beispiel das verliebte Treiben auf einer Wiese und in einem Auto, bei einem Spaziergang der sich Liebenden außerhalb der Stadtmauern oder auf einer Straße von Manhattan. In den erstgenannten Fällen hat die Umgebung teil an der libidinösen Besetzung, kommt ihr entgegen und tendiert dazu, erotisiert zu werden. Die Libido geht über die unmittelbar erogenen Zonen hinaus – ein Vorgang nichtrepressiver Sublimierung. Demgegenüber scheint eine mechanisierte Umgebung ein solches Selbstüberschreiten der Libido zu unterbinden. Bedrängt in ihrem Bestreben, den Bereich erotischen Genusses zu erweitern, wird die Libido weniger »polymorph«, weniger der Erotik jenseits lokalisierter Sexualität fähig, und *diese* wird gesteigert.

Indem sie derart die erotische Energie herabmindert und die sexuelle intensiviert, *beschränkt* die technologische Wirklichkeit *die Reichweite der Sublimierung*. Sie verringert ebenso das *Bedürfnis* nach Sublimierung. Im seelischen Apparat scheint die Spannung zwischen dem Ersehnten und dem Erlaubten beträchtlich herabgesetzt, und das Realitätsprinzip scheint keine durchgreifende und schmerzhafte Umgestaltung der Triebbedürfnisse mehr zu erfordern. Das Individuum muß sich einer Welt anpassen, die die Verleugnung seiner innersten Bedürfnisse nicht zu verlangen scheint – eine Welt, die nicht wesentlich feindlich ist.

Der Organismus wird so präpariert, das Gebotene spontan hinzunehmen. Insofern, als die größere Freiheit eher eine Kontraktion als eine Erweiterung und Entwicklung der Triebbedürfnisse mit sich bringt, arbeitet sie eher *für* als *gegen* den Status quo allgemeiner Repression – man könnte von »institutionalisierter Entsublimierung« sprechen. Letztere scheint ein sehr wichtiger Faktor beim Entstehen des autoritären Charakters unserer Zeit.

Es ist oft festgestellt worden, daß die fortgeschrittene industrielle Zivilisation mit einem höheren Grad an sexueller Freiheit

16 Gemäß der in den Spätwerken Freuds benutzten Terminologie: Sexualität als »spezialisierter« Partialtrieb, Eros als der des Gesamtorganismus.

operiert – in dem Sinne »operiert«, daß letztere ein Marktwert und ein Faktor gesellschaftlicher *mores* wird. Ohne daß er aufhört, ein Arbeitsinstrument zu sein, wird es dem Körper gestattet, seine sexuellen Züge in der alltäglichen Arbeitswelt und in den Arbeitsbeziehungen zur Schau zu stellen. Darin besteht eine der einzigartigen Leistungen der Industriegesellschaft – ermöglicht durch die Abnahme von schmutziger und schwerer körperlicher Arbeit; dadurch, daß billige, attraktive Kleidung, Kosmetik und Körperhygiene vorhanden sind; durch die Erfordernisse der Anzeigenindustrie usw. »Sexy« Büro- und Ladenmädchen, der ansprechende, virile Juniorchef und der Verkäufer, sind höchst marktgängige Waren, und der Besitz geeigneter Mätressen – einmal das Vorrecht von Königen, Fürsten und Lords – erleichtert die Karriere selbst der weniger hochstehenden Ränge in der Geschäftswelt.

Der sich künstlerisch gebende Funktionalismus befördert diesen Trend. Geschäfte und Büros gewähren Einblick durch riesige Glasfenster und stellen ihr Personal aus; im Innern zeigen sich hohe Kassenschalter und undurchsichtige Scheidewände. Die Zerstörung der Privatsphäre in Appartementhäusern und Vorstadtheimen hebt die Schranken auf, die das Individuum früher vom öffentlichen Dasein trennten, und stellt die attraktiven Qualitäten anderer Ehefrauen und Ehemänner leichter zur Schau.

Diese Sozialisierung widerspricht der Enterotisierung der Umwelt nicht, sondern ergänzt sie. Das Sexuelle wird in die Arbeitsbeziehungen und die Werbetätigkeit eingegliedert und so (kontrollierter) Befriedigung zugänglich gemacht. Technischer Fortschritt und ein bequemeres Leben gestatten, die libidinösen Komponenten in den Bereich von Warenproduktion und -austausch systematisch aufzunehmen. Aber wie kontrolliert die Mobilisierung der Triebenergie auch sein mag (sie läuft mitunter auf ein wissenschaftliches Management der Libido hinaus), wie sehr sie auch als Stütze des Status quo dienen mag – sie verschafft den manipulierten Individuen auch einen Genuß, ganz wie es Spaß macht, im Motorboot davonzurasen, einen elektrischen Rasenmäher zu schieben, ein Auto auf Touren zu bringen.

Auf diese Mobilisierung und Verwaltung der Libido mag die freiwillige Unterwürfigkeit, das Fehlen von Terror und die prästabilierte Harmonie zwischen individuellen und gesellschaftlich erforderlichen Bedürfnissen, Zielen und Bestrebungen in hohem Maße zurückzuführen sein. Die technische und politische Bewältigung der transzendierenden Faktoren im menschlichen Dasein, die für die fortgeschrittene industrielle Zivilisation so charakteristisch ist, setzt sich hier in der Triebsphäre durch: Befriedigung auf eine Weise, die Unterwerfung hervorbringt und die Rationalität des Protestes schwächt.

Die Reichweite gesellschaftlich statthafter und wünschenswerter Befriedigung nimmt erheblich zu; aber auf dem Wege dieser Befriedigung wird das Lustprinzip reduziert – seiner Ansprüche beraubt, die mit der bestehenden Gesellschaft unvereinbar sind. Derart angepaßt, erzeugt Lust Unterwerfung.

Im Gegensatz zu den Vergnügungen der angepaßten Entsublimierung bewahrt die Sublimierung das Bewußtsein der Versagungen, die die repressive Gesellschaft dem Individuum auferlegt, und hält damit an dem Bedürfnis nach Befreiung fest. Freilich wird alle Sublimierung durch die Macht der Gesellschaft erzwungen, aber das unglückliche Bewußtsein dieser Macht durchbricht bereits die Entfremdung. Freilich nimmt alle Sublimierung die gesellschaftliche Schranke der Triebbefriedigung hin, aber sie überschreitet diese Schranke auch.

Indem das Über-Ich das Unbewußte zensiert und dem Individuum ein Gewissen einimpft, zensiert es auch den Zensor, weil das entwickelte Gewissen den verbotenen bösen Akt nicht nur im Individuum selbst, sondern auch in seiner Gesellschaft registriert. Umgekehrt bewirkt der Verlust des Gewissens infolge zufriedenstellender Freiheiten, die eine unfreie Gesellschaft gewährt, ein *glückliches Bewußtsein* (happy consciousness), was die Hinnahme der Untaten dieser Gesellschaft erleichtert. Er ist ein Zeichen schwindender Autonomie und Einsicht. Sublimierung erfordert ein hohes Maß an Autonomie und Einsicht; sie vermittelt zwischen Bewußtem und Unbewußtem, zwischen primären und sekundären Vorgängen, zwischen Intellekt und Trieb, Versagung und Rebellion. In ihren vollendetsten Weisen, wie im Kunstwerk, wird Sublimierung zur Erkenntniskraft, welche die Unterdrückung besiegt, indem sie sich ihr beugt.

Im Licht der Erkenntnisfunktion dieser Weise von Sublimierung enthüllt die in der fortgeschrittenen Industriegesellschaft um sich greifende Entsublimierung ihre wahrhaft konformistische Funktion. Diese Befreiung der Sexualität (und Aggressivität) befreit die Triebe weitgehend von dem Unglück und Unbehagen, welche die repressive Gewalt der bestehenden Welt der Befriedigung erhellen. Freilich gibt es Unglück, das durchdringt, und das glückliche Bewußtsein ist brüchig genug – eine dünne Oberfläche über Angst, Frustration und Ekel. Dieses Unglück gibt sich leicht politischer Mobilisierung her; ohne Raum zu bewußter Entwicklung, kann es zum Triebreservoir für eine neue faschistische Weise zu leben und zu sterben werden. Aber es gibt viele Wege, auf denen das unter dem glücklichen Bewußtsein schwelende Unglück in eine Quelle von Stärke und Zusammenhalt für die gesellschaftliche Ordnung verwandelt werden kann. Die Konflikte des unglücklichen Individuums scheinen jetzt einer Heilung weitaus zugänglicher als jene, die Freuds »Unbehagen in der Kultur« bewirkten, und sie scheinen unter dem Aspekt der »neurotischen Persönlichkeit unserer Zeit« (K. Horney) angemessener bestimmt als unter dem des ewigen Kampfes zwischen Eros und Thanatos.

Die Weise, in der kontrollierte Entsublimierung die Triebrevolte gegen das bestehende Realitätsprinzip schwächen kann, läßt sich erhellen an dem Gegensatz zwischen der Darstellung der Sexualität in der klassischen und romantischen Literatur und in unserer Gegenwartsliteratur. Wählt man unter den vielen Werken, die ihrer ganzen Substanz und inneren Form nach vom erotischen Engagement bestimmt sind, solche wesentlich verschiedenen Beispiele aus wie Racines *Phädra*, Goethes *Wahlverwandtschaften*, Baudelaires *Blumen des Bösen*, Tolstois *Anna Karenina*, so erscheint die Sexualität übereinstimmend in hochsublimierter, »vermittelter«, reflektierter Form – aber in dieser Form ist sie absolut, kompromißlos, bedingungslos. Der Herrschaftsbereich des Eros ist seit Anbeginn ebenso der des Thanatos. Erfüllung ist Zerstörung, nicht in einem moralischen oder soziologischen, sondern in einem ontologischen Sinne. Sie ist jenseits von Gut und Böse, jenseits gesellschaftlicher Moral und bleibt so jenseits der Reichweite des bestehenden Realitätsprinzips, das von diesem Eros abgelehnt und gesprengt wird.

Demgegenüber greift entsublimierte Sexualität bei O'Neills Alkoholikern und den Losgelassenen Faulkners um sich, in der *Endstation Sehnsucht* und unter dem *Heißen Blechdach*, in *Lolita*, in all den Geschichten von Orgien in Hollywood und New York und den Abenteuern vorstädtischer Hausfrauen. Das ist unendlich realistischer, gewagter, hemmungsloser. Es ist fester Bestandteil der Gesellschaft, in der es sich ereignet, aber nirgendwo ihre Negation. Was geschieht, ist sicherlich wild und obszön, männlich und deftig, ganz unmoralisch – und eben deshalb völlig harmlos.

Befreit von der sublimierten Form, die gerade das Zeichen ihrer unversöhnlichen Träume war – eine Form, die im Stil, in der Sprache sich ausprägt, in der die Geschichte erzählt wird –, verwandelt Sexualität sich in ein Vehikel der Bestseller der Unterdrückung. Von keiner der »sexy« Frauen in der zeitgenössischen Literatur ließe sich sagen, was Balzac von der Hure Esther sagt: daß sie von einer Zartheit war, die nur in der Unendlichkeit blüht. Diese Gesellschaft verwandelt alles, was sie berührt, in eine potentielle Quelle von Fortschritt *und* Ausbeutung, von schwerer Arbeit *und* Befriedigung, von Freiheit *und* Unterdrückkung. Die Sexualität bildet keine Ausnahme.

Die Vorstellung kontrollierter Entsublimierung würde die Möglichkeit einschließen, daß gleichzeitig unterdrückte Sexualität *und* Aggressivität freigesetzt werden, eine Möglichkeit, die mit Freuds Begriff des festen Quantums an Triebenergie unvereinbar scheint, die zur Verteilung auf die beiden Primärtriebe verfügbar ist. Nach Freud würde die Stärkung der Sexualität (Libido) notwendig eine Schwächung der Aggressivität nach sich ziehen und umgekehrt. Wäre jedoch die gesellschaftlich erlaubte und ermutigte Freisetzung der Libido die von partieller und lokalisierter Sexualität, so liefe sie faktisch darauf hinaus, die erotische Energie zu komprimieren, und diese Entsublimierung wäre mit dem Anwachsen unsublimierter wie sublimierter Formen der Aggressivität vereinbar. Letztere greift in der gegenwärtigen Industriegesellschaft um sich.

Hat sie einen Grad von Normalisierung erreicht, bei dem sich die Individuen an das Risiko ihrer eigenen Auflösung und Vernichtung im Sinne normaler nationaler Bereitschaft gewöhnt haben? Oder geht diese Fügsamkeit gänzlich auf ihre Ohnmacht zurück, viel auszurichten? Auf jeden Fall ist das Risiko vermeidbarer, von Menschen herbeigeführter Zerstörung zum normalen Rüstzeug im seelischen wie materiellen Haushalt der Menschen geworden, so daß es nicht mehr dazu dienen kann, das bestehende Gesellschaftssystem anzuklagen oder zu widerlegen. Mehr noch, als Teil ihres täglichen Haushalts kann es sie sogar an dieses System binden. Der ökonomi¹ he und politische Zusammenhang zwischen dem absoluten Feind und dem hohen Lebensstandard (und dem gewünschten Beschäftigungsstand!) ist durchsichtig genug, aber auch rational genug, um akzeptiert zu werden.

Angenommen, daß der Destruktionstrieb (in letzter Instanz: der Todestrieb) eine große Komponente der Energie bildet, welche die technische Unterjochung von Mensch und Natur speist, dann scheint es, daß die zunehmende Kapazität der Gesellschaft, den technischen Fortschritt zu manipulieren, auch ihre *Kapazität* erhöht, *diesen Trieb zu manipulieren und zu kontrollieren,* das heißt »produktiv« zu befriedigen. Damit würde der soziale Zusammenhalt an den tiefsten Triebwurzeln gestärkt. Das höchste Risiko und selbst die Tatsache des Krieges träfe nicht nur mit hilfloser Hinnahme, sondern auch mit triebmäßiger Billigung seitens der Opfer zusammen. Auch hier hätten wir kontrollierte Entsublimierung.

Institutionalisierte Entsublimierung erscheint so als ein Aspekt der »Bewältigung der Transzendenz«, wie die eindimensionale Gesellschaft sie erreicht hat. Ganz wie diese Gesellschaft im Bereich der Politik und höheren Kultur dazu tendiert, die Opposition (die qualitative Differenz!) abzubauen, ja aufzusaugen, so auch in der Triebsphäre. Das Ergebnis ist ein Absterben der geistigen Organe, die Widersprüche und Alternativen zu erfassen, und in der einen verbleibenden Dimension technologischer Rationalität gelangt das *Glückliche Bewußtsein* zur Vorherrschaft.

Es reflektiert den Glauben, daß das Wirkliche vernünftig ist und daß das bestehende System trotz allem die Güter liefert. Die Menschen werden dazu gebracht, im Produktionsapparat das wirksame Subjekt von Denken und Handeln zu finden, dem ihr persönliches Denken und Handeln sich ausliefern kann und muß. Und bei dieser Übertragung nimmt der Apparat die Rolle einer moralischen Instanz an. Das Gewissen wird durch die Verdinglichung freigesprochen, durch die allgemeine Notwendigkeit der Dinge.

In dieser allgemeinen Notwendigkeit hat Schuld keine Stätte. Ein Mensch kann das Zeichen geben, das hunderte und tausende von Menschen liquidiert, sich danach von allen Gewissensbissen frei erklären und glücklich weiter leben. Die antifaschistischen Mächte, die den Faschismus auf den Schlachtfeldern besiegten, holen die Ernte der Errungenschaften nazistischer Wissenschaftler, Generäle und Ingenieure ein; sie haben den historischen Vorteil der später Kommenden. Was als der Schrecken der Konzentrationslager begann, verwandelt sich in die Praxis, Menschen für abnorme Bedingungen zu trainieren – ein unterirdisches Dasein und tägliches Einnehmen radioaktiver Nahrung. Ein Geistlicher erklärt, daß es christlichen Prinzipien nicht zuwiderläuft, seinen Nachbarn mit allen verfügbaren Mitteln daran zu hindern, den eigenen Luftschutzbunker zu betreten. Ein anderer Geistlicher widerspricht seinem Kollegen und sagt, daß ein solches Handeln christlichen Prinzipien doch zuwiderläuft. Wer hat recht? Wiederum gibt sich die Neutralität technologischer Rationalität gegenüber aller Politik zu erkennen und wiederum als unecht; denn in beiden Fällen dient sie der Politik der Herrschaft.

»Die Welt der Konzentrationslager ... war keine besonders entsetzliche Gesellschaft. Was wir dort sahen, war das Bild, in gewissem Sinne die Quintessenz der höllischen Gesellschaft, in der wir jeden Tag stecken«.[17]

Es scheint, daß selbst die scheußlichsten Vergehen sich derart verdrängen lassen, daß sie, was alle praktischen Zwecke angeht, aufgehört haben, eine Gefahr für die Gesellschaft zu bilden.

---

17 E. Ionesco, in: *Nouvelle Revue Française,* Juli 1956, zitiert in: *London Times Literary Supplement*, 4. März 1960. Herman Kahn schlägt in einer RAND-Studie von 1959 (RM-2206-RC) vor, es »sollte eine Studie hinsichtlich des Überlebens von Bevölkerungen durchgeführt werden, die sich in Umgebungen befinden, die denen überfüllter Bunker ähnlich sind (Konzentrationslager, die russische und deutsche Verwendung überfüllter Güterwagen, überfüllte Strafanstalten ... usw.). Einige nützliche, richtungweisende Prinzipien könnten gefunden und dem Bunkerprogramm angepaßt werden«.

Oder wenn ihr Hervorbrechen im Individuum zu funktionellen Störungen führt (wie im Fall des einen Piloten von Hiroshima), stört es nicht das Funktionieren der Gesellschaft. Ein Irrenhaus nimmt sich der Störung an.

Das Glückliche Bewußtsein ist schrankenlos – es arrangiert Spiele mit Tod und Verstümmelung, bei denen Vergnügen, »teamwork« und strategische Bedeutung sich zu einer lohnenden gesellschaftlichen Harmonie vermischen. Die RAND Corporation, die Gelehrsamkeit, Forschung, Militär, Klima und gutes Leben verbindet, berichtet über solche Spiele in einem Stil von allem freisprechender Klugheit in ihren »RANDom News«, Band 9, Nr 1, unter dem Titel BESSER SICHER ALS UNGLÜCKLICH. Die Raketen sausen, die H-Bombe wartet, und die Raumflüge werden durchgeführt, und das Problem ist, »wie die Nation und die freie Welt zu schützen seien«. Bei alledem sind die militärischen Planer beunruhigt; »denn die Kosten, wenn man's drauf ankommen läßt, experimentiert und einen Fehler macht, können furchtbar hoch sein«. Aber hier kommt RAND zum Zuge; RAND schafft Abhilfe, und »Devisen wie RAND GEHT AUF SICHER kommen ins Bild«. Das Bild, in das sie kommen, wird nicht klassifiziert. Es ist ein Bild, auf dem »die Welt eine Landkarte wird, Raketengeschosse zu bloßen Symbolen werden [lang lebe die besänftigende Kraft des Symbolismus!], und Kriege nur [nur!] Pläne und Berechnungen auf dem Papier sind . . .« Mit diesem Bild hat RAND die Welt in ein interessantes technologisches Spiel überführt, und man kann sich entspannen – die »militärischen Planer können wertvolle ›synthetische‹ Erfahrung ohne Risiko gewinnen«.

BEIM SPIEL

Um das Spiel zu verstehen, sollte man an ihm teilnehmen; denn Verstehen liegt »in der Erfahrung«.

Weil SICHERE Spieler fast aus jeder Abteilung bei RAND wie auch aus der Luftwaffe hervorgegangen sind, könnten wir bei der Blauen Mannschaft einen Physiker, einen Ingenieur und einen Wirtschaftler antreffen. Die Rote Mannschaft wird einen ähnlichen Querschnitt darstellen.

Der erste Tag wird mit einer gemeinsamen Besprechung darüber zugebracht, worum es sich bei dem Spiel handelt, sowie mit dem Erlernen der Regeln. Wenn die Mannschaften schließlich um die Karten in ihren jeweiligen Räumen Platz genommen haben, beginnt das Spiel. Jede Mannschaft nimmt ihren politischen Bericht vom Spielleiter entgegen. Diese Berichte, gewöhnlich von einem Mitglied der Kontrollgruppe vorbereitet, geben eine Einschätzung der Weltlage zur Zeit des Spiels, einige Informationen über die Politik der gegnerischen Mannschaft sowie die von der Mannschaft zu verfolgenden Ziele und das Budget der Mannschaft. (Die Politik wird bei jedem Spiel gewechselt, um eine große Variationsbreite strategischer Möglichkeiten zu untersuchen.)

Bei unserem hypothetischen Spiel besteht das Ziel von Blau darin, sich während des Spiels eine abschreckende Fähigkeit zu erhalten – das heißt eine Kraft, die auf Rot zurückzuschlagen vermag, so daß Rot nicht gewillt ist, einen Angriff zu riskieren. (Blau wird auch ein wenig über die Politik von Rot informiert.)

Die Politik von Rot besteht darin, gegenüber Blau eine Überlegenheit an Kräften zu erlangen.

Die Budgets von Blau und Rot lassen sich mit den gegenwärtigen Verteidigungsbudgets vergleichen ...

Es ist tröstlich zu hören, daß das Spiel bei RAND seit 1961 gespielt worden ist, »unten in unserem labyrinthischen Erdgeschoß – irgendwo unter der Imbißhalle« und daß »Verzeichnisse an den Wänden der Roten und Blauen Räume die verfügbaren Waffen und Eisenwaren aufführen, die von den Mannschaften gekauft werden ... Ungefähr siebzig Gegenstände insgesamt.« Es gibt einen Spielleiter, der die Regeln auslegt; denn obgleich »das komplette, die Regeln enthaltende Buch mit Diagrammen und Illustrationen 66 Seiten aufweist«, ergeben sich während des Spiels unvermeidlich Probleme. Der Spielleiter hat noch eine wichtige Funktion: »Ohne vorher die Spieler davon in Kenntnis zu setzen, eröffnet er den Krieg, um sich ein Bild von der Wirksamkeit der tatsächlich vorhandenen Streitkräfte zu machen«. Aber dann kündigt der Bildtext »Kaffee, Kuchen und Ideen« an. Man entspanne sich! Das »Spiel geht die übrigen Etappen hindurch weiter – bis 1972, wo es aufhört. Dann begraben die

Blauen und die Roten Mannschaften die Raketengeschosse und kommen bei Kaffee und Kuchen zur Sitzung ›post mortem‹ zusammen«. Aber man entspanne sich nicht zu sehr: es gibt »eine Situation in der wirklichen Welt, die auf SICHER nicht wirksam übertragen werden kann«, und das ist – »Verhandlung«. Dafür sind wir dankbar: die eine Hoffnung, die bei der realen Weltlage verbleibt, liegt jenseits der Reichweite von RAND.

Offenbar hat Schuldgefühl im Reich des Glücklichen Bewußtseins keine Stätte, und der Kalkül nimmt sich des Gewissens an. Wenn das Ganze auf dem Spiel steht, gibt es kein Verbrechen außer dem, das Ganze abzulehnen oder nicht zu verteidigen. Verbrechen, Schuld und Schuldgefühl sind zu einer Privatangelegenheit geworden. Freud deckte in der Psyche des Individuums die Verbrechen der Menschheit auf, in der individuellen Krankengeschichte die Geschichte des Ganzen. Dieses unheilvolle Bindeglied wird erfolgreich unterdrückt. Jene, die sich mit dem Ganzen identifizieren, die als die Führer und Verteidiger des Ganzen eingesetzt sind, können Fehler machen, aber kein Unrecht tun – sie sind nicht schuldig. Sie können wieder schuldig werden, wenn diese Identifikation nicht mehr hält, wenn sie dahin sind.

4 Die Absperrung des Universums der Rede

»Dans l'état présent de l'Histoire, toute écriture politique ne peut que confirmer un univers policier, de même toute écriture intellectuelle ne peut qu'instituer une para-littérature, qui n'ose plus dire son nom.«

»Aber wie bei dem augenblicklichen Stand der Geschichte jede politische Schreibweise nur eine Welt der Polizeiherrschaft bestätigen kann, genauso kann jede intellektuelle Schreibweise nur eine Para-Literatur stiften, die nicht wagt, ihren Namen zu bekennen.«

Roland Barthes

Das Glückliche Bewußtsein – der Glaube, daß das Wirkliche vernünftig ist und das System die Güter liefert – reflektiert den neuen Konformismus, der eine Facette der in gesellschaftliches Verhalten übersetzten technologischen Rationalität ist. Er ist neu, weil er in noch nie dagewesenem Maße rational ist. Er bestätigt eine Gesellschaft, welche die primitivere Irrationalität der vorangehenden Stufen verringert und – in ihren fortgeschrittensten Bereichen – beseitigt hat, die das Leben planmäßiger als früher verlängert und verbessert. Der Vernichtungskrieg hat noch nicht stattgefunden, die nazistischen Ausrottungslager wurden abgeschafft. Das Glückliche Bewußtsein verdrängt den Zusammenhang. Die Folter ist als normale Angelegenheit wieder eingeführt worden, aber in einem Kolonialkrieg, der sich am Rande der zivilisierten Welt abspielt. Und dort wird sie mit gutem Gewissen praktiziert; denn Krieg ist Krieg. Und dieser Krieg ist höchst peripher – er verwüstet nur die »unterentwickelten« Länder. Sonst herrscht Frieden.

Der Macht, die diese Gesellschaft über den Menschen gewonnen hat, wird durch ihre Leistungsfähigkeit und Produktivität täglich Absolution erteilt. Wenn sie sich alles anähnelt, was sie berührt, wenn sie sich die Opposition einverleibt, wenn sie mit dem Widerspruch spielt, dann beweist sie ihre kulturelle Überlegenheit. Und ebenso beweisen die Zerstörung von Res-

sourcen und die üppige Verschwendung ihre Fülle und den
»hohen Stand des Wohlergehens«; »weil es uns eben so gut geht,
daß das alles keine Rolle spielt!«[1]

Die Sprache der totalen Verwaltung

Diese Art des Wohlergehens, der produktive Überbau über der
unglücklichen Basis der Gesellschaft, durchdringt die »Medien«,
die zwischen den Herren und ihren Dienern vermitteln. Ihre
Reklameagenten modeln das Universum der Kommunikation,
in dem das eindimensionale Verhalten sich ausdrückt. Ihre
Sprache zeugt von Identifikation und Vereinigung, von syste-
matischer Förderung positiven Denkens und Handelns, von dem
planmäßigen Angriff auf transzendente, kritische Begriffe. In
den herrschenden Sprechweisen erscheint der Gegensatz zwischen zweidimensionalen, dialektischen Denkweisen und tech-
nologischem Verhalten oder gesellschaftlichen »Denkgewohnheiten«.

Im Ausdruck dieser Denkgewohnheiten verschwindet allmählich die Spannung zwischen Erscheinung und Wirklichkeit, Faktum und Faktor, Substanz und Attribut. Die Elemente der
Autonomie und Entdeckung, des Beweises und der Kritik weichen der Bezeichnung, Behauptung und Imitation. Magische,
autoritäre und rituelle Elemente durchdringen das Sprechen
und die Sprache. Die Rede wird der Vermittlungen beraubt,
die die Stufen des Erkenntnisprozesses und der erkennenden
Bewertung sind. Die Begriffe, in denen die Tatsachen erfaßt
und damit transzendiert werden, verlieren ihre authentische
sprachliche Repräsentanz. Ohne diese Vermittlungen tendiert die
Sprache dazu, die unmittelbare Identifikation von Vernunft
und Faktum, Wahrheit und etablierter Wahrheit, Essenz und
Existenz, des Dings mit seiner Funktion auszudrücken und zu
befördern.

Diese Identifikationen, die als ein Zug des Operationalismus
erschienen[2], kehren als Züge des Sprechens im gesellschaftlichen

1 John K. Galbraith, *American Capitalism* (Houghton Mifflin, Boston 1956), S. 96,
dt.: Der amerikanische Kapitalismus, Stuttgart 1956, S. 111.

Verhalten wieder. Dabei hilft die Funktionalisierung der Sprache, nonkonformistische Elemente aus der Struktur und Bewegung des Sprechens zu verdrängen. Vokabular und Syntax werden gleichermaßen beeinträchtigt. Die Gesellschaft drückt ihre Bedürfnisse direkt im sprachlichen Material aus, wenn auch nicht ohne Opposition; die Volkssprache trifft die offizielle und halboffizielle Redeweise mit boshaftem und herausforderndem Humor. Slang und Umgangssprache sind selten so schöpferisch gewesen. Es ist, als setzte der einfache Mann (oder sein anonymer Wortführer) in seiner Sprechweise seine Humanität gegen die bestehenden Mächte durch, als brächen Ablehnung und Revolte, niedergehalten im politischen Bereich, in einem Vokabular hervor, das die Dinge bei ihrem Namen nennt: »head shrinker« (Kopfschrumpfer, für den Psychoanalytiker) und »egghead« (Eierkopf), »boob tube« (blöder Zylinder), »think tank« (Denk-Tank, für den Intellektuellen), »beat it« (mach daß du wegkommst) und »dig it« (kapier doch endlich) und »gone, man, gone« (ich bin ganz weg).

Die Verteidigungslaboratorien und Vollzugsämter, die Regierungen und Maschinen, die Aufseher und Manager, die Leistungsexperten und die politischen Schönheitssalons (die die Führer mit dem passenden Make-up ausstatten) reden jedoch eine andere Sprache, und vorläufig scheinen sie das letzte Wort zu haben. Es ist das Wort, das Befehle erteilt und organisiert, das die Menschen veranlaßt, etwas zu tun, zu kaufen und hinzunehmen. Es wird in einem Stil übermittelt, der eine wahre Sprachschöpfung ist, in einer Syntax, bei der die Struktur des Satzes derart abgekürzt und zusammengedrängt wird, daß zwischen den Satzteilen keine Spannung, kein »Raum« mehr verbleibt. Diese sprachliche Form widersetzt sich einer Entwicklung des Sinnes. Ich versuche nun diesen Stil zu erläutern.
Der Grundzug des Operationalismus – den Begriff gleichbedeutend zu machen mit der entsprechenden Reihe von Operationen[3] – kehrt in der sprachlichen Tendenz wieder, »die Namen der Dinge als zugleich hindeutend auf ihre Funktionsweise zu

2 Cf. S. 32.

betrachten und die Namen von Eigenschaften und Prozessen als symbolisch für den Apparat, der gebraucht wird, sie zu ermitteln oder herzustellen[4].« Das ist ein technologisches Denken, das geneigt ist, »Dinge und ihre Funktionen gleichzusetzen[5].«

Als eine Denkgewohnheit außerhalb der wissenschaftlichen und technischen Sprache bildet solches Denken den Ausdruck eines spezifischen gesellschaftlichen und politischen Behaviorismus. In diesem behavioristischen Universum tendieren Wörter und Begriffe dazu, zusammenzufallen oder vielmehr der Begriff wird tendenziell durch das Wort absorbiert. Jener hat keinen anderen Inhalt als den, den das Wort im öffentlichen und genormten Gebrauch hat, und das Wort soll nichts über das öffentliche und genormte Verhalten (Reaktion) hinaus bewirken. Das Wort wird zum *Cliché* und beherrscht als Cliché die gesprochene oder geschriebene Sprache; die Kommunikation beugt so einer wirklichen Entwicklung des Sinnes vor.

Freilich enthält jede Sprache zahllose Ausdrücke, bei denen es nicht erforderlich ist, ihren Sinn zu entwickeln, diejenigen etwa, welche die Gegenstände und Geräte des täglichen Lebens bezeichnen, die sichtbare Natur, vitale Bedürfnisse und Wünsche. Diese Ausdrücke werden allgemein verstanden, so daß ihr bloßes Auftreten eine (sprachliche oder operationelle) Reaktion hervorruft, die dem pragmatischen Zusammenhang genügt, in dem sie benutzt werden.

Völlig anders ist es mit Ausdrücken bestellt, die Dinge oder Ereignisse jenseits dieses nichtkontroversen Zusammenhangs bezeichnen. Hier drückt die Funktionalisierung der Sprache eine Verkürzung des Sinnes aus, die zugleich eine politische Bedeutung hat. Die Namen der Dinge sind nicht nur »hindeutend auf ihre Funktionsweise«, sondern ihre (tatsächliche) Funktionsweise bestimmt und »umschließt« den Sinn des Dings, indem sie andere Funktionsweisen ausschließt. Das Substantiv regiert den Satz in einer autoritären und totalitären Art, und der Satz wird eine zu akzeptierende Erklärung – er sträubt sich gegen

---

3 Cf. S. 33.
4 Stanley Gerr, »Language and Science«, in: *Philosophy of Science*, April 1942, S. 156.
5 Ibid.

einen Beweis, gegen die Einschränkung und Negation seines kodifizierten und erklärten Sinnes.

An den Knotenpunkten des Universums der öffentlichen Sprache treten Sätze auf, die sich selbst bestätigen, die analytisch sind und gleich magisch-rituellen Formen funktionieren. Indem sie dem Geiste des Empfängers immer wieder eingehämmert werden, bringen sie die Wirkung hervor, ihn einzuschließen in den von der Formel verordneten Umkreis von Bedingungen.

Ich habe bereits auf die sich selbst bestätigende Hypothese als der Satzform im Universum der politischen Sprache verwiesen[6]. Substantive wie »Freiheit«, »Gleichheit«, »Demokratie« und »Frieden« implizieren, analytisch, eine bestimmte Reihe von Attributen, die immer dann auftreten, wenn das Substantiv ausgesprochen oder geschrieben wird. Im Westen besteht die analytische Prädikation in Ausdrücken wie freie Wirtschaft, Initiative, Wahlen, Individuum; im Osten sind es Ausdrücke wie Arbeiter und Bauern, Aufbau des Kommunismus oder Sozialismus, Abschaffung feindlicher Klassen. Auf beiden Seiten ist das Hinausgehen der Sprache über die geschlossene analytischen Struktur ungehörig oder Propaganda, obgleich die Mittel, die Wahrheit durchzusetzen, und das Strafmaß sehr verschieden sind. In diesem Universum der öffentlichen Sprache bewegt sich das Sprechen in Synonymen und Tautologien; auf die qualitative Differenz bewegt es sich praktisch niemals zu. Die analytische Struktur isoliert das regierende Substantiv von denjenigen seiner Inhalte, die den akzeptierten Gebrauch des Substantivs in Äußerungen der Politik und öffentlichen Meinung ungültig machen oder zumindest stören würden. Der ritualisierte Begriff wird gegen Widerspruch immunisiert.

Damit wird die Tatsache, daß die herrschende Art der Freiheit Knechtschaft ist und die herrschende Art der Gleichheit von außen auferlegte Ungleichheit durch die abgeschlossene Definition dieser Begriffe im Sinne der Mächte, die das jeweilige Universum der Rede modeln, daran gehindert, Ausdruck zu finden. Das Ergebnis ist die bekannte Orwellsche Sprache (»Frieden ist Krieg« und »Krieg ist Frieden« usw.), die keineswegs nur die

6 Cf. S. 34.

des terroristischen Totalitarismus ist. Nicht weniger Orwellsch ist es, wenn der Widerspruch nicht im Satz expliziert, sondern aufs Substantiv begrenzt wird. Daß eine politische Partei, die für die Verteidigung und das Wachstum des Kapitalismus arbeitet, »sozialistisch« genannt wird, eine despotische Regierung »demokratisch« und eine farcenhafte Wahl »frei«, sind vertraute sprachliche – und politische – Merkmale, die es lange vor Orwell gab.

Relativ neu ist, daß die öffentliche und private Meinung diese Lügen allgemein akzeptiert und ihren ungeheuerlichen Inhalt vertuscht. Verbreitung und Wirksamkeit dieser Sprache bezeugen den Triumph der Gesellschaft über die Widersprüche, die sie enthält; sie werden reproduziert, ohne das soziale System zu sprengen. Und gerade der ausgesprochene, schreiende Widerspruch wird zu einem Rede- und Reklamemittel gemacht. Die Syntax der Abkürzung verkündet die Versöhnung der Gegensätze, indem sie diese zu einer festen und vertrauten Struktur zusammenschweißt. Ich werde zu zeigen versuchen, daß die »saubere Bombe« und der »harmlose atomare Niederschlag« nur die extremen Schöpfungen eines normalen Stils sind. Einmal als Hauptverstoß gegen die Logik betrachtet, erscheint der Widerspruch jetzt als ein Prinzip der Logik der Manipulation – als die realistische Karikatur der Dialektik. Es ist die Logik einer Gesellschaft, die es sich leisten kann, auf Logik zu verzichten und mit der Zerstörung zu spielen, eine Gesellschaft mit technologischer Macht über Geist und Materie.

Das Universum der Sprache, in dem die Gegensätze versöhnt werden, hat eine feste Basis für eine solche Vereinigung – seine vorteilhafte Destruktivität. Die totale Kommerzialisierung bringt ehedem antagonistische Lebensbereiche zusammen, und diese Verbindung tritt darin zutage, daß einander widerstreitende Bestandteile einer Rede sprachlich bruchlos verknüpft werden. Einem, der noch nicht hinlänglich »konditioniert« ist, erscheint vieles von dem, was öffentlich gesagt und gedruckt wird, äußerst surrealistisch zu sein. Überschriften wie »Die Arbeiterschaft sucht Harmonie mit den Raketengeschossen«[7] und Annoncen wie ein »Luxusbunker gegen atomaren Niederschlag«[8] mögen immer noch die naive Reaktion hervorrufen, daß »Arbeiterschaft«, »Raketengeschoß« und »Harmonie« unversöhnliche Widersprüche sind und daß keine Logik und keine Sprache imstande sein sollten, Luxus und atomaren Niederschlag zusammenzubringen. Logik und Sprache werden jedoch völlig rational, wenn wir erfahren, daß ein »mit Atomkraft betriebenes, ballistische Raketen feuerndes Unterseeboot« »ein Preisschild mit der Aufschrift 120 000 000 $ trägt« und daß die Ausführung des Bunkers zu 1000 $ mit »Bodenbelag, Gesellschaftsspielen und einem Fernsehgerät« versehen ist. Der affirmative Charakter dieser Sprache liegt nicht in erster Linie darin, daß sie die unmittelbare Identifikation des besonderen mit dem allgemeinen Interesse, des Geschäfts mit nationaler Stärke, der Prosperität mit dem Vernichtungspotential verkauft (das Geschäft mit dem atomaren Niederschlag war anscheinend nicht so gut), sondern daß sie diese Identifikation fördert. Es ist nur ein Ausgleiten in die Wahrheit, wenn ein Theater als »Sonderabendveranstaltung zu den Wahlen« Strindbergs *Totentanz* ankündigt. Die Ankündigung offenbart den Zusammenhang in einer weniger ideologischen Form als dies normalerweise gestattet wird.

Die Vereinigung der Gegensätze, die den kommerziellen und politischen Stil charakterisiert, ist eine der vielen Weisen, in der Sprache und Kommunikation sich gegen den Ausdruck von Protest und Weigerung immunisieren. Wie können ein solcher Protest und eine solche Weigerung das rechte Wort finden, wenn die Organe der bestehenden Ordnung zugeben und in der Reklame verkünden, daß der Frieden in der Tat am Rande des Krieges gedeiht, daß die ärgsten Waffen ihre von Profit zeugenden Preisschilder tragen und der Luftschutzbunker Gemütlichkeit bedeuten kann? Indem es seine Widersprüche zur Schau stellt, dichtet dieses Universum der Sprache sich gegen jede andere Sprechweise ab, die sich seiner Ausdrücke nicht bedient. Und in seiner Fähigkeit, alle anderen Ausdrücke seinen eigenen anzuähneln, bietet es die Aussicht, größtmögliche Toleranz mit größtmöglicher Einheit zu verbinden. Nichtsdestoweniger be-

7 New York Times vom 1. Dezember 1960.
8 Ibid., Ausgabe vom 2. November 1960.

zeugt seine Sprache den repressiven Charakter dieser Einheit. Diese Sprache spricht in Konstruktionen, die dem Empfänger einen schiefen und abgekürzten Sinn aufnötigen, die blockierte Entfaltung des Inhalts, die Hinnahme des Gebotenen in der Form, in der es geboten wird.

Die analytische Aussage ist eine solche repressive Konstruktion. Die Tatsache, daß ein besonderes Substantiv fast immer mit denselben »erläuternden« Adjektiven und Attributen verbunden wird, verwandelt den Satz in eine hypnotische Formel, die, endlos wiederholt, auch die Bedeutung im Bewußtsein des Empfängers befestigt. Er denkt nicht an wesentlich andere (und möglicherweise wahre) Erläuterungen des Substantivs. Später werden wir andere Konstruktionen untersuchen, bei denen der autoritäre Charakter dieser Sprache zutage tritt. Gemeinsam ist ihnen ein Zusammendrängen und Verkürzen der Syntax, welches Verfahren die Entwicklung des Sinnes abschneidet, indem es starre »Bilder« hervorbringt, die sich mit überwältigender und versteinerter Konkretheit aufdrängen. Es handelt sich dabei um die bekannte Technik der Reklameindustrie, in der es methodisch benutzt wird, »ein Image aufzubauen«, das im Bewußtsein und am Produkt haften bleibt und dazu beiträgt, Menschen und Güter zu verkaufen. Sprechen und Schreiben sind um »gezielte Schlagzeilen« und »publikumswirksame Sätze« gruppiert, die das Image übermittelt. Dieses »Image« kann »Freiheit« oder »Frieden« sein, der »nette Kerl« oder der »Kommunist« oder »Miss Rheingold«. Vom Leser oder Zuhörer wird erwartet, daß er sie mit einer fixierten Struktur von Institutionen, Haltungen und Bestrebungen zusammenbringt, er soll in einer fixierten spezifischen Weise reagieren – und er tut es auch.

Sieht man von der relativ harmlosen Sphäre des Warenverkaufs ab, dann sind die Folgen recht ernst; denn eine solche Sprache ist zugleich »Einschüchterung und Glorifizierung«.[10] Die Sätze nehmen die Form suggestiver Befehle an – sie sind eher evokativ als demonstrativ. Die Aussage wird zur Vorschrift; die gesamte Kommunikation hat einen hypnotischen Charakter und gleichzeitig einen Anstrich von falscher Vertraulichkeit – das Ergebnis beständiger Wiederholung und geschickt gelenkter, ans Volk gerichteter Unmittelbarkeit der Kommunikation. Diese wendet sich direkt an den Empfänger – ohne die durch Status, Bildung und Amt gesetzte Distanz – und findet ihn oder sie in der zwanglosen Atmosphäre von Wohnzimmer, Küche und Schlafzimmer vor.

Dieselbe Vertraulichkeit wird durch die personalisierte Sprache hergestellt, die in der fortgeschrittenen Kommunikation eine erhebliche Rolle spielt[11]. Es ist die Rede von »Ihrem« Kongreßabgeordneten, »Ihrer« Autobahn, »Ihrem« bevorzugten Drugstore, »Ihrer« Zeitung; »Ihnen« wird sie gebracht, »Sie« werden eingeladen usw. Auf diese Weise werden aufgenötigte, genormte und allgemeine Dinge und Funktionen als »speziell für Sie« dargeboten. Es verschlägt wenig, ob die so angesprochenen Individuen daran glauben oder nicht. Der Erfolg deutet darauf hin, daß die Selbstidentifikation der Individuen mit den Funktionen befördert wird, die sie und andere ausführen.

In den fortgeschrittensten Bereichen der funktionalen und manipulierten Kommunikation setzt die Sprache in wahrhaft schlagenden Konstruktionen die autoritäre Identifikation von Person und Funktion durch. Das Nachrichtenmagazin *Time* kann als extremes Beispiel für diese Tendenz dienen. Sein Gebrauch des flektierten Genetivs läßt Individuen als bloße Anhängsel oder Eigenschaften ihres Ortes, ihrer Tätigkeit, ihres Arbeitgebers oder Unternehmens erscheinen. Sie werden eingeführt als »Virginia's Byrd, U. S. Steel's Blough, Egypt's Nasser«. Eine mit Bindestrichen versehene attributive Konstruktion erzeugt ein starres Syndrom:

»Georgia's high-handed, low-browed governor ... had the stage all set for one of his wild political rallies last week.«

»Georgias autoritärer, ungebildeter Gouverneur hatte letzte Woche alles für seine wilden politischen Kundgebungen vorbereitet.«

10 Roland Barthes, Am Nullpunkt der Literatur, l. c., S. 23.
11 Cf. Leo Lowenthal, *Literature, Popular Culture, and Society*, Prentice-Hall Englewood Cliffs, N.J. 1961, S. 109 ff., dt.: Literatur und Gesellschaft, Neuwied 1964, S. 196 ff., und Richard Hoggart, *The Uses of Literacy*, Boston, Beacon Press, 1961, S. 161 ff.

Der Gouverneur[12], seine Funktion, sein äußerer Habitus und seine politischen Praktiken verschmelzen zu einer unteilbaren und unveränderlichen Struktur, die in ihrer natürlichen Unschuld und Unmittelbarkeit den Geist des Lesers überwältigt. Diese Struktur läßt keinen Raum für Unterscheidung, Entwicklung und Differenzierung des Sinnes; sie bewegt sich und lebt nur als ein Ganzes. Von solchen personalisierten und hypnotischen »Images« beherrscht, kann der Artikel im weiteren dazu übergehen, sogar wesentliche Information zu liefern. Der Bericht bleibt wohlbehütet im gutaufgemachten Rahmen einer mehr oder weniger menschliches Interesse erweckenden Geschichte, wie die Politik des Herausgebers ihn festlegt.

Der Gebrauch von Abkürzungen durch Bindestriche ist weitverbreitet. Zum Beispiel »brush-browed« (bürstenbrauige) Teller, der »Vater der H-Bombe«, »»bull-shouldered‹ (stiernackig) Rakentenmann von Braun«, »science-military dinner[13]« und das »nuclear-powered, ballistic-missile-firing« (atomkraftgetriebenes, raketenfeuerndes) Unterseeboot. Solche Konstruktionen sind, vielleicht nicht zufällig, besonders häufig in Sätzen, die Technik, Politik und Militärisches vereinigen. Begriffe, die ganz verschiedene Bereiche oder Qualitäten bezeichnen, werden zu einem festen, überwältigenden Ganzen zusammengezwungen.

Die Wirkung ist wiederum eine magische und hypnotische – die Projektion von Bildern, die eine unwiderstehliche Einheit und Harmonie von Widersprüchen übermitteln. So bringt der geliebte und gefürchtete Vater, der Spender des Lebens, die Wasserstoffbombe zur Vernichtung des Lebens hervor; »science-military« vereinigt die Anstrengungen, Angst und Leiden zu verringern, mit der Tätigkeit, die Angst und Leiden hervorruft. Oder, ohne Bindestrich, die »Freedom Academy« von Spezialisten für Kalten Krieg[14] und die »saubere Bombe« – eine Formulierung, die der Zerstörung moralische und körperliche Integrität zuspricht. Menschen, die eine solche Sprache sprechen und hinnehmen, scheinen gegenüber allem immun – und emp-

12 Der Satz bezieht sich nicht auf den gegenwärtigen Gouverneur, sondern auf Mr. Talmadge.
13 Die letzten drei Formulierungen fanden sich in *The Nation*, Ausgabe vom 22. Feb. 1958.

fänglich für alles. Das Verwenden von Bindestrichen (ob explizit oder nicht) versöhnt das Unversöhnliche nicht immer; oft ist die Verbindung ganz schwach – wie im Falle des »bull-shouldered« Raketenmannes – oder sie übermittelt Drohung oder beflügelnde Dynamik. Aber die Wirkung ist ähnlich. Die imponierende Struktur vereinigt in einem jähen Aufblitzen die Akteure und Aktionen von Gewalt, Macht, Schutz und Propaganda. Wir sehen den Menschen oder die Sache ·in Operation und nur in Operation – anders kann es nicht sein.

Notiz über Abkürzungen. NATO, SEATO, UN, AFL – CIO, AEC, aber auch UdSSR, DDR usw. Die meisten dieser Abkürzungen sind durchaus vernünftig und durch die Länge der unabgekürzten Namen gerechtfertigt. Man könnte jedoch versucht sein, in einigen von ihnen eine »List der Vernunft« zu erblicken – die Abkürzung kann helfen, unerwünschte Fragen zu unterdrücken. NATO läßt nicht an das denken, was »North Atlantic Treaty Organization« besagt, nämlich an einen Vertrag zwischen den Nationen im Nordatlantik – in welchem Falle man über die Mitgliedschaft von Griechenland und der Türkei Fragen stellen könnte. UdSSR kürzt Sozialismus und Sowjet ab, DDR demokratisch. UN verzichtet auf eine übermäßige Hervorhebung von »united«, SEATO auf diejenigen südostasiatischen Länder, die nicht zu ihr gehören. AFL – CIO begräbt die radikalen politischen Differenzen, die die beiden Organisationen einmal trennten, und AEC ist eben nur eine Verwaltungsagentur unter vielen anderen. Die Abkürzungen bezeichnen das und nur das, was derart institutionalisiert ist, daß die transzendierende Nebenbedeutung abgeschnitten wird. Die Bedeutung ist fixiert, zurechtgestutzt, verfälscht. Nachdem sie einmal zur offiziellen Vokabel geworden ist, die im allgemeinen Sprachgebrauch beständig wiederholt und von den Intellektuellen »sanktioniert« wird, hat sie allen Erkenntniswert verloren und dient lediglich dazu, eine unbestreitbare Tatsache anzuerkennen.

14 Ein Vorschlag der Illustrierten *Life*, zitiert in *The Nation* vom 20. August 1960. Nach David Sarnoff liegt dem Kongreß ein Antrag vor, eine solche Akademie zu errichten. Cf. John K. Jessup, Adlai Stevenson und andere, *The National Purpose* (hergestellt unter der Leitung und mit Hilfe des Redaktionsstabes von *Life*, New York, Holt, Rinehart und Winston, 1960), S. 58.

Dieser Stil ist von einer überwältigenden *Konkretheit.* Das »mit seiner Funktion identifizierte Ding« ist realer als das von seiner Funktion unterschiedene, und der sprachliche Ausdruck dieser Identifikation (im funktionalen Substantiv und in den vielen Formen syntaktischer Abkürzung) schafft ein grundlegendes Vokabular und eine Syntax, die einer Differenzierung, Trennung und Unterscheidung im Wege stehen. Diese Sprache, die den Menschen unausgesetzt *Bilder* aufnötigt, widersetzt sich der Entwicklung und dem Ausdruck von *Begriffen.* In ihrer Unmittelbarkeit und Direktheit behindert sie begriffliches Denken und damit das Denken selbst. Denn der Begriff identifiziert das Ding und seine Funktion nicht. Eine solche Identifikation kann durchaus die legitime und vielleicht sogar einzige Bedeutung des operationellen und technologischen Begriffs sein, aber operationelle und technologische Definitionen sind spezifische Anwendungen von Begriffen zu spezifischen Zwekken. Mehr noch, sie lösen Begriffe in Operationen auf und schließen die begriffliche Intention aus, die sich einer solchen Auflösung widersetzt. Bevor er operationell gebraucht wurde, *verneinte* der Begriff die Identifikation des Dings mit seiner Funktion; er unterschied, was das Ding *ist,* von den zufälligen Funktionen des Dings in der bestehenden Wirklichkeit.

Die herrschenden sprachlichen Tendenzen, die diese Unterscheidungen nicht aufkommen lassen, sind Ausdruck der in den vorangehenden Kapiteln erörterten Veränderungen der Denkweisen – die funktionalisierte, abgekürzte und vereinheitlichte Sprache ist die Sprache des eindimensionalen Denkens. Um das Neue an ihr zu belegen, werde ich sie kurz einer klassischen Philosophie der Grammatik gegenüberstellen, die über die gegebene Realität des Verhaltens hinausgeht und sprachliche mit ontologischen Kategorien verbindet.

Dieser Philosophie zufolge ist das grammatische Subjekt eines Satzes zunächst eine »Substanz« und bleibt eine solche in den verschiedenen Zuständen, Funktionen und Qualitäten, die der Satz vom Subjekt prädiziert. Es ist aktiv oder passiv auf seine Prädikate bezogen, bleibt aber von ihnen verschieden. Wenn es kein Eigenname ist, so ist das Subjekt mehr als ein Substantiv: es nennt den *Begriff* eines Dings, ein Allgemeines, das der Satz,

als in einem besonderen Zustand oder in einer Funktion befind-
lich bestimmt. Das grammatische Subjekt besitzt so eine Bedeutung, die *mehr* als die im Satz ausgedrückte enthält.

Mit den Worten Wilhelm von Humboldts: das Nomen
als grammatisches Subjekt bezeichnet etwas, das »Beziehungen
eingehen kann[15]«, aber nicht mit diesen Beziehungen identisch
ist. Mehr noch, es bleibt in diesen Beziehungen und »gegen«
sie, was es ist; es ist ihr »allgemeiner« und wesentlicher Kern.
Die Synthese des Satzes verknüpft die Handlung (oder den
Zustand) in einer solchen Weise mit dem Subjekt, daß dieses als
tätiges (oder Träger) bezeichnet und damit von dem Zustand
oder der Funktion unterschieden wird, worin es sich gerade
befindet. Wenn wir sagen: »Der Blitz schlägt ein«, so »denkt
man nicht nur an das Einschlagen des Blitzes, sondern an den
Blitz selbst, der einschlägt«, an ein Subjekt, das »in Handlung
überging«. Und wenn ein Satz eine Definition seines Subjekts
liefert, so löst er es nicht in seine Zustände und Funktionen auf,
sondern definiert es als etwas, das sich in diesem Zustand befindet oder diese Funktion ausübt. Sofern es weder in seinen
Prädikaten verschwindet noch als eine Wesenheit vor seinen
Prädikaten und außerhalb ihrer besteht, konstituiert sich das
Subjekt in seinen Prädikaten – das Resultat eines Vermittlungs-
prozesses, der sich im Satz ausdrückt[16].

Ich habe von der Philosophie der Grammatik gesprochen, um
das Ausmaß zu verdeutlichen, in dem die sprachlichen Abkürzungen auf eine Verkürzung des Denkens hindeuten, die sie
ihrerseits bekräftigen und fördern. Das Bestehen auf den philosophischen Elementen der Grammatik, auf der Verbindung von
grammatischem, logischem und ontologischem »Subjekt« verweist auf die Inhalte, die in der funktionalen Sprache unterdrückt und von Ausdruck und Kommunikation abgesperrt werden. Verkürzung des Begriffs in fixierten Bildern, gehemmte
Entwicklung in hypnotischen Formeln, die sich selbst für gültig

---

15 W. V. Humboldt, *Über die Verschiedenheit des menschlichen Sprachbaues*, Nach-
   druck Berlin 1935, S. 254.
16 Cf. zu dieser Philosophie der Grammatik in der dialektischen Logik Hegels den
   Begriff der »Substanz als Subjekt« sowie den des »spekulativen Satzes« in der
   Vorrede zur *Phänomenologie des Geistes*.

erklären, Immunität gegen Widerspruch, Identifikation des Dings (und der Person) mit seiner Funktion – diese Tendenzen offenbaren den eindimensionalen Geist in der Sprache, die er spricht.

Wenn das sprachliche Verhalten die begriffliche Entfaltung blockiert, wenn es sich gegen Abstraktion und Vermittlung sträubt, wenn es vor den unmittelbaren Tatsachen kapituliert, so wehrt es die Anerkennung der Faktoren hinter den Fakten ab und damit die Anerkennung der Tatsachen und ihres historischen Inhalts. In der Gesellschaft und für sie ist diese Organisation funktionalen Sprechens von höchster Wichtigkeit; sie dient als Vehikel von Gleichschaltung und Unterordnung. Die vereinheitlichte, funktionale Sprache ist eine unversöhnlich antikritische und antidialektische Sprache. In ihr verschlingt die operationelle und verhaltensmäßige Rationalität die transzendenten, negativen und oppositionellen Elemente der Vernunft.

Ich werde diese Elemente unter dem Aspekt der Spannung von »Sein« und »Sollen«, Wesen und Erscheinung, Potentialität und Aktualität erörtern[17] – dem Einbruch des Negativen in die positiven Bestimmungen der Logik. Diese aufrechterhaltene Spannung durchdringt das zweidimensionale sprachliche Universum, das des kritischen, abstrakten Denkens. Die beiden Dimensionen stehen in einem antagonistischen Verhältnis; die Realität hat an beiden teil, und die dialektischen Begriffe entfalten die realen Widersprüche. In seiner eigenen Entwicklung gelangte das dialektische Denken dazu, den geschichtlichen Charakter dieser Widersprüche und den Prozeß ihrer Vermittlung als einen geschichtlichen zu begreifen. So erwies sich die »andere« Dimension des Denkens als *geschichtliche* Dimension – die Potentialität als geschichtliche Möglichkeit, ihre Verwirklichung als geschichtliches Ereignis.

Die Unterdrückung dieser Dimension im gesellschaftlichen Universum operationeller Rationalität ist eine *Unterdrückung der Geschichte*, und das ist keine akademische, sondern eine politische Angelegenheit. Sie ist eine Unterdrückung der eigenen Vergangenheit der Gesellschaft – und ihrer Zukunft insoweit,

17 Im 5. Kapitel.

als diese Zukunft an die qualitative Änderung, die Negation der Gegenwart appelliert. Ein Universum der Sprache, worin die Kategorien der Freiheit mit ihrem Gegenteil austauschbar, ja identisch geworden sind, praktiziert nicht nur eine Orwellsche oder Äsopische Sprache, sondern verdrängt und vergißt die geschichtliche Realität, den Schrecken des Faschismus, die Idee des Sozialismus, die Vorbedingungen der Demokratie, den Inhalt der Freiheit. Wenn eine bürokratische Diktatur die kommunistische Gesellschaft beherrscht und bestimmt, wenn faschistische Regime als Partner der Freien Welt fungieren, wenn das Wohlfahrtsprogramm des aufgeklärten Kapitalismus erfolgreich vereitelt wird, indem man es mit dem Etikett »Sozialismus« versieht, wenn die Grundlagen der Demokratie reibungslos in der Demokratie abgeschafft werden, dann werden die alten geschichtlichen Begriffe durch hochmoderne operationelle Neubestimmungen außer Kraft gesetzt. Diese Neubestimmungen sind Verfälschungen, die dadurch, daß sie von den bestehenden und faktischen Mächten durchgesetzt werden, dazu dienen, das Falsche in Wahrheit zu verwandeln.

Die funktionale Sprache ist eine radikal antihistorische Sprache: die operationelle Rationalität hat für historische Vernunft wenig Raum und Verwendung[18]. Gehört dieser Kampf gegen die Geschichte dem Kampf gegen eine Dimension des Geistes an, in der sich zentrifugale Anlagen und Kräfte entwickeln könnten – Anlagen und Kräfte, welche die totale Gleichschaltung des Individuums mit der Gesellschaft verhindern könnten? Die Erinnerung an die Vergangenheit kann gefährliche Einsichten aufkommen lassen, und die etablierte Gesellschaft scheint die subversiven Inhalte des Gedächtnisses zu fürchten. Das Erinnern ist eine Weise, sich von den gegebenen Tatsachen abzulösen, eine Weise der »Vermittlung«, die für kurze Augenblicke die allgegenwärtige Macht der gegebenen Tatsachen durchbricht. Das Gedächtnis ruft vergangenen Schrecken wie vergangene Hoffnung in die Erinnerung zurück. Beide werden wieder lebendig, aber während jener in der Wirklichkeit in stets neuen Formen wiederkehrt, bleibt diese eine Hoffnung. Und in den persönlichen Begebenheiten, die im individuellen Gedächtnis neu erstehen, setzen sich die Ängste und Sehnsüchte der Menschheit durch – das Allgemeine im Besonderen. Die Geschichte ist es, die die Erinnerung bewahrt, aber auch sie unterliegt der totalitären Gewalt des verhaltensmäßigen Universums.

Das »Schreckbild einer Menschheit ohne Erinnerung ... ist kein bloßes Verfallsprodukt ... sondern es ist mit der Fortschrittlichkeit des bürgerlichen Prinzips notwendig verknüpft«. »Ökonomen und Soziologen wie Werner Sombart und Max Weber haben das Prinzip des Traditionalismus den feudalen Gesellschaftsformen zugeordnet und das der Rationalität den bürgerlichen. Das sagt aber nicht weniger, als daß Erinnerung, Zeit, Gedächtnis von der fortschreitenden bürgerlichen Gesellschaft selber als eine Art irrationaler Rest liquidiert wird ...«[19]

Wenn die fortschreitende Rationalität der avancierten Industriegesellschaft dazu tendiert, die störenden Elemente von Zeit und Gedächtnis als »irrationalen Rest« zu liquidieren, dann tendiert sie auch dazu, die störende Rationalität in diesem irrationalen Rest zu liquidieren. Die Anerkennung der Vergangenheit und die Beziehung zu ihr als einem Gegenwärtigen wirkt der Funktionalisierung des Denkens durch die bestehende Realität und in ihr entgegen. Sie widersetzt sich der Abriegelung des Universums von Sprache und Verhalten; sie ermöglicht die Entfaltung von Begriffen, die das geschlossene Universum aus seiner Festigkeit lösen und überschreiten, indem sie es als geschichtliches Universum begreifen. Der gegebenen Gesellschaft als dem Gegenstand seiner Reflexion gegenübergestellt, wird das kritische Denken geschichtliches Bewußtsein und ist als solches wesentlich Urteil[20]. Weit davon entfernt, einen gleichgültigen Relativismus zu erfordern, forscht es in der wirklichen Ge-

18 Das bedeutet nicht, daß die private oder allgemeine Geschichte aus dem Universum der Sprache verschwindet. Die Vergangenheit wird oft genug beschworen: sei es, daß an die »Founding Fathers« erinnert wird oder an Marx-Engels-Lenin oder an die bescheidene Herkunft eines Präsidentschaftskandidaten. Aber auch dies sind ritualisierte Beschwörungen, die keine Entfaltung des erinnerten Inhalts zulassen; häufig dient die bloße Beschwörung dazu, eine solche Entfaltung zu unterbinden, die ihre historische Unangemessenheit zeigen würde.

19 Th. W. Adorno, »Was bedeutet Aufarbeitung der Vergangenheit?«, in: Bericht über die Erzieherkonferenz am 6. und 7. November in Wiesbaden, Frankfurt a. M. 1960, S. 14. Der Kampf gegen die Geschichte wird im 7. Kapitel weiter diskutiert.

schichte des Menschen nach den Kriterien von Wahrheit und Falschheit, Fortschritt und Regression[21]. Die Vermittlung der Vergangenheit mit der Gegenwart entdeckt die Faktoren, welche die Fakten hervorbrachten, die die Lebensweise determinierten und Herren und Knechte einführten; sie entwirft die Grenzen und die Alternativen. Wenn dieses kritische Bewußtsein spricht, so spricht es »die Sprache der Erkenntnis« (Roland Barthes), die das geschlossene Universum der Sprache und seine versteinerte Struktur aufbricht. Die Schlüsselbegriffe dieser Sprache sind keine hypnotischen Nomina, die endlos dieselben eingefrorenen Prädikate beschwören. Sie gestatten vielmehr eine offene Entwicklung; sie entfalten ihren Inhalt selbst in Prädikaten, die einander widersprechen.

Das *Kommunistische Manifest* ist dafür ein klassisches Beispiel. Hier »regieren« die beiden Schlüsselbegriffe, Bourgeoisie und Proletariat, jeweils entgegengesetzte Prädikate. Die »Bourgeoisie« ist das Subjekt des technischen Fortschritts, der Befreiung, des Sieges über die Natur, der Schaffung gesellschaftlichen Reichtums *und* der Entstellung und Zerstörung dieser Errungenschaften. Entsprechend hat das »Proletariat« die Attribute totaler Unterdrückung und totaler Aufhebung der Unterdrückung.

Eine solche dialektische Beziehung von Gegensätzen im Satz und durch ihn wird dadurch ermöglicht, daß das Subjekt als ein geschichtliches Agens anerkannt wird, dessen Identität sich in seiner geschichtlichen Praxis *und gegen* sie konstituiert, in seiner gesellschaftlichen Wirklichkeit *und gegen sie*. Die Rede entfaltet und erklärt den Konflikt zwischen dem Ding und seiner Funktion, und dieser Konflikt drückt sich sprachlich in Sätzen aus, die einander widersprechende Prädikate zu einer logischen Einheit verbinden – begriffliches Gegenstück zur objektiven Realität. Im Gegensatz zu aller Orwellschen Sprache wird der Widerspruch dargelegt, expliziert, begründet und denunziert.

Ich habe den Gegensatz der beiden Sprachen veranschaulicht, indem ich mich auf den Stil der Marxschen Theorie bezog, aber

20 Cf. S. 12 und Kapitel 5.
21 Zur weiteren Diskussion dieser Kriterien cf. Kapitel 8.

die kritischen, erkenntnismäßigen Qualitäten sind nicht ausschließlich für den Marxschen Stil charakteristisch. Sie finden sich auch (wenngleich auf andere Weise) im Stil der großen konservativen und liberalen Kritik der sich entfaltenden bürgerlichen Gesellschaft. Zum Beispiel ist die Sprache von Burke und Tocqueville auf der einen Seite, von John Stuart Mill auf der anderen eine höchst beweiskräftige, begriffliche, »offene« Sprache, die den hypnotisch-rituellen Formeln des gegenwärtigen Neokonservativismus und Neoliberalismus noch nicht erlegen ist.

Die autoritäre Ritualisierung der Rede fällt jedoch dort besonders auf, wo sie die dialektische Sprache selbst in Mitleidenschaft zieht. Die Erfordernisse der auf Konkurrenz abgestellten Industrialisierung und die totale Unterwerfung des Menschen unter den Produktionsapparat erscheinen in der autoritären Umwandlung der marxistischen in die stalinistische und nachstalinistische Sprache. Diese Erfordernisse, wie sie von der Führung interpretiert werden, die den Apparat kontrolliert, befinden darüber, was Recht und Unrecht, wahr und falsch ist. Sie lassen keine Zeit und keinen Raum für eine Diskussion, die auflösend wirkende Alternativen entwerfen würde. Diese Sprache gibt sich überhaupt zu keiner »Rede« mehr her. Sie spricht Tatsachen aus und setzt Tatsachen ein aufgrund der Macht des Apparats – sie ist Kundgebung, die sich selbst für gültig erklärt. Hier[22] muß es genügen, den Abschnitt anzuführen und zu paraphrasieren, in dem Roland Barthes ihre magisch-autoritären Züge beschreibt:

Il n'y a plus aucun sursis entre la dénomination et le jugement, et la clôture du langage est parfaite . . .[23]

Die geschlossene Sprache beweist und begründet nicht – sie teilt Entscheidung, Diktum und Kommando mit. Wo sie definiert, wird die Definition zur »Trennung von Gut und Böse«; sie stellt unbezweifelbares Recht und Unrecht her und den einen Wert zur Rechtfertigung eines anderen. Sie bewegt sich in Tautologien, aber die Tautologien sind erschreckend wirksame »Ur-

---

22 Cf. mein Buch *Die Gesellschaftslehre des sowjetischen Marxismus*, l. c., S. 94 ff.
23 »Es gibt keinen Aufschub mehr zwischen Benennung und Urteil, die Geschlossenheit der Sprache ist vollkommen . . .«, l. c., S. 26.

teile«. Sie fällen Urteile in einer bereits vorentschiedenen Form; sie sprechen Verdammung aus. Zum Beispiel ist der »objektive Gehalt«, das heißt die Definition solcher Ausdrücke wie »Abweichler«, »Revisionist« der des Strafgesetzbuches, und diese Art von Bekräftigung befördert ein Bewußtsein, für das die Sprache der bestehenden Mächte die Sprache der Wahrheit ist[24].

Das ist leider noch nicht alles. Das produktive Wachstum der etablierten kommunistischen Gesellschaft verdammt auch die freiheitliche kommunistische Opposition; die Sprache, die versucht, die ursprüngliche Wahrheit ins Gedächtnis zurückzurufen und zu erhalten, unterliegt deren Ritualisierung. Die Orientierung des Sprechens (und Handelns) an Ausdrücken wie »das Proletariat«, »Arbeiterräte«, die »Diktatur des stalinistischen Apparats« wird dort zur Orientierung an rituellen Formeln, wo das »Proletariat« nicht mehr oder noch nicht existiert, wo direkte Kontrolle »von unten« störend auf den Fortschritt der Massenproduktion wirken und der Kampf gegen die Bürokratie die Wirksamkeit der einzigen realen Kraft schwächen würde, die in internationalem Maßstab gegen den Kapitalismus mobilisiert werden kann. Hier wird streng an der Vergangenheit festgehalten, diese aber nicht mit der Gegenwart vermittelt. Man widersetzt sich den Begriffen, die eine historische Lage erfaßten, ohne sie bis zur gegenwärtigen fortzuentwickeln – man stellt ihre Dialektik still.

Die rituell-autoritäre Sprache verbreitet sich über die heutige Welt, über demokratische und nichtdemokratische, kapitalistische und nichtkapitalistische Länder[25]. Nach Roland Barthes ist sie die Sprache, die allen autoritären Regimen eigen ist, aber gibt es heute im Umkreis der fortgeschrittenen industriellen Zivilisation eine Gesellschaft, die nicht einem autoritären Regime untersteht? Da die Substanz der verschiedenen Regime nicht mehr in alternativen Lebensweisen erscheint, besteht sie

---

25 Was Westdeutschland angeht cf. die gründlichen Studien des Frankfurter Instituts für Sozialforschung aus den Jahren 1950/51: *Gruppenexperiment*, herausgegeben von F. Pollock, Frankfurt a. M. 1955, besonders S. 545 f. Cf. zu beiden Teilen Deutschlands auch Karl Korn, *Sprache in der verwalteten Welt*, Frankfurt a. M. 1958.

24 Roland Barthes, l. c., S. 26 f.

nurmehr in den alternativen Techniken der Manipulation und Kontrolle. Nicht nur reflektiert die Sprache diese Kontrolle, sondern sie wird selbst dort zu einem Kontrollinstrument, wo sie nicht Befehle, sondern Information übermittelt; wo sie nicht Gehorsam, sondern Wahl, keine Unterwerfung, sondern Freiheit erfordert.

Diese Sprache übt Kontrolle aus, indem sie die sprachlichen Formen und Symbole der Reflexion, Abstraktion, der Entwicklung und des Widerspruchs reduziert; indem sie Bilder an die Stelle von Begriffen setzt. Sie leugnet oder absorbiert den transzendierenden Wortschatz; sie sucht nicht nach Wahrheit und Falschheit, sondern setzt sie ein und durch. Dabei ist diese Art des Sprechens nicht terroristisch. Es scheint nicht berechtigt anzunehmen, daß die Zuhörer glauben oder zu glauben veranlaßt werden, was man ihnen sagt. Die neue Note der magisch-rituellen Sprache besteht vielmehr darin, daß die Menschen nicht daran glauben oder nichts darauf geben und doch entsprechend handeln. Man »glaubt« der Aussage eines operationellen Begriffs nicht, aber sie rechtfertigt sich selbst im Handeln – dadurch, daß die Arbeit verrichtet, daß verkauft und gekauft wird, in der Weigerung, anderen zuzuhören usw.

Wenn die Sprache der Politik dazu tendiert, die der Reklame zu werden und dadurch den Bruch zwischen zwei früher sehr verschiedenen Bereichen der Gesellschaft schließt, dann scheint diese Tendenz den Grad auszudrücken, in dem Herrschaft und Verwaltung aufgehört haben, getrennte und unabhängige Funktionen in der technologischen Gesellschaft zu sein. Das bedeutet nicht, daß die Macht der Berufspolitiker abgenommen hat. Das Gegenteil ist der Fall. Je globaler die Herausforderung ist, die sie aufbauen, um ihr zu begegnen, je normaler die Nachbarschaft totaler Zerstörung, desto größer ist ihre Freiheit von wirksamer Volkssouveränität. Ihre Herrschaft ist indessen in die täglichen Verrichtungen und in die Erholung der Bürger eingewandert, und die »Symbole« der Politik sind zugleich die von Geschäft, Kommerz und Vergnügen.

Was der Sprache widerfuhr, hat seine Parallele in den Wandlungen des politischen Verhaltens. Im Verlauf von Artikeln zur entspannenden Unterhaltung in Luftschutzkellern, in der Fernsehsendung von Kandidaten, die um die Führung der Nation konkurrieren, ist die Verbindung von Politik, Geschäft und Vergnügen vollkommen. Aber diese Verbindung ist trügerisch und hängnisvoll verfrüht – Geschäft und Vergnügen unterstehen immer noch der Politik der Herrschaft. Es geht hier nicht um das satirische Stück nach der Tragödie, nicht um *finis tragoediae* – die Tragödie kann jetzt beginnen. Und wiederum wird nicht der Held das rituelle Opfer sein, sondern das Volk.

Die Forschung der totalen Verwaltung

Die funktionale Kommunikation ist nur die Außenschicht des eindimensionalen Universums, in dem der Mensch gedrillt wird, daß er vergessen lernt, das Negative ins Positive zu übersetzen, so daß er weiterfunktionieren kann – reduziert, aber tauglich und einigermaßen gut. Die Institutionen der Rede- und Denkfreiheit behindern die geistige Gleichschaltung mit der etablierten Wirklichkeit nicht. Was stattfindet, ist eine durchgreifende Neubestimmung des Denkens selbst, seiner Funktion und seines Inhalts. Die Gleichschaltung des Individuums mit seiner Gesellschaft reicht in jene Schichten des Geistes hinein, in denen gerade diejenigen Begriffe ausgearbeitet werden, die bestimmt sind, die etablierte Wirklichkeit zu erfassen. Die Begriffe werden der geistigen Tradition entnommen und in operationelle Termini übersetzt – eine Übersetzung, bei der die Spannung zwischen Denken und Wirklichkeit dadurch vermindert wird, daß sie die negative Macht des Denkens schwächt.

Das ist eine philosophische Entwicklung, und um das Ausmaß zu erhellen, in dem sie mit der Tradition bricht, wird die Analyse zunehmend abstrakt und ideologisch werden müssen. Es handelt sich um die von der Konkretion der Gesellschaft am weitesten entfernte Sphäre, die am deutlichsten zeigen kann, wie sehr die Gesellschaft sich das Denken unterworfen hat. Ferner wird die Analyse in die Geschichte der philosophischen Tradition zurückgehen und versuchen müssen, die Tendenzen ausfindig zu machen, die zu jenem Bruch führten.

Ehe wir jedoch in die philosophische Analyse eintreten, werde ich – zugleich als Übergang in den abstrakteren und theoretischeren Bereich – kurz zwei (nach meiner Ansicht repräsentative) Beispiele aus dem dazwischen liegenden Gebiet, nämlich der empirischen Sozialforschung erörtern, die es unmittelbar mit bestimmten für die fortgeschrittene Industriegesellschaft charakteristischen Verhältnissen zu tun hat. Ob es hierbei um Fragen der Sprache oder des Denkens, der Worte oder der Begriffe geht, um eine sprachliche oder eine erkenntnistheoretische Analyse – die zu diskutierende Sache widerstrebt solchen sauberen akademischen Unterscheidungen. Die Trennung einer rein sprachlichen von einer begrifflichen Analyse ist selbst ein Ausdruck der Umorientierung des Denkens, die zu erklären die nächsten Kapitel versuchen werden. Da die folgende Kritik der empirischen Sozialforschung unternommen wird, um auf die anschließende philosophische Analyse vorzubereiten und auch in deren Licht steht, mag eine vorläufige Darlegung über den Gebrauch des Termins »Begriff«, von dem die Kritik sich leiten läßt, zur Einführung dienen.

»Begriff« soll die geistige Vorstellung von etwas bezeichnen, das als Ergebnis eines Reflexionsprozesses verstanden, erfaßt und gewußt wird. Dieses Etwas kann ein Gegenstand der täglichen Praxis oder eine Situation sein, eine Gesellschaft, ein Roman. Wenn sie begriffen, auf ihren Begriff gebracht sind, sind sie auf jeden Fall Gegenstände des Denkens geworden, und damit sind ihr Inhalt und ihre Bedeutung identisch mit den realen Gegenständen der unmittelbaren Erfahrung und doch von diesen verschieden. »Identisch« insofern, als der Begriff dasselbe Ding bezeichnet, »verschieden« insofern, als er das Ergebnis einer Reflexion ist, die das Ding im Zusammenhang (und im Licht) anderer Dinge verstanden hat, die in der unmittelbaren Erfahrung nicht erschienen und die das Ding »erklären« (Vermittlung).

Wenn der Begriff niemals ein besonderes, konkretes Ding bezeichnet, wenn er stets abstrakt und allgemein ist, so deshalb, weil er mehr und anderes begreift als ein besonderes Ding – eine allgemeine, dem besonderen Ding wesentliche Beschaffenheit oder Beziehung, welche die Form bestimmt, unter der es als konkreter Gegenstand der Erfahrung erscheint. Wenn der

Begriff von etwas Konkretem das Produkt geistiger Klassifikation, Organisation und Abstraktion ist, so führen diese geistigen Prozesse doch nur insoweit zum Begreifen, als sie das besondere Ding in seiner allgemeinen Beschaffenheit und Beziehung wiederherstellen und dabei seine unmittelbare Erscheinung in Richtung auf seine Wirklichkeit transzendieren.

Dementsprechend bedeuten alle Begriffe der Erkenntnis ein *Übergehen:* sie gehen über die deskriptive Bezogenheit auf besondere Tatsachen hinaus. Und wenn die Tatsachen solche der Gesellschaft sind, dann gehen die Begriffe der Erkenntnis auch über jeden besonderen Zusammenhang von Tatsachen hinaus – in die Prozesse und Verhältnisse hinein, auf denen die jeweilige Gesellschaft beruht und die in alle besonderen Tatsachen eingehen und dabei diese Gesellschaft konstituieren, erhalten und zerstören. Aufgrund ihrer Beziehung zu dieser historischen Totalität transzendieren die Begriffe der Erkenntnis allen operationellen Zusammenhang, aber ihre Transzendenz ist empirisch, weil sie die Tatsachen als das erkennbar macht, was sie wirklich sind.

Das »Mehr« an Bedeutung gegenüber dem operationellen Begriff wirft Licht auf die beschränkte, ja trügerische Form, unter der es den Tatsachen gestattet ist, erfahren zu werden. Daher die Spannung, die Diskrepanz, der Konflikt zwischen dem Begriff und der unmittelbaren Tatsache – dem konkreten Ding; zwischen dem Wort, das sich auf den Begriff bezieht und dem, das sich auf die Dinge bezieht. Daher der Begriff der »Wirklichkeit des Allgemeinen«. Daher auch der unkritische, sich anpassende Charakter jener Denkweisen, die Begriffe als geistige Instrumente behandeln und allgemeine Begriffe in Termini mit partikularen, objektiven Merkmalen übersetzen.

Wo diese reduzierten Begriffe die Analyse der menschlichen, individuellen oder gesellschaftlichen, geistigen oder materiellen Wirklichkeit leiten, gelangen sie zu einer falschen Konkretheit – einer Konkretheit, die von den Bedingungen, die ihre Wirklichkeit ausmachen, isoliert ist. In diesem Zusammenhang nimmt die operationelle Behandlung des Begriffs eine politische Funktion an. Das Individuum und sein Verhalten werden in einem therapeutischen Sinne analysiert: Anpassung an seine Gesellschaft. Denken und Ausdruck, Theorie und Praxis sollen mit den Tatsachen seiner Existenz in Übereinstimmung gebracht werden, ohne daß für die begriffliche Kritik dieser Tatsachen Raum bleibt.

Der therapeutische Charakter des operationellen Begriffs tritt am klarsten dort zutage, wo das begriffliche Denken methodisch in den Dienst der Erforschung und Verbesserung der bestehenden sozialen Verhältnisse innerhalb der bestehenden gesellschaftlichen Institutionen gestellt wird – in der Industriesoziologie, in der Motivforschung und in den Studien über den Markt und die öffentliche Meinung.

Wenn die gegebene · Gesellschaftsform das oberste Bezugssystem für Theorie und Praxis ist und bleibt, dann ist an dieser Art Soziologie und Psychologie nichts falsch. Es ist menschlicher und produktiver, gute Beziehungen zwischen Belegschaft und Betriebsleitung zu haben als schlechte; angenehme Arbeitsbedingungen anstatt unangenehmer; Harmonie anstatt Konflikt zwischen den Kundenwünschen und den Bedürfnissen von Geschäft und Politik.

Aber die Rationalität dieser Art von Sozialwissenschaft erscheint in einem anderen Licht, wenn die gegebene Gesellschaft, die dabei das Bezugssystem bildet, zum Gegenstand einer kritischen Theorie wird, die gerade auf die Struktur dieser Gesellschaft abzielt, die in allen besonderen Tatsachen und Bedingungen präsent ist und deren Ort und Funktion bestimmt. Dann wird ihr ideologischer und politischer Charakter offenkundig, und die Ausarbeitung angemessener Begriffe der Erkenntnis macht es erforderlich, über die trügerische Konkretheit des positivistischen Empirismus hinauszugehen. Der therapeutische und operationelle Begriff wird in dem Maße falsch, wie er die Tatsachen isoliert, atomisiert und innerhalb des repressiven Ganzen befestigt und dabei die Termini dieses Ganzen als die der Analyse hinnimmt. Die methodologisch geforderte Übersetzung des Allgemeinen in den operationellen Begriff wird dann zur repressiven Einschränkung des Denkens[26].

26 In der Theorie des Funktionalismus tritt der therapeutische und ideologische Charakter der Analyse nicht hervor; er wird durch die abstrakte Allgemeinheit der Begriffe (»System«, »Teil«, »Einheit«, »Einzeltatbestand«, »mehrfache Kon-

Ich wähle als Beispiel ein »klassisches« Werk der Industrie-soziologie: die Studie über die Arbeitsverhältnisse in den Hawthorne Betrieben der Western Electric Company[27]. Es handelt sich um eine alte Studie, die ungefähr vor einem Vierteljahrhundert angestellt wurde, und die Methoden sind seitdem sehr verfeinert worden. Nach meiner Ansicht sind jedoch Substanz und Funktion dieselben geblieben. Außerdem ist diese Denkweise inzwischen nicht nur in andere Zweige der Sozialwissenschaft und in die Philosophie vorgedrungen, sondern hat auch dazu beigetragen, die menschlichen Subjekte zu formen, mit denen sie es zu tun hat. Die operationellen Begriffe münden in Methoden verbesserter sozialer Kontrolle ein: sie werden Teil der Wissenschaft von der Betriebsführung, Abteilung Menschliche Beziehungen. In *Labor Looks at Labor* stehen diese Worte eines Automobilarbeiters: »Die Betriebsleitung konnte unseren Streiks nicht beikommen, sie konnte uns mit der Taktik der direkten Gewalt nicht zum Halten bringen, deshalb haben sie ›Beziehungen‹ auf ökonomischem, gesellschaftlichem und politischem Gebiet studiert, um herauszubekommen, wie man die Gewerkschaften zum Halten bringt«.

Bei der Untersuchung der Beschwerden von Arbeitern über Arbeitsbedingungen und Löhne stießen die Forscher auf die Tatsache, daß die meisten dieser Beschwerden in Sätzen formuliert waren, die »vage, unbestimmte Ausdrücke« enthielten, denen es an »objektivem Bezug« zu solchen »Maßstäben« fehlte, »die all-

sequenzen«, »Funktion«) verdeckt. Sie sind im Prinzip auf jedes »System« anwendbar, das der Soziologe zum Gegenstand seiner Analyse wählt – von der kleinsten Gruppe bis zur Gesellschaft als solcher. Die funktionale Analyse bleibt auf das gewählte System begrenzt, das selbst kein Gegenstand einer kritischen Analyse ist, welche die Schranken des Systems in Richtung auf das geschichtliche Kontinuum überschreitet, in dem seine Funktionen und Dysfunktionen zu dem werden, was sie sind. Damit entfaltet sich in der funktionalen Theorie der Irrtum einer unangebrachten Abstraktheit. Die Allgemeinheit ihrer Begriffe wird dadurch erreicht, daß gerade von den Qualitäten abstrahiert wird, die das System zu einem historischen machen und seinen Funktionen und Dysfunktionen eine kritisch-transzendente Bedeutung verleihen.

27 Die Zitate stammen von Roethlisberger und Dickson, *Management and the Worker*, Cambridge, Harvard University Press, 1947. Cf. die vorzügliche Diskussion in: Loren Baritz, *The Servants of Power. A History of the Use of Social Science in American Industry*, Middletown, Wesleyan University Press, 1960, Kapitel 5 und 6.

gemein akzeptiert werden«, und daß sie Charakteristika aufwiesen, »die von den Eigenschaften, die im allgemeinen mit gewöhnlichen Tatsachen zusammengebracht werden, wesentlich verschieden waren«[28]. Mit anderen Worten, die Beschwerden waren in allgemeinen Feststellungen formuliert wie »die Waschräume sind unhygienisch«, »die Arbeit ist gefährlich«, »die Tarife sind zu niedrig«.

Geleitet vom Prinzip des operationellen Denkens, machten sich die Forscher daran, diese Feststellungen derart zu übersetzen oder neuzuformulieren, daß ihre vage Allgemeinheit auf besondere Merkmale reduziert werden konnte, auf Termini, die die besondere Situation bezeichneten, in der die Beschwerde entstanden war, und schilderten so »genau die Verhältnisse bei der Company«. Die allgemeine Form wurde in Feststellungen aufgelöst, die die besonderen Vorgänge und Bedingungen ausfindig machten, welche die Beschwerde veranlaßten, und man nahm sich der Beschwerde an, indem man diese besonderen Vorgänge und Bedingungen änderte.

Zum Beispiel wurde die Feststellung »die Waschräume sind unhygienisch« übersetzt in »bei der und der Gelegenheit ging ich in diesen Waschraum, und das Waschbecken war etwas schmutzig«. Nachfragen ermittelten dann, daß dies »in hohem Maße auf die Unachtsamkeit einiger Angestellter zurückzuführen« war; eine Kampagne gegen das Wegwerfen von Abfallpapier, das Spucken auf den Boden und ähnliches wurde ins Leben gerufen, und ein Wärter wurde zum ständigen Dienst in den Waschräumen bestellt. »Auf diese Weise wurden viele der Beschwerden uminterpretiert und zum Anlaß genommen, Verbesserungen durchzuführen«[29].

Ein anderes Beispiel: ein Arbeiter B trifft die allgemeine Feststellung, daß die Stücktarife für seine Arbeit zu niedrig sind. Das Interview ergibt, daß »seine Frau im Krankenhaus liegt und er sich Sorgen macht wegen der Arztrechnungen, die auf ihn zukommen. In diesem Fall besteht der latente Inhalt der Beschwerde in der Tatsache, daß B's gegenwärtiger Verdienst infolge der

28 Roethlisberger und Dickson, l. c., S. 255 f.
29 Ibid., S. 256.

Krankheit seiner Frau nicht zureicht, seinen laufenden finanziellen Verpflichtungen nachzukommen«[30].

Eine solche Übersetzung ändert den Sinn des tatsächlichen Satzes in bedeutsamer Weise. Die unübersetzte Feststellung formuliert einen allgemeinen Umstand in seiner Allgemeinheit (»die Löhne sind zu niedrig«). Sie geht über die besonderen Zustände in der besonderen Fabrik und über die besondere Lage des Arbeiters hinaus. In dieser Allgemeinheit, und nur in dieser Allgemeinheit, drückt die Feststellung eine weittragende Anklage aus, die den besonderen Fall als die Manifestation eines allgemeinen Zustands ansieht und zu verstehen gibt, daß dieser nicht dadurch geändert werden kann, daß in jenem Abhilfe geschaffen wird.

So stellte die unübersetzte Aussage eine konkrete Beziehung zwischen dem besonderen Fall und dem Ganzen her, dessen Fall er ist – und dieses Ganze schließt die Verhältnisse außerhalb der jeweiligen Arbeit, der jeweiligen Fabrik, der jeweiligen persönlichen Lage ein. Dieses Ganze wird in der Übersetzung beseitigt, und eben diese Operation macht die Heilung möglich. Der Arbeiter mag sich dessen nicht bewußt sein, für ihn mag seine Beschwerde in der Tat jenen partikularen und persönlichen Sinn haben, den die Übersetzung als ihren »latenten Inhalt« herausfindet. Aber dann setzt die von ihm benutzte Sprache ihre objektive Gültigkeit gegen sein Bewußtsein durch – sie drückt Verhältnisse aus, die *sind*, obgleich nicht »für ihn«. Die von der Übersetzung erreichte Konkretheit des besonderen Falles ist das Ergebnis einer Reihe von Abstraktionen von seiner wirklichen Konkretheit, die im allgemeinen Charakter des Falles besteht.

Die Übersetzung bezieht die allgemeine Aussage auf die persönliche Erfahrung des Arbeiters, der sie macht, hört aber an dem Punkt auf, wo der individuelle Arbeiter sich als «den Arbeiter« erfahren würde und seine Beschäftigung als »die Beschäftigung« der arbeitenden Klasse erschiene. Ist es notwendig, darauf aufmerksam zu machen, daß der operationelle Forscher bei seinen Übersetzungen bloß dem Prozeß der Wirklichkeit folgt und wahrscheinlich sogar den Übersetzungen des Arbeiters selbst? Die unterbrochene Erfahrung ist nicht sein Werk, und es ist nicht

30 Ibid., S. 267.

seine Aufgabe, im Sinne einer kritischen Theorie zu denken, sondern Aufseher »in menschlicheren und wirksameren Methoden« zu schulen, »mit ihren Arbeitern umzugehen«[31] (nur der Ausdruck »menschlich« scheint nichtoperationell und einer Analyse bedürftig).

Da aber diese managerhafte Denk- und Forschungsweise sich auf andere Dimensionen geistigen Bemühens ausbreitet, werden die von ihr geleisteten Dienste immer weniger von ihrer wissenschaftlichen Gültigkeit trennbar .In diesem Zusammenhang hat die Funktionalisierung einen wahrhaft therapeutischen Effekt. Ist die persönliche Unzufriedenheit einmal vom allgemeinen Unglück isoliert, sind die allgemeinen Begriffe, die sich ihrer Funktionalisierung widersetzen, einmal in partikulare Merkmale aufgelöst, dann wird der Fall zu einem heilbaren, leicht zu handhabenden Vorkommnis.

Zwar bleibt der Fall der eines Allgemeinen – kein Denken kann ohne Universalien auskommen – aber auf eine Weise, die von der in der unübersetzten Aussage gemeinten sehr verschieden ist. Hat man sich erst seiner Arztrechnungen angenommen, so wird der Arbeiter B anerkennen, daß – allgemein gesprochen – der Lohn *nicht* zu niedrig ist und nur in seiner individuellen Lage (die anderen individuellen Lagen ähnlich sein kann) eine Härte bedeutete. Sein Fall ist unter eine andere Gattung subsumiert worden – unter die der persönlichen Härtefälle. Er ist kein »Arbeiter« oder »Angestellter« (Angehöriger einer Klasse) mehr, sondern der Arbeiter oder Angestellte B im Hawthornewerk der Western Electric Company.

Die Verfasser von *Management and the Worker* waren sich dieser Implikation durchaus bewußt. Sie sagen, daß eine der grundlegenden Funktionen, die in einer industriellen Organisation ausgeübt werden muß, »die spezifische Funktion der Personalarbeit« ist, und diese Funktion erfordert, daß man bei der Behandlung von Beziehungen zwischen Arbeitgebern und Arbeitnehmern »an das denken muß, was sich ein besonderer Arbeitnehmer vorstellt, als ein Arbeiter, der eine besondere persönliche Geschichte gehabt hat«, oder als ein Angestellter, der einen be-

31 Loc. cit., S. VIII.

sonderen Arbeitsplatz in der Fabrik einnimmt, der ihn mit besonderen Personen und Personengruppen in Verbindung bringt...« Demgegenüber weisen die Verfasser eine Haltung als mit der »spezifischen Funktion der Personalarbeit« unverträglich zurück, die sich an den »durchschnittlichen« oder »typischen« Arbeitnehmer oder an das richtet, »was sich der Arbeiter im allgemeinen vorstellt«[32].

Wir können diese Beispiele zusammenfassen, indem wir den ursprünglichen Aussagen die funktionale Form ihrer Übersetzung gegenüberstellen. Wir nehmen die Aussagen in beiden Formen für bare Münze und lassen das Problem ihrer Verifikation beiseite.

1) »Der Lohn ist zu niedrig«. Das Subjekt des Satzes ist »Lohn«, nicht die besondere Vergütung eines mit einer besonderen Tätigkeit befaßten besonderen Arbeiters. Es könnte sein, daß der Mann, der diese Aussage macht, nur an seine individuelle Erfahrung denkt, in der Form aber, in der er seine Aussage vorbringt, geht er über diese individuelle Erfahrung hinaus. Das Prädikat »zu niedrig« ist ein relationales Adjektiv, das einen Bezug erfordert, der in dem Satz nicht genannt ist – zu niedrig für wen oder wofür? Dieser Bezug könnte wiederum das Individuum sein, das die Aussage macht, oder seine Arbeitskollegen, aber das allgemeine Substantiv (Lohn) trägt die ganze, durch den Satz ausgedrückte Denkbewegung und läßt die anderen Satzteile an diesem allgemeinen Charakter teilhaben. Der Bezug bleibt unbestimmt – »zu niedrig im allgemeinen« oder »zu niedrig für jeden, der, wie der Sprecher, ein Lohnempfänger ist«. Der Satz ist abstrakt. Er bezieht sich auf umfassende Verhältnisse, die durch keinen besonderen Fall ersetzbar sind; sein Sinn ist »transitiv« gegenüber jedem individuellen Fall. Der Satz verlangt in der Tat, daß er in einen konkreteren Zusammenhang »übersetzt« wird, aber in einen, worin die allgemeinen Begriffe nicht durch irgendeine *besondere* Reihe von Operationen (wie die persönliche Geschichte des Arbeiters B und seine spezielle Funktion im Werk W) bestimmt werden können. Der Begriff »Lohn« bezieht sich auf die Gruppe »Lohnempfänger« und integriert alle persön-

32 Ibid., S. 591.

lichen Geschichten und speziellen Arbeiten zu einem Konkret-Allgemeinen.

2) »Infolge der Krankheit seiner Frau sind die augenblicklichen Einkünfte von B unzureichend, um seinen laufenden Verpflichtungen nachzukommen«. Man beachte, daß in dieser Übersetzung von (1) das Subjektiv verlagert worden ist. Der allgemeine Begriff »Lohn« wird durch die »augenblicklichen Einkünfte von B« ersetzt, ein Ausdruck, dessen Sinn durch die besondere Reihe von Operationen voll bestimmt wird, die B auszuführen hat, um für seine Familie Lebensmittel, Kleidung, Wohnung, Medikamente usw. zu besorgen. Der »transitive« Charakter des Sinns ist abgeschafft; die Einstufung »Lohnempfänger« ist mit dem Subjekt »Lohn« verschwunden, und was übrig bleibt, ist ein besonderer Fall, der, seines transitiven Sinnes beraubt, den akzeptierten Behandlungsmaßstäben der Company zugänglich wird, deren Fall er ist.

Was ist daran falsch? Nichts. Die Übersetzung der Begriffe und des Satzes als eines Ganzen wird durch die Gesellschaft bestätigt, an die der Forscher sich wendet. Die Therapie wirkt, weil das Werk oder die Regierung es sich leisten kann, zumindest einen beträchtlichen Teil der Kosten zu tragen, weil sie bereit sind, es zu tun, und weil der Patient gewillt ist, sich in einer Erfolg versprechenden Weise behandeln zu lassen. Die vagen, unbestimmten, allgemeinen Begriffe, die in der unübersetzten Beschwerde auftraten, waren in der Tat Überbleibsel der Vergangenheit; ihr Fortbestehen im Sprechen und Denken war in der Tat ein (wenn auch geringfügiges) Hemmnis für Verständnis und Zusammenarbeit. Soweit operationelle Soziologie und Psychologie dazu beigetragen haben, unmenschliche Verhältnisse zu mildern, gehören sie zum geistigen wie materiellen Fortschritt. Aber sie zeugen auch von der ambivalenten Rationalität des Fortschritts, der in seiner repressiven Macht zufrieden stellt und in den Befriedigungen, die er gewährt, repressiv ist.

Die Beseitigung des transitiven Sinnes ist ein Zug der empirischen Soziologie geblieben. Sie charakterisiert sogar eine große Anzahl von Studien, die nicht dazu bestimmt sind, eine therapeutische Funktion in irgendeinem partikularen Interesse zu erfüllen. Das Ergebnis: ist einmal das »unrealistische« Mehr an

Sinn abgeschafft, dann ist die Untersuchung in die umfassenden Grenzen eingeschlossen, innerhalb derer die bestehende Gesellschaft Sätze bestätigt oder für ungültig erklärt. Aufgrund seiner Methodologie ist dieser Empirismus ideologisch. Um seinen ideologischen Charakter zu verdeutlichen, wollen wir eine Studie über die politische Aktivität in den Vereinigten Staaten betrachten.

In ihrem Aufsatz »Konkurrenzdruck und demokratische Zustimmung« wollen Morris Janowitz und Dwaine Marvick »das Maß abschätzen, in dem eine Wahl tatsächlich Ausdruck des demokratischen Prozesses ist«. Eine solche Bewertung schließt ein, daß der Wahlvorgang »im Hinblick auf die Erfordernisse, eine demokratische Gesellschaft aufrechtzuerhalten«, beurteilt wird, und dies wiederum erfordert eine Definition von »demokratisch«. Die Verfasser stellen zwei alternative Definitionen zur Auswahl, die »Mandats«theorie und die »Konkurrenz«theorie der Demokratie: »Die ›Mandats‹theorien, die ihren Ursprung in den klassischen Konzeptionen der Demokratie haben, fordern, daß der Prozeß der Repräsentation aus einer klar umrissenen Anzahl von Direktiven hervorgeht, die die Wählerschaft ihren Vertretern auferlegt. Eine Wahl ist eine bequeme Arbeitsweise und Methode, sicherzustellen, daß die Vertreter den von den Wählern stammenden Direktiven Genüge tun[33].«

Nun wurde diese »vorgefaßte Meinung von vornherein als unrealistisch abgelehnt, weil sie ein Niveau von artikulierter Meinung und Ideologie hinsichtlich der den Wahlkampf betreffenden Tatbestände voraussetzt, das in den Vereinigten Staaten höchstwahrscheinlich nicht zu finden ist«. Diese recht offene Feststellung der Tatsachen wird zwar durch den tröstenden Zweifel gemildert, ob denn »ein derartiges Niveau artikulierter Meinung in irgendeiner demokratischen Wählerschaft seit der Erweiterung des Stimmrechts im neunzehnten Jahrhundert bestanden« habe. Auf jeden Fall akzeptieren die Verfasser statt der abgelehnten vorgefaßten Meinung die »Konkurrenz«theorie der Demokratie, derzufolge eine demokratische Wahl ein Prozeß ist,

33 H. Eulau, S. J. Eldersveld, M. Janowitz (Herausgeber), *Political Behavior* (Glencoe Free Press, 1956), S. 275.

»in dem Kandidaten gewählt und abgelehnt werden«, die »um ein öffentliches Amt konkurrieren«. Um wirklich operationell zu sein, erfordert diese Definition »Kriterien«, aufgrund deren der Charakter politischer Konkurrenz zu veranschlagen ist. Wann bringt politische Konkurrenz einen »Prozeß der Zustimmung« und wann einen »Prozeß der Manipulation« hervor? Angeboten werden drei Kriterien:

1)
Eine demokratische Wahl erfordert eine Konkurrenz zwischen entgegengesetzten Kandidaten, die den gesamten Wahlbezirk durchherrscht. Die Wählerschaft gewinnt Macht aus ihrer Fähigkeit, zwischen wenigstens zwei konkurrierenden Kandidaten eine Wahl zu treffen, von denen einem eine vernünftige Gewinnchance zugesprochen wird.

2)
Eine demokratische Wahl erfordert, daß beide [!] Parteien gleichermaßen bemüht sind, sich etablierte Wahlbezirke zu erhalten, unabhängige Wähler sowie Überläufer von den Oppositionsparteien zu gewinnen.

3)
Eine demokratische Wahl erfordert, daß beide [!] Parteien energisch darauf aus sind, die laufende Wahl zu gewinnen; aber, ob sie nun gewinnen oder verlieren, beide Parteien müssen ebenso bestrebt sein, ihre Erfolgschancen in den nächsten und folgenden Wahlen zu erhöhen . . .[34]

Ich glaube, diese Definitionen beschreiben ziemlich genau die tatsächliche Lage der Dinge bei der amerikanischen Wahl von 1952, die Gegenstand der Analyse ist. Mit anderen Worten, die Kriterien zur Beurteilung eines gegebenen Zustands sind die vom gegebenen Zustand angebotenen (oder, da sie die eines wohlfunktionierenden und fest etablierten Gesellschaftssystems sind, die durchgesetzten) Kriterien. Die Analyse ist »abgeriegelt«; die Reichweite des Urteils ist auf einen Zusammenhang von Tatsachen begrenzt, der ausschließt, daß *der* Zusammenhang beurteilt wird, in dem Tatsachen gemacht, von Menschen gemacht, und nach Bedeutung, Funktion und Entwicklung bestimmt werden.

34 Ibid., S. 276.

Aufgrund dieses Bezugsrahmens bewegt sich die Untersuchung im Kreise und bestätigt sich selbst. Wenn »demokratisch« in den beschränkenden, aber realistischen Begriffen des tatsächlichen Wahlvorgangs definiert wird, dann ist dieser Vorgang demokratisch, was immer die Untersuchung ergeben mag. Zwar gestattet der operationelle Bezugsrahmen noch die Unterscheidung zwischen Zustimmung und Manipulation (er verlangt sie sogar); die Wahl kann mehr oder weniger demokratisch sein, je nach dem ermittelten Grad von Zustimmung und Manipulation. Die Verfasser kommen zu dem Schluß, daß die Wahl von 1952 »in höherem Maße durch einen Prozeß genuiner Zustimmung charakterisiert war als impressionistische Schätzungen hätten unterstellen können«[35] – obgleich es ein »schwerwiegender Irrtum« wäre, die »Schranken« der Zustimmung zu übersehen und zu leugnen, daß »manipulativer Druck vorlag«[36]. Über diese kaum erhellende Feststellung kann die operationelle Analyse nicht hinausgehen. Mit anderen Worten, sie kann die entscheidende Frage nicht aufwerfen, ob nicht die Zustimmung selbst das Werk von Manipulation war – eine Frage, die durch den tatsächlichen Zustand der Dinge in hohem Maße gerechtfertigt ist. Die Analyse kann sie nicht aufwerfen, weil das ihre Begriffe in Richtung auf einen transitiven Sinn überschritte – in Richtung auf einen Begriff von Demokratie, der die demokratische Wahl als einen ziemlich beschränkten »demokratischen Prozeß« erwiese.

Ein solcher nichtoperationeller Begriff ist gerade der, den die Autoren als »unrealistisch« ablehnen, weil er Demokratie auf einem allzu artikulierten Niveau als die festumrissene Kontrolle der Repräsentanz durch die Wählerschaft definiert – Kontrolle durch das Volk als Kennzeichen der Volkssouveränität. Und dieser nichtoperationelle Begriff kommt keineswegs von außen. Er ist keineswegs der Einbildung oder Spekulation verdankt, sondern bestimmt vielmehr die geschichtliche Intention der Demokratie, die Verhältnisse, für die der Kampf um Demokratie ausgefochten wurde und die immer noch herzustellen sind.

Außerdem ist dieser Begriff in seiner semantischen Exakt-

35 Ibid., S. 284.
36 Ibid., S. 285.

heit unfehlbar, weil er genau das meint, was er sagt – daß es nämlich wirklich die Wählerschaft ist, die den Vertretern ihre Direktiven erteilt und daß nicht die Vertreter ihre Direktiven einer Wählerschaft erteilen, die dann die Vertreter wählt und wiederwählt. Eine autonome Wählerschaft, die frei ist, weil sie von »Schulung« und Manipulation frei ist, befände sich in der Tat auf einem »Niveau artikulierter Meinung und Ideologie«, von dem unwahrscheinlich ist, daß es angetroffen wird. Deshalb muß der Begriff als »unrealistisch« abgelehnt werden – und zwar dann, wenn man das tatsächlich vorherrschende Niveau von Meinung und Ideologie als dasjenige gelten läßt, was der soziologischen Analyse gültige Kriterien vorschreibt. Und wenn »Schulung« und Manipulation die Stufe erreicht haben, auf der das herrschende Meinungsniveau ein Niveau der Unwahrheit geworden ist und der tatsächliche Zustand nicht mehr als das erkannt wird, was er ist, dann bindet sich eine Analyse, die methodologisch verpflichtet ist, transitive Begriffe abzulehnen, an ein falsches Bewußtsein. Gerade ihr Empirismus ist ideologisch.

Die Verfasser sind sich des Problems durchaus bewußt. »Ideologische Strenge« stellt eine »ernst zu nehmende Implikation« beim Einschätzen einer demokratischen Zustimmung dar. Allerdings, aber wem wird zugestimmt? Natürlich den politischen Kandidaten und ihrer Politik. Aber das genügt nicht; denn dann wäre auch die Zustimmung zu einem faschistischen Regime (und man kann durchaus von einer genuinen Zustimmung zu einem solchen Regime sprechen) ein »demokratischer Prozeß«. Mithin muß die Zustimmung selbst eingeschätzt werden – hinsichtlich ihres Inhalts, ihrer Zielsetzungen, ihrer »Werte« – und dieser Schritt scheint den transitiven Charakter des Sinnes einzuschließen. Ein solcher »unwissenschaftlicher« Schritt läßt sich jedoch vermeiden, wenn die einzuschätzende ideologische Orientierung keine andere als die der bestehenden und »effektiv« miteinander konkurrierenden beiden Parteien ist, zu der die »ambivalent-neutralisierte« Orientierung der Wähler hinzutritt[37].

Die Tabelle, auf der die Ergebnisse der Abstimmung hinsicht-

37 Ibid., S. 280.

lich der ideologischen Orientierung verzeichnet sind, zeigt drei Grade der Verbundenheit mit den Republikanischen und Demokratischen Parteiideologien sowie die »ambivalenten und neutralisierten« Meinungen[38]. Die bestehenden Parteien selbst, ihre politischen Praktiken und Machinationen werden nicht in Frage gestellt, ebensowenig wie ihr tatsächlicher Unterschied hinsichtlich höchst wichtiger Tatbestände (solche der Atompolitik und der totalen Kriegsbereitschaft), Fragen, die für die Einschätzung der Demokratie wesentlich scheinen, sofern die Analyse nicht mit einem Begriff von Demokratie operiert, der bloß die Züge der *etablierten Form* von Demokratie zusammenstellt. Solch ein operationeller Begriff ist dem Gegenstand der Untersuchung nicht gänzlich unangemessen. Er verweist klar genug auf die Qualitäten, die in der gegenwärtigen Periode demokratische und nichtdemokratische Systeme voneinander unterscheiden (zum Beispiel wirksame Konkurrenz zwischen Kandidaten, die verschiedene Parteien vertreten; Freiheit der Wählerschaft, sich zwischen diesen Kandidaten zu entscheiden), aber diese Angemessenheit reicht nicht aus, wenn die Aufgabe der theoretischen Analyse mehr und etwas anderes als eine deskriptive sein soll — wenn sie darin besteht, die Tatsachen *zu begreifen, zu erkennen als das, was sie sind*, was sie für diejenigen *bedeuten*, denen man sie als Tatsachen gegeben hat und die mit ihnen leben müssen. In der Gesellschaftstheorie ist die Anerkennung der Tatsachen die Kritik der Tatsachen.

Dabei genügen die operationellen Begriffe nicht einmal zur *Beschreibung* der Tatsachen. Sie erreichen gewisse Aspekte und Segmente der Tatsachen, die, wenn sie fürs Ganze gehalten werden, die Beschreibung ihres objektiven, empirischen Charakters berauben. Als Beispiel hierfür wollen wir den Begriff der »politischen Aktivität« in der Studie von Julian L. Woodward und Elmo Roper über »Die politische Aktivität amerikanischer Bürger« betrachten[39]. Die Verfasser liefern eine »operationelle Definition des Ausdrucks ›politische Aktivität‹«, die aus »fünf Verhaltensweisen« besteht: 1) Wahlbeteiligung; 2) Unterstützung möglicher »pressure groups« . . . 3) persönliche, direkte Kontakt-

38 Ibid., S. 138 ff.   39 Ibid., S. 133.

aufnahme mit Gesetzgebern; 4) Teilnahme an parteipolitischer
Tätigkeit ... 5) Gewohnheitsmäßiges Verbreiten politischer Meinungen im Gespräch ...

Sicherlich handelt es sich hierbei um »Kanäle möglichen Ein-
flusses auf Gesetzgeber und Regierungsbeamte«, aber kann ihre
Messung wirklich »eine Methode« liefern, »diejenigen Leute,
die in politischen Fragen der Nation verhältnismäßig aktiv
sind, von denen zu unterscheiden, die verhältnismäßig inaktiv
sind«? Sind hierin solche entscheidenden Tätigkeiten »in den
Fragen der Nation« wie die technischen und ökonomischen Kon-
takte zwischen Konzernleitungen und Regierung und zwischen
den führenden Konzernen selbst enthalten? Sind die Formulierung und Verbreitung von »unpolitischer« Meinung, Information und Unterhaltung seitens der großen Reklamemedien
hierin enthalten? Trägt man dem sehr verschiedenen politischen
Gewicht der verschiedenen Organisationen Rechnung, die zu
öffentlichen Gegenständen Stellung nehmen?

Wenn die Antwort negativ ist (wie ich glaube), dann werden
die *Tatsachen* der politischen Tätigkeit nicht angemessen beschrieben und ermittelt. Viele, und wie ich meine, die bestimmenden,
konstitutiven Tatsachen bleiben außerhalb der Reichweite des
operationellen Begriffs. Und aufgrund dieser Beschränkung – dieses methodologischen Verbots transitiver Begriffe, welche die
Tatsachen in ihrem wahren Licht zeigen und bei ihrem wahren
Namen nennen könnten – hemmt die deskriptive Analyse
der Tatsachen deren Erfassung und wird zu einem Element der
Ideologie, die die Tatsachen stützt. Indem sie die bestehende gesellschaftliche Wirklichkeit als ihre eigene Norm proklamiert,
befestigt diese Soziologie in den Individuen den »glaubenslosen
Glauben« an die Wirklichkeit, deren Opfer sie sind: »Nichts
bleibt als Ideologie zurück denn die Anerkennung des Bestehenden selber, Modelle eines Verhaltens, das der Übermacht der Verhältnisse sich fügt«[40]. Gegen diesen ideologischen Empirismus
macht sich der einfache Widerspruch erneut geltend: »Das, was
ist, kann nicht wahr sein«[41].

40 Theodor W. Adorno, »Ideologie«, in: Kurt Lenk (Herausgeber) *Ideologie*, Neuwied 1961, S. 262, 263.
41 Ernst Bloch, *Philosophische Grundfragen I*, Frankfurt 1961, S. 65.

Das eindimensionale Denken

5 Negatives Denken: die besiegte Logik des Protests

»Das was ist, kann nicht wahr sein«. Für unsere wohltrainierten Ohren und Augen ist diese Behauptung leichtfertig und
lächerlich oder so unerhört wie jene andere, die das Gegenteil zu
sagen scheint: »Was wirklich ist, das ist vernünftig«. Und doch
offenbaren beide, in der Tradition des abendländischen Denkens
gesehen, in provokatorisch abgekürzter Form die Idee der Vernunft, von der die Logik jener Tradition sich leiten ließ. Mehr
noch, beide drücken denselben Begriff aus, nämlich die antagonistische Struktur der Wirklichkeit und des Denkens, das diese
zu verstehen sucht. Die Welt der unmittelbaren Erfahrung – die
Welt, in der lebend wir uns vorfinden – muß begriffen, verändert, sogar umgestürzt werden, um zu dem zu werden, was sie
wirklich ist.

In der Gleichung Vernunft = Wahrheit = Wirklichkeit, welche die subjektive und objektive Welt zu einer antagonistischen
Einheit verbindet, ist die Vernunft die umstürzende Macht, die
»Macht des Negativen«, die als theoretische und praktische Vernunft die Wahrheit für die Menschen und Dinge darlegt – das
heißt die Bedingungen, unter denen die Menschen und Dinge zu
dem werden was sie wirklich sind. Der Versuch zu zeigen, daß
diese Wahrheit von Theorie und Praxis keine subjektive, sondern
eine objektive Beschaffenheit ist, war das ursprüngliche Interesse
des abendländischen Denkens und der Ursprung seiner Logik –
Logik nicht im Sinne einer Sonderdisziplin der Philosophie, sondern als die Denkweise, die geeignet war, das Wirkliche als vernünftig zu begreifen.

Das totalitäre Ganze technologischer Rationalität ist die letzte
Umbildung der Idee der Vernunft. In diesem und dem folgenden
Kapitel werde ich versuchen, einige der Hauptstufen der Entwicklung dieser Idee zu bestimmen – den Prozeß, wodurch Logik
zur Logik der Herrschaft wurde. Eine solche ideologische Analyse kann zum Verständnis der realen Entwicklung insofern bei-

tragen, als sie sich auf die Vereinigung (und Trennung) von Theorie und Praxis, Denken und Handeln im geschichtlichen Prozeß – einer Entfaltung von theoretischer und praktischer Vernunft zugleich – konzentriert.

Das geschlossene operationelle Universum der fortgeschrittenen industriellen Zivilisation mit ihrer bestürzenden Harmonie von Freiheit und Unterdrückung, Produktivität und Zerstörung, Wachstum und Regression ist in dieser Idee der Vernunft als eines spezifischen geschichtlichen Entwurfs bereits vorgezeichnet. Die technischen und die vortechnischen Stufen haben gewisse gemeinsame Grundbegriffe von Mensch und Natur, in denen die Kontinuität der abendländischen Tradition sich ausdrückt. Innerhalb dieses Kontinuums stoßen verschiedene Denkweisen aufeinander; sie gehören zu verschiedenen Weisen, Gesellschaft und Natur zu erfassen, zu organisieren und zu verändern. Die stabilisierenden Tendenzen widerstreiten den zerstörenden Elementen der Vernunft, die Macht des positiven der des negativen Denkens, bis schließlich die Errungenschaften der fortgeschrittenen industriellen Zivilisation zum Triumph der eindimensionalen Wirklichkeit über allen Widerspruch führen.

Dieser Konflikt geht bis auf die Ursprünge des philosophischen Denkens selbst zurück und kommt im Gegensatz zwischen Platons dialektischer Logik und der formalen Logik des Aristotelischen Organon schlagend zum Ausdruck. Der folgende Umriß des klassischen Modells dialektischen Denkens mag einer Analyse der einander entgegengesetzten Züge technologischer Rationalität den Boden bereiten.

In der klassischen griechischen Philosophie ist Vernunft insofern das Erkenntnisvermögen, zu unterscheiden, was wahr und was falsch ist, als Wahrheit (und Falschheit) in erster Linie eine Beschaffenheit des Seins, der Wirklichkeit ist – und nur aus diesem Grund eine Eigenschaft von *Sätzen*. Die wahre Rede, die Logik, enthüllt und drückt aus, was wirklich *ist* – als unterschieden von dem, was (wirklich) zu sein *scheint*. Und vermöge dieser Gleichung von Wahrheit und (wirklichem) Sein ist Wahrheit ein Wert; denn Sein ist besser als Nichtsein. Dieses ist nicht einfach Nichts; es ist Potentialität und Bedrohung des Seins – Zerstörung. Der Kampf um Wahrheit ist ein Kampf gegen Zerstörung, für die »Rettung« (σώζειν) des Seins (ein Bemühen, das selbst zerstörerisch scheint, wenn es die bestehende Wirklichkeit als »unwahr« angreift: Sokrates gegenüber dem athenischen Stadtstaat). Sofern der Kampf um Wahrheit die Wirklichkeit vor Zerstörung »bewahrt«, verpflichtet und engagiert die Wahrheit die menschliche Existenz. Sie ist der wesentlich menschliche Entwurf. Wenn der Mensch gelernt hat, zu sehen und zu wissen, was wirklich *ist*, wird er im Einklang mit der Wahrheit handeln. Erkenntnistheorie ist an sich Ethik, und Ethik ist Erkenntnistheorie.

Diese Konzeption spiegelt die Erfahrung einer in sich antagonistischen Welt – einer Welt, die an Mangel und Negativität krankt und beständig von Zerstörung bedroht ist, aber auch eine Welt, die ein *Kosmos* ist, strukturiert im Einklang mit Endursachen. In dem Maße, wie die Erfahrung einer antagonistischen Welt die Entwicklung der philosophischen Kategorien leitet, bewegt sich die Philosophie in einem Universum, das in sich entzweit ist *(déchirement ontologique)* – zweidimensional ist. Erscheinung und Wirklichkeit, Unwahrheit und Wahrheit (und, wie wir sehen werden, Unfreiheit und Freiheit) sind ontologische Verhältnisse.

Diese Unterscheidung gründet nicht im abstrakten Denken, nicht in dessen Fehlbarkeit; sie ist vielmehr in der Erfahrung des Universums verwurzelt, an dem das Denken in Theorie und Praxis teil hat. In diesem Universum gibt es Seinsweisen, in denen die Menschen und Dinge »durch sich« und als »sie selbst« sind, und andere, in denen sie es *nicht* sind – das heißt unter Verzerrung, Beschränkung oder Verneinung ihrer Natur (ihres Wesens) existieren. Die Überwindung dieser negativen Beschaffenheiten ist der Prozeß des Seins und des Denkens. Philosophie hat ihren Ursprung in der Dialektik; das Ganze, worin ihre Rede sich bewegt, antwortet auf die Tatsachen einer antagonistischen Wirklichkeit.

Was sind die Kriterien für diese Unterscheidung? Auf welcher Grundlage wird der Status der »Wahrheit« eher der einen Weise oder Beschaffenheit zugesprochen denn der anderen? Die klassische griechische Philosophie vertraut in hohem Maße dem, was später (in einem ziemlich abschätzigen Sinne) »Intuition« genannt wurde, das heißt einer Erkenntnisform, unter der das

Objekt des Denkens klar als das erscheint, was es wirklich (in seinen wesentlichen Qualitäten) ist und das in antagonistischer Beziehung zu seinem kontingenten unmittelbaren Zustand steht. Freilich ist dieser Aufweis aus Intuition vom Cartesianischen nicht allzu verschieden. Sie ist kein geheimnisvolles Vermögen des Geistes, keine eigenartige unmittelbare Erfahrung, noch ist sie von der begrifflichen Analyse abgespalten. Intuition ist vielmehr der (vorläufige) Endpunkt einer solchen Analyse – das Ergebnis methodischer geistiger Vermittlung. Als solche ist sie die Vermittlung konkreter Erfahrung.

Der Begriff des Wesens des Menschen mag das erläutern. Analysiert man den Menschen in der Lage, in der er sich in seinem Universum befindet, so scheint er bestimmte Vermögen und Kräfte zu besitzen, die ihn befähigen würden, ein »gutes Leben« zu führen, das heißt ein Leben, das so weit als möglich frei ist von harter Arbeit, Abhängigkeit und Häßlichkeit. Ein solches Leben erreichen, heißt das »beste Leben« erreichen: dem Wesen der Natur oder des Menschen gemäß leben.

Freilich ist dies noch das Diktum des Philosophen; er ist es, der die menschliche Situation analysiert. Er unterwirft die Erfahrung seinem kritischen Urteil, und dieses enthält ein Werturteil: daß Freiheit von harter Arbeit harter Arbeit vorzuziehen ist und ein intelligentes Leben einem dummen. So wurde die Philosophie mit diesen Werten geboren. Das wissenschaftliche Denken mußte diese Einheit von Werturteil und Analyse zerbrechen; denn es wurde immer klarer, daß die philosophischen Werte weder für die Organisation der Gesellschaft noch für die Umgestaltung der Natur richtungweisend waren. Sie waren unwirksam, unwirklich. Bereits die griechische Konzeption enthält das geschichtliche Element – das Wesen des Menschen ist anders im Sklaven als im freien Bürger, anders im Griechen als im Barbaren. Die Zivilisation hat die ontologische Stabilisierung dieses Unterschieds (zumindest in der Theorie) überwunden. Aber diese Entwicklung stößt die Unterscheidung zwischen wesentlicher und kontingenter Natur, zwischen wahren und falschen Daseinsweisen noch nicht um – vorausgesetzt nur, daß die Unterscheidung aus einer logischen Analyse der empirischen Situation hervorgeht und deren Potential wie Kontingenz versteht.

Für den Platon der späteren Dialoge und für Aristoteles sind die Seinsweisen Weisen der Bewegung – Übergang von Potentialität in Aktualität, Verwirklichung. Endliches Sein ist unvollkommene Verwirklichung, dem Wandel unterworfen. Sein Entstehen ist Verfall; es ist von Negativität durchdrungen. Daher ist es keine wahre Wirklichkeit – keine Wahrheit. Das philosophische Forschen schreitet von der endlichen Welt fort zur Konstruktion einer Wirklichkeit, die der schmerzhaften Differenz von Potentialität und Aktualität nicht unterworfen ist, ihre Negativität bezwungen hat und vollkommen und unabhängig in sich ist – *frei.*

Diese Entdeckung ist das Werk von Logos und Eros. Diese beiden Schlüsselbegriffe bezeichnen zwei Weisen der Negation; die erotische wie die logische Erkenntnis durchbrechen die Gewalt der bestehenden, kontingenten Wirklichkeit und streben nach einer mit ihr unvereinbaren Wahrheit. Logos und Eros sind subjektiv und objektiv zugleich. Der Aufstieg von den »niederen« zu den »höheren« Formen der Wirklichkeit ist ebenso Bewegung der Materie wie des Geistes. Nach Aristoteles zieht die vollkommene Wirklichkeit, Gott, die Welt unten ὡς ἐρώμενον an; er ist die Endursache allen Seins. Logos und Eros sind in sich die Einheit des Positiven und Negativen, Schöpfung und Zerstörung. In der Strenge des Denkens und in der Narrheit der Liebe liegt die zerstörische Absage an die bestehenden Lebensformen. Die Wahrheit gestaltet die Weisen des Denkens und Daseins um. Vernunft und Freiheit konvergieren.

Diese Dynamik hat jedoch insofern ihre immanenten Schranken, als der antagonistische Charakter der Wirklichkeit, ihr Auseinanderbrechen in wahre und unwahre Daseinsweisen, ein unwandelbarer ontologischer Sachverhalt zu sein scheint. Es gibt Daseinsweisen, die niemals »wahr« sein können, weil sie niemals in der Verwirklichung ihrer Potentialitäten, in der Seligkeit des Seins *zur Ruhe gelangen* können. In der menschlichen Wirklichkeit ist damit alle Existenz, die sich darin erschöpft, die Vorbedingungen des Daseins herbeizuschaffen, ein »unwahres« und unfreies Dasein. Offenkundig reflektiert dies den keineswegs ontologischen Sachverhalt einer Gesellschaft, die auf der Behauptung beruht, daß Freiheit mit der Tätigkeit, das Lebensnotwendige herbeizuschaffen, unverträglich ist, daß diese Tätigkeit die »natürliche« Funktion einer besonderen Klasse ist und daß Erkenntnis der Wahrheit und wahres Dasein die Freiheit von der gesamten Dimension einer solchen Tätigkeit einschließen. Das ist allerdings die vor- und antitechnische Konstellation *par excellence*.

Die wirkliche Trennungslinie zwischen vortechnischer und technischer Rationalität ist indessen nicht die zwischen einer auf Unfreiheit und einer auf Freiheit beruhenden Gesellschaft. Die Gesellschaft ist immer noch derart organisiert, daß das Herbeischaffen des Lebensnotwendigen die gesamte Zeit und lebenslängliche Beschäftigung besonderer sozialer Klassen ausmacht, die *infolgedessen* unfrei und an einem menschlichen Dasein gehindert sind. In diesem Sinne gilt die klassische Behauptung, nach der Wahrheit mit Versklavung an gesellschaftlich notwendige Arbeit unvereinbar ist, noch immer.

Das klassische Konzept schließt die Behauptung ein, daß Denk- und Redefreiheit ein Klassenvorrecht bleiben müssen, solange diese Versklavung herrscht. Denn Denken und Sprache sind die eines denkenden und sprechenden Subjekts, und wenn dessen Leben vom Verrichten einer auferlegten Funktion abhängt, hängt es davon ab, daß es den Erfordernissen dieser Funktion nachkommt – und damit von denen, die diese Erfordernisse kontrollieren. Die Demarkationslinie zwischen dem vortechnischen und dem technischen Entwurf besteht vielmehr in der Art, wie die Unterordnung unter die Lebensnotwendigkeiten – die, »seinen Lebensunterhalt zu verdienen« – organisiert ist sowie in den neuen Weisen von Freiheit und Unfreiheit, Wahrheit und Falschheit, die dieser Organisation entsprechen.

Wer ist nach der klassischen Konzeption das Subjekt, das die ontologische Beschaffenheit von Wahrheit und Unwahrheit begreift? Es ist der Herr der reinen Kontemplation (theoria) und der Herr einer von Theorie geleiteten Praxis, das heißt der Philosoph als Staatsmann. Zwar ist die Wahrheit, die er kennt und auslegt, potentiell jedermann zugänglich. Vom Philosophen geführt, ist der Sklave in Platons *Menon* imstande, die Wahrheit eines geometrischen Axioms zu erfassen, das heißt eine Wahrheit *jenseits* von Wandel und Verfall. Aber da Wahrheit ebenso ein

Zustand des Seins wie des Denkens ist und sich in diesem jenes ausdrückt und manifestiert, bleibt der Zugang zur Wahrheit bloße Potentialität, solange der Mensch nicht in und mit der Wahrheit lebt. Diese Daseinsweise aber ist dem Sklaven verschlossen – und jedem, der sein Leben damit zubringen muß, für das Lebensnotwendige zu sorgen. Deshalb wäre Wahrheit und ein wahres menschliches Dasein in einem strengen und realen Sinne *allgemein,* wenn die Menschen ihr Leben nicht mehr im Reich der Notwendigkeit zuzubringen hätten. Philosophie faßt die *Gleichheit* der Menschen ins Auge, unterwirft sich aber zur selben Zeit der faktischen Verweigerung der Gleichheit; denn in der gegebenen Wirklichkeit ist das Besorgen des Notwendigen die lebenslängliche Beschäftigung der Mehrheit, und das Notwendige muß besorgt und befriedigt werden, damit Wahrheit (die Freiheit von materiellen Notwendigkeiten ist) sein kann.

Hier hemmt und verzerrt die historische Schranke das Suchen nach Wahrheit; die gesellschaftliche Arbeitsteilung erlangt die Würde einer ontologischen Beschaffenheit. Wenn Wahrheit Freiheit von harter Arbeit voraussetzt und wenn diese Freiheit in der gesellschaftlichen Realität das Vorrecht einer Minderheit ist, dann gestattet die Realität eine solche Wahrheit nur annähernd und nur einer privilegierten Gruppe. Dieser Zustand widerspricht dem allgemeinen Charakter der Wahrheit, die nicht nur ein theoretisches Ziel festlegt und »vorschreibt«, sondern das beste Leben des Menschen qua Mensch, im Hinblick auf das Wesen des Menschen. Für die Philosophie ist der Widerspruch unlösbar oder erscheint deshalb nicht als Widerspruch, weil diese Philosophie über die Struktur der Sklaven- oder Leibeigenengesellschaft nicht hinausgeht. Damit läßt sie die Geschichte hinter sich, unbeherrscht, und erhebt die Wahrheit unversehrt über die geschichtliche Wirklichkeit. Dort bleibt die Wahrheit intakt, nicht als Leistung des Himmels oder im Himmel, sondern als Leistung des Denkens – intakt, weil sie ihrem ganzen Begriff nach die Einsicht ausdrückt, daß jene, die ihr Leben dem Broterwerb hingeben, außerstande sind, ein menschliches Dasein zu führen.

Der ontologische Begriff der Wahrheit steht im Zentrum einer Logik, die als ein Modell für vortechnische Rationalität dienen kann. Es ist die Rationalität eines zweidimensionalen Universums der Sprache, das im Gegensatz zu den eindimensionalen Denk- und Verhaltensweisen steht, die sich mit der Ausgestaltung des technischen Entwurfs entwickeln.

Aristoteles gebraucht den Terminus »apophantischer Logos«, um einen besonderen Typ von Logos (Sprache, Mitteilung) hervorzuheben – den, der Wahrheit und Falschheit aufdeckt und in seiner Entwicklung durch den Unterschied zwischen Wahrheit und Falschheit bestimmt wird *(De Interpretatione,* 16b–17a). Er ist die Logik des Urteils, aber im emphatischen Sinne eines (richterlichen) Rechtsspruchs: p wird S zugesprochen, weil und sofern es zu S gehört, als eine Eigenschaft von S; oder p wird S abgesprochen, weil und sofern es nicht zu S gehört; usw. Von dieser ontologischen Basis schreitet die Aristotelische Philosophie fort zur Begründung der »reinen Formen« aller möglichen wahren (und falschen) Aussagen; sie wird die formale Logik der Urteile.

Als Husserl die Idee einer Aussagenlogik wiederbelebte, betonte er ihre ursprünglich *kritische* Intention. Und er sah diese eben in der Idee einer Logik der *Urteile* – das heißt in der Tatsache, daß das Denken es nicht direkt mit dem Seienden selbst, sondern vielmehr mit »Prätentionen«[1], mit Aussagen über das Seiende zu tun hat.

Husserl sieht in dieser Orientierung an Urteilen eine Beschränkung und ein Vorurteil hinsichtlich der Aufgabe und Reichweite der Logik.

Die klassische Idee der Logik zeigt allerdings ein ontologisches Vorurteil – die Struktur des Urteils (des Satzes) bezieht sich auf eine gespaltene Wirklichkeit. Die Rede bewegt sich zwischen der Erfahrung von Sein und Nichtsein, Wesen und Tatsache, Entstehen und Vergehen, Potentialität und Aktualität. Das Aristotelische Organon abstrahiert von dieser Einheit von Gegensätzen die allgemeinen Satzformen und ihre (richtigen oder unrichtigen) Verbindungen; dennoch bleiben entscheidende Teile dieser formalen Logik der Aristotelischen Metaphysik verpflichtet[2].

Vor dieser Formalisierung fand die Erfahrung der gespalte-

---

1 Husserl, *Formale und Transzendentale Logik,* Halle 1929, bes. S. 42 f. und 115 f.
2 Carl Prantl, *Geschichte der Logik im Abendlande,* Darmstadt 1957, Band I, S. 135, 211. Zum Argument gegen diese Interpretation cf. S. 152.

nen Welt ihre Logik in der Platonischen Dialektik. Hier werden die Begriffe »Sein«, »Nichtsein«, »Bewegung«, »das Eine und das Viele«, »Identität« und »Widerspruch« methodisch offen-gehalten, bleiben zweideutig und werden nicht völlig definiert. Sie haben einen offenen Horizont, ein ganzes Universum von Bedeutung, das sich im Prozeß der Kommunikation selbst all-mählich strukturiert, das aber nie geschlossen wird. Die Sätze werden in einem Dialog vorgetragen, entwickelt und untersucht, in dem der Partner dazu gebracht wird, das normalerweise un-befragt hingenommene Universum des Erfahrens und Sprechens in Frage zu stellen und in eine neue Dimension der Rede ein-zutreten — wenn anders er *frei* ist und die Rede sich an seine Freiheit wendet. Er soll über das hinausgehen, was ihm gegeben ist — ganz wie der Sprecher in seinem Satz über die Ausgangs-konstellation der Begriffe hinausgeht. Diese Begriffe haben viele Bedeutungen, weil die Verhältnisse, auf die sie sich beziehen, viele Seiten, Implikationen und Wirkungen haben, die nicht ab-gesondert und festgelegt werden können. Ihre logische Entwick-lung entspricht dem Prozeß der Wirklichkeit oder der *Sache selbst*. Die Gesetze des Denkens sind Gesetze der Wirklichkeit oder *werden* vielmehr zu diesen, sobald das Denken die Wahr-heit der unmittelbaren Erfahrung als die Erscheinung einer an-deren Wahrheit versteht, welche die der wahren Formen der Wirklichkeit ist — der Ideen. So besteht eher Widerspruch als Entsprechung zwischen dem dialektischen Denken und der gege-benen Wirklichkeit; das wahre Urteil beurteilt diese Wirklich-keit nicht nach ihren eigenen Begriffen, sondern nach Begriffen, die auf die Vernichtung jener Wirklichkeit abzielen. Und in die-ser Vernichtung gelangt die Wirklichkeit zu ihrer eigenen Wahr-heit.

In der klassischen Logik wurde das Urteil, das den ursprüng-lichen Kern des dialektischen Denkens ausmachte, in der Form des Satzes »S ist p« formalisiert. Aber diese Form verbirgt mehr den grundlegenden dialektischen Satz, der den negativen Cha-rakter der empirischen Wirklichkeit feststellt, als daß sie ihn offenbart. Im Licht ihres Wesens und ihrer Idee beurteilt, existie-ren die Menschen und Dinge als etwas anderes als was sie sind; folglich widerspricht das Denken dem, was (gegeben) ist und setzt seine Wahrheit der der gegebenen Wirklichkeit entgegen. Die vom Denken geschaute Wahrheit ist die Idee. Als solche ist sie, im Sinne der gegebenen Wirklichkeit, »bloße« Idee, »bloßes« Wesen – Potentialität.

Die wesentliche Potentialität aber ist nicht gleich den vielen Möglichkeiten, die im gegebenen Universum von Sprache und Handeln enthalten sind; die wesentliche Potentialität ist von einer völlig anderen Ordnung. Ihre Verwirklichung macht die Vernichtung der bestehenden Ordnung notwendig; denn Denken im Einklang mit der Wahrheit ist die Verpflichtung, im Einklang mit der Wahrheit zu existieren. (Bei Platon sind die extremen Vorstellungen, die diese Vernichtung veranschaulichen, der Tod als Anfang des Lebens des Philosophen und die gewaltsame Befreiung aus der Höhle.) So erlegt der umstürzende Charakter der Wahrheit dem Denken eine *imperativische* Qualität auf. Die Logik ist um Urteile zentriert, die als beweiskräftige Sätze Imperative sind – die Kopula »ist« impliziert ein *»Sollen»*.

Dieser widerspruchsvolle, zweidimensionale Denkstil ist die innere Form nicht nur der dialektischen Logik, sondern aller Philosophie, die die Wirklichkeit in den Griff bekommt. Die Sätze, welche die Wirklichkeit bestimmen, behaupten etwas als wahr, das *nicht* (unmittelbar) der Fall ist; damit widersprechen sie dem, was der Fall ist und leugnen dessen Wahrheit. Das affirmative Urteil enthält eine Negation, die in der Form des Satzes verschwindet (S ist p). Zum Beispiel, »Tugend ist Erkenntnis«; »Gerechtigkeit ist derjenige Zustand, in dem ein jeder die Funktion ausübt, für die seine Natur am besten geeignet ist«; »das vollkommen Wirkliche ist das vollkommen Wißbare«; »verum est id, quod est«; »der Mensch ist frei«; »der Staat ist die Wirklichkeit der Vernunft«.

Wenn diese Sätze wahr sein sollen, dann stellt die Kopula »ist« ein »Sollen«, ein Desiderat fest. Sie verurteilt Verhältnisse, unter denen Tugend *keine* Erkenntnis ist, unter denen die Menschen *nicht* die Funktion ausüben, für die ihre Natur sie am besten ausgestattet hat, in denen sie nicht frei sind usw. Anders gesagt: die kategorische S-p-Form stellt fest, daß S *nicht* S ist; S ist bestimmt als ein anderes als es selbst. Die Verifikation des Satzes macht ebenso einen faktischen wie einen gedanklichen

Prozeß notwendig: S muß zu dem *werden,* was es ist. Die kategorische Feststellung verkehrt sich so in einen kategorischen *Imperativ;* sie stellt keine Tatsache fest, sondern die Notwendigkeit, eine Tatsache zu *schaffen.* Zum Beispiel könnte sie so lauten: der Mensch *ist* (in Wirklichkeit) *nicht* frei, nicht ausgestattet mit unveräußerlichen Rechten usw., aber er *sollte es sein,* weil er frei ist in den Augen Gottes, seiner Natur nach usw.[3].

Das dialektische Denken versteht die kritische Spannung zwischen »ist« und »sollte sein« zunächst als einen ontologischen Sachverhalt, der der Struktur des Seins selbst zukommt. Die Erkenntnis dieses Seinszustandes – seine Theorie – intendiert jedoch von Anfang an eine konkrete *Praxis.* Im Licht einer Wahrheit gesehen, die in ihnen verfälscht oder negiert erscheint, erscheinen die gegebenen Tatsachen selbst als falsch und negativ.

Das Denken wird folglich durch die Situation seiner Objekte dazu geführt, deren Wahrheit in den Begriffen einer anderen Logik, eines anderen Universums der Sprache zu beurteilen. Und diese Logik entwirft eine andere Daseinsweise: die Verwirklichung der Wahrheit in den Worten und Taten der Menschen. Und insofern, als dieser Entwurf den Menschen als »gesellschaftliches Wesen« einschließt, die *Polis,* hat die Denkbewegung einen politischen Inhalt. Damit ist die Sokratische Rede insofern politische Rede, als sie den bestehenden politischen Institutionen widerspricht. Die Suche nach der richtigen Definition, nach dem »Begriff« der Tugend, Gerechtigkeit, Frömmigkeit und Erkenntnis wird zu einem umstürzlerischen Unternehmen; denn der Begriff intendiert eine neue *Polis.*

Das Denken hat keine Macht, einen solchen Wandel herbeizuführen, wenn es nicht in Praxis übergeht, und gerade die

---

3 Aber warum *sagt* der Satz nicht »sollte sein«, wenn er »sollte sein« meint? Warum verschwindet die Negation in der Affirmation? Bestimmten die metaphysischen Ursprünge der Logik vielleicht die Form des Satzes? Das vorsokratische wie das Sokratische Denken geht der Trennung der Logik von der Ethik voraus. Wenn nur das, was wahr ist (der Logos, die Idee) wirklich *ist,* dann hat die Wirklichkeit der unmittelbaren Erfahrung teil am μὴ ὄν, an dem, was *nicht* ist. Und doch *ist* dieses μὴ ὄν, und für die unmittelbare Erfahrung (die für die große Mehrheit der Menschen die einzige Wirklichkeit ist) ist es die einzige Wirklichkeit, die ist. Die zweifache Bedeutung von »ist« würde so die zweidimensionale Struktur der einen Welt ausdrücken.

Abspaltung von der materiellen Praxis, in der die Philosophie ihren Ursprung hat, verleiht dem philosophischen Denken seine abstrakte und ideologische Qualität. Aufgrund dieser Abspaltung ist das kritische philosophische Denken notwendig transzendent und *abstrakt*. Philosophie teilt diese Abstraktheit mit allem genuinen Denken; denn niemand denkt wirklich, der nicht von dem abstrahiert, was gegeben ist, der nicht die Fakten auf die Faktoren bezieht, die sie hervorgebracht haben, der nicht – in seinem Geiste – die Fakten auflöst. Abstraktheit ist das innerste Leben des Denkens, das Wahrzeichen seiner Authentizität.

Aber es gibt falsche und wahre Abstraktionen. Abstraktion ist ein geschichtliches Ereignis in einem geschichtlichen Kontinuum. Sie spielt sich auf geschichtlichem Boden ab, und sie bleibt mit eben der Basis verbunden, von der sie sich wegbewegt: das bestehende gesellschaftliche Universum. Selbst wo die kritische Abstraktion zur Negation des bestehenden Universums der Sprache gelangt, überlebt die Basis in der Negation (Zerstörung) und schränkt die Möglichkeiten der neuen Position ein.

An den klassischen Ursprüngen des philosophischen Denkens blieben die transzendierenden Begriffe der herrschenden Trennung von geistiger und manueller Arbeit verhaftet – der bestehenden Sklavenhaltergesellschaft. Platons »Ideal«staat behält die Sklaverei bei und gestaltet sie um, wobei er sie im Einklang mit einer ewigen Wahrheit organisiert. Und in Aristoteles weicht der Philosophenkönig (in dem Theorie und Praxis noch verbunden waren) dem Vorrang des *bios theoretikos,* der kaum eine umstürzlerische Funktion und einen umstürzlerischen Inhalt beanspruchen kann. Jene, die der Gewalt der unwahren Wirklichkeit ausgesetzt waren und deshalb höchst bedürftig schienen, diese umzustürzen, gingen die Philosophie nichts an. Sie abstrahierte von ihnen und abstrahierte auch in der Folge von ihnen.

In diesem Sinne gehört der »Idealismus« wesentlich zum philosophischen Denken; denn der Begriff des Vorrangs des Denkens (Bewußtseins) spricht auch die Ohnmacht des Denkens in einer empirischen Welt aus, die von der Philosophie transzendiert und berichtigt wird – im Denken. Die Rationalität, in deren Name Philosophie ihre Urteile aussprach, nahm jene abstrakte und allgemeine »Reinheit« an, die sie gegen die Welt immunisierte, in der man leben mußte. Mit Ausnahme der materialistischen »Häretiker« wurde das philosophische Denken selten von den Heimsuchungen des menschlichen Daseins heimgesucht.

Paradoxerweise ist es gerade die kritische Intention im philosophischen Denken, die zur idealistischen Reinigung führt – eine kritische Intention, die auf die empirische Welt als Ganzes abzielt und nicht nur auf bestimmte Denk- und Verhaltensweisen innerhalb ihrer. Indem sie ihre Begriffe im Hinblick auf Potentialitäten bestimmt, die von einer wesentlich anderen Ordnung des Denkens und Seins sind, findet die philosophische Kritik sich durch die Wirklichkeit behindert, von der sie sich ablöst, und geht dazu über, ein Reich der Vernunft zu konstruieren, das von empirischer Kontingenz gereinigt ist. Die beiden Dimensionen des Denkens – die der wesentlichen und die der erscheinenden Wahrheiten – wirken nicht mehr aufeinander ein, und ihre konkrete dialektische Beziehung wird zu einer abstrakten erkenntnistheoretischen oder ontologischen. An die Stelle der über die gegebene Wirklichkeit ausgesprochenen Urteile treten Sätze, die die allgemeinen Formen des Denkens, die Gegenstände des Denkens und die Beziehungen zwischen dem Denken und seinen Gegenständen bestimmen. Das Subjekt des Denkens wird zur reinen und allgemeinen Form der Subjektivität, aus der alle Besonderheiten entfernt sind.

Für ein derartig formales Subjekt ist die Beziehung zwischen ὄν und μὴ ὄν, Wechsel und Dauer, Potentialität und Aktualität, Wahrheit und Falschheit keine existentielle Beunruhigung mehr[4]; sie ist vielmehr eine Sache reiner Philosophie. Der Gegensatz zwischen Platons dialektischer und Aristoteles' formaler Logik ist auffällig.

Im Aristotelischen Organon ist der syllogistische »Terminus« (horos) »so leer an substantieller Bedeutung, daß ein Buchstabe

---

4 Um ein Mißverständnis zu vermeiden: ich glaube nicht, daß die *Frage nach dem Sein* und ähnliche Fragen von einem existentiellen Interesse sind oder sein sollten. Was an den Ursprüngen des philosophischen Denkens bedeutsam war, kann an seinem Ende durchaus bedeutungslos geworden sein, und der Verlust an Bedeutung muß nicht auf denkerisches Unvermögen zurückzuführen sein. Die Geschichte der Menschheit hat auf die »Seinsfrage« bestimmte Antworten gegeben, und zwar in sehr konkreten Begriffen, die ihre Wirksamkeit bewiesen haben. Das technologische Universum ist eine von ihnen. Zur weiteren Diskussion cf. Kapitel 6.

des Alphabets einen völlig gleichwertigen Ersatz abgibt«. Er ist so gänzlich verschieden vom »metaphysischen« Terminus (auch horos), der das Ergebnis der Wesensdefinition bezeichnet, die Antwort auf die Frage: »τί ἐστίν;«[5]. Kapp behauptet gegenüber Prantl, daß die »beiden verschiedenen Bezeichnungen gänzlich unabhängig voneinander sind und von Aristoteles selbst niemals vermengt wurden«. Auf jeden Fall ist das Denken in der formalen Logik in einer Weise organisiert, die von der des Platonischen Dialogs sehr verschieden ist.

In dieser formalen Logik ist das Denken gegenüber seinen Gegenständen indifferent. Ob sie geistig oder körperlich sind, ob sie die Gesellschaft oder die Natur betreffen, sie werden denselben allgemeinen Gesetzen der Organisation, Kalkulation und Schlußfolgerung unterworfen – aber als fungible Zeichen oder Symbole, unter Abstraktion von ihrer besonderen »Substanz«. Diese allgemeine Qualität (quantitative Qualität) ist die Vorbedingung von Gesetz und Ordnung – in der Logik wie in der Gesellschaft – der Preis umfassender Kontrolle. »Die Allgemeinheit der Gedanken, wie die diskursive Logik sie entwickelt, erhebt sich auf dem Fundament der Herrschaft in der Wirklichkeit«[6].

Die *Metaphysik* des Aristoteles stellt den Zusammenhang zwischen Begriff und Herrschaft fest: die Erkenntnis der »ersten Ursachen« ist – als Erkenntnis des Allgemeinen – die wirksamste und sicherste Erkenntnis; denn über die Ursachen verfügen heißt über ihre Wirkungen verfügen. Vermöge des Allgemeinbegriffs gelangt das Denken zur Herrschaft über die besonderen Fälle. Jedoch bezieht sich noch das formalisierteste Universum der Logik auf die allgemeinste Struktur der gegebenen, erfahrenen Welt; die reine Form ist immer noch die des Inhalts, den sie formalisiert. Die Idee der formalen Logik selbst ist ein historisches Ereignis in der Entwicklung der geistigen und physischen Instrumente zur umfassenden Kontrolle und Kalkulierbarkeit. Bei diesem Unternehmen mußte der Mensch aus tatsächlicher

---

5 Ernst Kapp, *Greek Foundations of Traditional Logic*, New York: Columbia University Press 1942, S. 29.

6 M. Horkheimer und Th. W. Adorno, *Dialektik der Aufklärung*, Amsterdam 1947, S. 25.

Dissonanz theoretische Harmonie erzeugen, das Denken von Widersprüchen reinigen und feststellbare und fungible Einheiten im komplexen Prozeß von Gesellschaft und Natur hypostasieren.

Unter der Herrschaft der formalen Logik ist der Begriff des Konflikts von Wesen und Erscheinung entbehrlich, wo nicht sinnlos; »der materiale Inhalt ist neutralisiert«; das Prinzip der Identität wird vom Prinzip des Widerspruchs getrennt (Widersprüche sind unrichtigem Denken zuzuschreiben); Endursachen werden aus der logischen Ordnung entfernt. Wohldefiniert in ihrer Reichweite und Funktion, werden die Begriffe zu Instrumenten der Voraussage und Kontrolle. Die formale Logik ist so der erste Schritt auf dem langen Wege zum wissenschaftlichen Denken – nur der erste Schritt; denn es ist ein noch viel höherer Grad von Abstraktion und Mathematisierung erforderlich, um die Denkweisen der technologischen Rationalität anzupassen.

Die Methoden des logischen Vorgehens sind in der antiken und modernen Logik sehr verschieden, aber hinter allem Unterschied steht der Aufbau einer allgemeingültigen Ordnung des Denkens, die hinsichtlich des materialen Inhalts neutral ist. Lange bevor der technische Mensch und die technische Natur als Objekte rationaler Kontrolle und Kalkulation aufkamen, wurde der Geist für abstrakte Verallgemeinerung empfänglich gemacht. Die Begriffe, die zu einem kohärenten logischen System, widerspruchsfrei oder mit leicht zu handhabendem Widerspruch, organisiert werden konnten, wurden von jenen abgesondert, bei denen das nicht der Fall war. Unterschieden wurde zwischen der allgemeinen, kalkulierbaren »objektiven« und der besonderen, nichtkalkulierbaren, subjektiven Dimension des Denkens; diese ging in die Wissenschaft nur durch eine Reihe von Reduktionen ein.

Die formale Logik nimmt die Reduktion der sekundären auf primäre Qualitäten vorweg, bei der jene zu den meß- und kontrollierbaren Eigenschaften der Physik werden. Die Elemente des Denkens lassen sich dann wissenschaftlich organisieren – wie sich die menschlichen Elemente in der gesellschaftlichen Realität organisieren lassen. Vortechnische und technische Herrschaftsweisen sind der Grundlage nach verschieden – so verschieden wie Sklaverei von freier Lohnarbeit, Heidentum von Christentum, der Stadtstaat von der Nation, das Gemetzel an der Bevölkerung einer eroberten Stadt von den nationalsozialistischen Konzentrationslagern. Jedoch ist die Geschichte immer noch die der Herrschaft, und die Logik des Denkens bleibt die Logik der Herrschaft.

Die formale Logik war auf Allgemeingültigkeit der Denkgesetze aus. Und in der Tat wäre das Denken ohne Allgemeinheit eine private, unverbindliche Angelegenheit, außerstande, auch nur den schmälsten Teil des Daseins zu verstehen. Denken ist stets mehr und etwas anderes als individuelles Denken; wenn ich mir vornehme, an individuelle Personen in einer spezifischen Lage zu denken, finde ich sie in einem überindividuellen Zusammenhang, an dem sie teilhaben, und ich denke in allgemeinen Begriffen. Alle Gegenstände des Denkens sind Allgemeinheiten. Ebenso wahr aber ist, daß die überindividuelle Bedeutung, die Allgemeinheit des Begriffs, niemals eine bloß formale ist; sie konstituiert sich in der Wechselbeziehung zwischen den (denkenden und handelnden) Subjekten und ihrer Welt[7]. Logische Abstraktion ist ebenso soziologische Abstraktion. Es gibt eine logische Mimesis, die die Gesetze des Denkens in vorsorglicher Übereinstimmung mit den Gesetzen der Gesellschaft formuliert, aber das ist nur eine Denkweise unter anderen.

Die Unfruchtbarkeit der Aristotelischen formalen Logik ist oft hervorgehoben worden. Das philosophische Denken entwickelte sich neben und selbst außerhalb dieser Logik. In ihren Hauptbestrebungen scheinen ihr weder die idealistische noch die materialistische, weder die rationalistische noch die empiristische Schule etwas zu verdanken. Die formale Logik war ihrer ganzen Struktur nach nichttranszendent. Sie kanonisierte und organisierte das Denken innerhalb eines starren Rahmens, den kein Syllogismus überschreiten kann – sie blieb »Analytik«. Die Logik bestand als eine Sonderdisziplin neben der wirklichen Entwicklung des philosophischen Denkens fort, ohne sich trotz der neuen Begriffe und Inhalte, die diese Entwicklung kennzeichneten, wesentlich zu ändern.

Freilich hatten weder die Scholastiker noch der Rationalismus und Empirismus der frühen Neuzeit irgendeinen Grund, gegen

7 Cf. Th. W. Adorno, *Zur Metakritik der Erkenntnistheorie*, Stuttgart 1956, Kapitel I, *Kritik des logischen Absolutismus*.

die Denkweise Einwand zu erheben, die ihre allgemeinen Formen in der Aristotelischen Logik kanonisiert hatte. Ihre Intention stimmte zumindest mit wissenschaftlicher Gültigkeit und Exaktheit überein, und das Übrige störte die begriffliche Ausarbeitung der neuen Erfahrung und der neuen Tatsachen nicht.

Die gegenwärtige mathematische und symbolische Logik ist sicher von ihrer klassischen Vorläuferin sehr verschieden, aber der radikale Gegensatz zur dialektischen Logik ist ihnen gemeinsam. Hinsichtlich dieses Gegensatzes drücken die alte und die neue formale Logik dieselbe Denkweise aus. Sie ist von jenem »Negativen« gereinigt, das an den Anfängen der Logik und des philosophischen Denkens von so großer Bedeutung erschien – die Erfahrung der verneinenden, trügerischen, die Hoffnung vereitelnden Macht der bestehenden Wirklichkeit. Und mit dem Ausschalten dieser Erfahrung wird zugleich die begriffliche Anstrengung, die Spannung zwischen »Sein« und »Sollen« auszuhalten und das bestehende Universum der Sprache im Namen seiner eigenen Wahrheit umzustülpen, aus allem Denken ausgeschaltet, das objektiv, exakt und wissenschaftlich sein soll. Denn die *wissenschaftliche* Zerstörung der unmittelbaren Erfahrung, die die Wahrheit der Wissenschaft gegenüber der der unmittelbaren Erfahrung etabliert, entwickelt nicht die Begriffe, die den Protest und die Ablehnung in sich tragen. Die neue wissenschaftliche Wahrheit, die man der bloß hingenommenen entgegensetzt, enthält in sich nicht das Urteil, das die bestehende Wirklichkeit verdammt.

Demgegenüber ist und bleibt das dialektische Denken in dem Maße unwissenschaftlich, wie es ein solches Urteil *ist*, und dieses Urteil wird dem dialektischen Denken durch die Natur seines *Objekts* auferlegt – durch seine Objektivität. Dieses Objekt ist die Wirklichkeit in ihrer wahren Konkretion; die dialektische Logik schließt alle Abstraktion aus, die den konkreten Inhalt isoliert und unbegriffen hinter sich läßt. Hegel weist der kritischen Philosophie seiner Zeit »Angst vor dem Objekt« nach, und er fordert, daß ein wahrhaft wissenschaftliches Denken diesen ängstlichen Standpunkt überwinden und das Logische, das Rein-Vernünftige, in der ganzen Konkretheit seiner Gegenstände begreifen möge.[8] Die dialektische Logik kann nicht formal sein, weil sie bestimmt ist durch das Wirkliche, das konkret ist. Und weit davon entfernt, sich einem System allgemeiner Prinzipien und Begriffe zu widersetzen, erfordert diese Konkretheit ein solches System der Logik, weil sie sich nach allgemeinen Gesetzen bewegt, die die Vernünftigkeit des Wirklichen ausmachen. Es ist die Vernünftigkeit des Widerspruchs, des Gegensatzes von Kräften, Tendenzen und Elementen, welche die Bewegung des Wirklichen konstituiert und, sofern es begriffen ist, den Begriff des Wirklichen.

Indem sie als der lebendige Widerspruch von Wesen und Erscheinung existieren, sind die Gegenstände des Denkens von jener »inneren Negativität«[9], die die spezifische Qualität ihres Begriffs ist. Die dialektische Definition definiert die Bewegung der Dinge, indem sie von dem, was sie nicht sind, übergeht zu dem, was sie sind. Die Entwicklung einander widersprechender Elemente, die die Struktur ihres Objekts bestimmt, bestimmt auch die Struktur des dialektischen Denkens. Der Gegenstand der dialektischen Logik ist weder die abstrakte, allgemeine Form der Objektivität noch die abstrakte, allgemeine Form des Denkens – noch die Daten der unmittelbaren Erfahrung. Die dialektische Logik löst die Abstraktionen der formalen Logik und der Transzendentalphilosophie auf, aber sie verneint ebenso die Konkretheit unmittelbarer Erfahrung. In dem Maße, wie diese Erfahrung sich bei den Dingen beruhigt, wie sie erscheinen und zufällig sind, ist sie eine beschränkte und sogar falsche Erfahrung. Sie erlangt ihre Wahrheit, wenn sie sich von der täuschenden Objektivität befreit hat, welche die Faktoren hinter den Fakten verbirgt – das heißt, wenn sie ihre Welt als ein *geschichtliches* Universum versteht, worin die bestehenden Tatsachen das Werk der geschichtlichen Praxis des Menschen sind. Diese (intellektuelle und materielle) Praxis ist die Wirklichkeit in den Daten der Erfahrung; sie ist auch die Wirklichkeit, die von der dialektischen Logik begriffen wird.

Wenn der geschichtliche Inhalt in den dialektischen Begriff eingeht und dessen Entwicklung und Funktion methodologisch be-

8 *Wissenschaft der Logik,* ed. Lasson (Leipzig, Meiner, 1923), Band I, S. 32.
9 Ibid., S. 38.

stimmt, dann gelangt das dialektische Denken zu derjenigen Konkretheit, welche die Struktur des Denkens mit der der Wirklichkeit verknüpft. Logische Wahrheit wird zu geschichtlicher Wahrheit. Die ontologische Spannung zwischen Wesen und Erscheinung, zwischen »Sein« und »Sollen« wird zur geschichtlichen, und die »innere Negativität« der Objektwelt wird verstanden als das Werk des geschichtlichen Subjekts – der Mensch in seinem Kampf mit Natur und Gesellschaft. Vernunft wird geschichtliche Vernunft. Sie widerspricht der bestehenden Ordnung der Menschen und Dinge im Interesse bestehender gesellschaftlicher Kräfte, die den irrationalen Charakter dieser Ordnung offenbaren – denn »rational« ist eine Denk- und Handlungsweise, die darauf abzielt, Unwissenheit, Zerstörung, Brutalität und Unterdrückung zu verringern.

Die Überführung der ontologischen in eine historische Dialektik hält an der Zweidimensionalität des philosophischen als eines kritischen, negativen Denkens fest. Jetzt aber stehen Wesen und Erscheinung, »Sein« und »Sollen« einander gegenüber im Konflikt zwischen den vorliegenden Kräften und Fähigkeiten der Gesellschaft. Und sie stehen einander nicht wie Vernunft und Unvernunft, Recht und Unrecht gegenüber – denn beide sind innerer Bestandteil des nämlichen bestehenden Universums, und beide haben teil an Vernunft, Recht und Unrecht. Der Sklave ist imstande, die Herren abzuschaffen und mit ihnen zusammenzuarbeiten; die Herren sind imstande, das Leben des Sklaven und seine Ausbeutung zu verbessern. Die Idee der Vernunft erstreckt sich auf die Bewegung des Denkens und des Handelns. Sie ist ein theoretisches und ein praktisches Bedürfnis.

Wenn die dialektische Logik den Widerspruch als »Notwendigkeit« versteht, die zur »Natur der Denkbestimmungen«[10] gehört, so deshalb, weil der Widerspruch zur Natur des Denkobjekts selbst, zu einer Wirklichkeit gehört, in der Vernunft noch Unvernunft und das Irrationale noch das Rationale ist. Umgekehrt rebelliert alle bestehende Wirklichkeit gegen die Logik der Widersprüche – sie begünstigt die Denkweisen, welche die bestehenden Lebensformen und die Verhaltensweisen stützen, die sie reprodu-

10 Ibid.

zieren und verbessern. Die gegebene Wirklichkeit hat ihre eigene Wahrheit; die Anstrengung, sie als solche zu begreifen und über sie hinauszugehen, setzt eine andere Logik, eine widersprechende Wahrheit voraus. Sie gehören Denkweisen an, die ihrer ganzen Struktur nach nichtoperationell sind; sie sind dem wissenschaftlichen Operationalismus ebenso fremd wie dem gesunden Menschenverstand. Ihre geschichtliche Konkretheit widersetzt sich der Quantifizierung und Mathematisierung auf der einen Seite, dem Positivismus und Empirismus auf der anderen. So erscheinen diese Denkweisen als ein Überbleibsel der Vergangenheit wie alle nichtwissenschaftliche und nichtempirische Philosophie. Sie weichen einer wirksameren Theorie und Praxis der Vernunft.

6 Vom negativen zum positiven Denken: technologische Rationalität und die Logik der Herrschaft

Bei allem Wechsel ist die Herrschaft des Menschen über den Menschen in der gesellschaftlichen Wirklichkeit noch immer das geschichtliche Kontinuum, das vortechnische und technische Vernunft verbindet. Jedoch ändert die Gesellschaft, welche die technische Umgestaltung der Natur entwirft und ausführt, die Basis der Herrschaft, indem sie allmählich die persönliche Abhängigkeit (des Sklaven vom Herrn, des Leibeigenen vom Grundherrn, des Herrn vom Lehnsherrn usw.) durch die Abhängigkeit von der »objektiven Ordnung der Dinge« (von ökonomischen Gesetzen, vom Markt usw.) ersetzt. Freilich ist die »objektive Ordnung der Dinge« selbst ein Resultat der Herrschaft, aber bei alledem ist wahr, daß die Herrschaft jetzt eine höhere Rationalität hervorbringt – die einer Gesellschaft, die ihre hierarchische Struktur beibehält, während sie die natürlichen und geistigen Ressourcen stets wirksamer ausbeutet und die Erträge dieser Ausbeutung in stets wachsendem Größenverhältnis verteilt. Die Grenzen dieser Rationalität und ihre unheilvolle Kraft erscheinen in der fortschreitenden Versklavung des Menschen durch einen Produktionsapparat, der den Kampf ums Dasein verewigt und zu einem totalen, internationalen Kampf ausweitet, der das Leben jener zugrunde richtet, die diesen Apparat aufbauen und benutzen.

Auf dieser Stufe wird klar, daß etwas mit der Rationalität des Systems selbst nicht stimmen muß. Was nicht stimmt, ist die Weise, wie die Menschen ihre gesellschaftliche Arbeit organisiert haben. Das steht heute nicht mehr in Frage, wo auf der einen Seite die großen Unternehmer selbst gewillt sind, die Segnungen der freien Wirtschaft und der »freien« Konkurrenz den Segnungen von Regierungsaufträgen und -regulierungen zu opfern, während auf der anderen Seite der sozialistische Aufbau weiterhin auf dem Wege fortschreitender Herrschaft vor sich geht. Dennoch muß man die Frage weiterverfolgen. Die falsche Organisation der Gesellschaft verlangt eine nähere Erklärung über die Lage der *fortgeschrittenen* Industriegesellschaft, in der die Integration der einst negativen und transzendierenden gesellschaftlichen Kräfte in das bestehende System eine neue Sozial-struktur herbeizuführen scheint.

Die Umwandlung der negativen in positive Opposition verweist auf das Problem: indem sie aus inneren Gründen totalitär wird, sperrt die »falsche« Organisation sich gegen Alternativen. Gewiß ist es natürlich und bedarf wohl keiner tiefgehenderen Erklärung, daß die handgreiflichen Vorteile des Systems einer Verteidigung für wert gehalten werden – besonders im Hinblick auf die abstoßende Gewalt, die der heutige Kommunismus darstellt, der die geschichtliche Alternative zu sein scheint. Aber das ist nur für eine Denk- und Verhaltensweise natürlich, die nicht gewillt und vielleicht sogar außerstande ist zu begreifen, was geschieht und warum es geschieht, eine Denk- und Verhaltensweise, die gegen jede andere als die bestehende Rationalität immun ist. In dem Maße, wie sie der gegebenen Wirklichkeit entsprechen, drücken Denken und Verhalten ein falsches Bewußtsein aus, das einer falschen Ordnung der Tatsachen genügt und zu ihr beiträgt. Und dieses falsche Bewußtsein hat sich im herrschenden technischen Apparat verkörpert, der es wiederum reproduziert.

Wir leben und sterben rational und produktiv. Wir wissen, daß Zerstörung der Preis des Fortschritts ist wie der Tod der Preis des Lebens, daß Versagung und Mühe die Vorbedingungen für Genuß und Freude sind, daß die Geschäfte weiter gehen müssen und die Alternativen utopisch sind. Diese Ideologie gehört zum bestehenden Gesellschaftsapparat; sie ist für sein beständiges Funktionieren erforderlich und ein Teil seiner Rationalität.

Der Apparat vereitelt jedoch seinen eigenen Zweck, sofern es sein Zweck ist, ein humanes Dasein auf der Basis einer humanisierten Natur herbeizuführen. Und ist dies nicht sein Zweck, dann ist seine Rationalität umso verdächtiger. Aber auch konsequenter; denn seit Anbeginn ist das Negative im Positiven enthalten, das Inhumane in der Humanisierung, Versklavung in der Befreiung. Diese Dynamik ist die der Wirklichkeit und nicht des Geistes, aber einer Wirklichkeit, worin der szientifische Geist beim Verbinden von theoretischer und praktischer Vernunft eine entscheidende Rolle spielte.

Die Gesellschaft reproduzierte sich in einem wachsenden technischen Ensemble von Dingen und Beziehungen, das die technische Nutzbarmachung der Menschen einschloß – mit anderen Worten, der Kampf ums Dasein und die Ausbeutung von Mensch und Natur wurden immer wissenschaftlicher und rationaler. Die doppelte Bedeutung von »Rationalisierung« ist in diesem Zusammenhang von Belang. Wissenschaftliche Betriebsführung und wissenschaftliche Arbeitsteilung erhöhten in starkem Maße die Produktivität des ökonomischen, politischen und kulturellen Unternehmens. Das Ergebnis war der höhere Lebensstandard. Gleichzeitig und aus demselben Grunde produzierte dieses rationale Unternehmen ein Denk- und Verhaltensschema, das die zerstörerischsten und grausamsten Züge dieses Unternehmens rechtfertigte und sogar freisprach. Wissenschaftlich-technische Rationalität und Manipulationen werden zu neuen Formen sozialer Kontrolle zusammengeschweißt. Kann man bei der Annahme stehenbleiben, daß diese nichtwissenschaftliche Folge das Ergebnis einer spezifischen gesellschaftlichen *Anwendung* der Wissenschaft ist? Ich bin der Ansicht, daß die allgemeine Richtung, in der sie angewandt wurde, der reinen Wissenschaft bereits innewohnte, als noch keine praktischen Zwecke beabsichtigt waren, und daß der Punkt festgestellt werden kann, an dem theoretische Vernunft in gesellschaftliche Praxis übergeht. Indem ich versuche, ihn zu bezeichnen, will ich kurz an die methodologischen Ursprünge der neuen Rationalität erinnern und sie dabei mit den Zügen des im vorigen Kapitel diskutierten vortechnischen Modells vergleichen.

Die Quantifizierung der Natur, die zu ihrer Erklärung in mathematischen Strukturen führte, löste die Wirklichkeit von allen immanenten Zwecken ab und trennte folglich das Wahre vom Guten, die Wissenschaft von der Ethik. Wie immer die Wissenschaft die Objektivität der Natur und die Wechselbeziehungen ihrer Teile bestimmen mag, sie kann sie wissenschaftlich nicht unter »Zweckursachen« begreifen. Und wie konstitutiv auch die Rolle des Subjekts als Ort von Beobachtung, Messung und Berechnung sein mag – dieses Subjekt kann seine Rolle nicht als ethisch, ästhetisch oder politisch handelndes spielen. Die Spannung zwischen der Vernunft auf der einen Seite und den Bedürfnissen und Wünschen der Völker (die das Objekt, kaum aber das Subjekt der Vernunft gewesen sind) auf der anderen hat seit dem Beginn des philosophischen und wissenschaftlichen Denkens bestanden. Die »Natur der Dinge«, einschließlich der Natur der Gesellschaft, wurde so definiert, daß sie Verdrängung und selbst Unterdrückung als völlig rational rechtfertigte. Wahre Erkenntnis und Vernunft verlangen Herrschaft über die Sinne – wenn nicht Befreiung von ihnen. Die Einheit von Logos und Eros führte schon bei Platon zum Vorrang des Logos; bei Aristoteles ist die Beziehung zwischen dem Gott und der von ihm bewegten Welt nur im Sinne einer Analogie »erotisch«. In der Folge wird das prekäre ontologische Bindeglied zwischen Logos und Eros zerbrochen, und die wissenschaftliche Rationalität entsteht als wesentlich neutral. Wonach die Natur (einschließlich des Menschen) streben mag, ist wissenschaftlich rational nur in der Form der allgemeinen – physikalischen, chemischen oder biologischen – Bewegungsgesetze.

Außerhalb dieser Rationalität lebt man in einer Welt von Werten, und Werte, die aus der objektiven Realität herausgelöst sind, werden subjektiv. Der einzige Weg, einige abstrakte und harmlose Gültigkeit für sie zu retten, scheint eine metaphysische Sanktionierung (göttliches und Naturrecht) zu sein. Aber solche Sanktionierung ist nicht verifizierbar und daher nicht wirklich objektiv. Werte mögen (moralisch und geistig) eine höhere Dignität haben, sind aber nicht *wirklich* und zählen deshalb weniger im wirklichen Lebensvollzug – und zwar umso weniger, je mehr sie *über* die Wirklichkeit erhoben werden.

Dieselbe Entwirklichung ergreift alle Ideen, die ihrer ganzen Natur nach von der wissenschaftlichen Methode nicht verifiziert werden können. Ganz gleich, wie sehr sie anerkannt, respektiert und geheiligt sein mögen, sie leiden von Hause aus darunter, daß sie nicht-objektiv sind. Aber gerade ihr Mangel an Objektivität macht sie zu Faktoren des sozialen Zusammenhalts. Humanitäre, religiöse und moralische Ideen sind nur »ideell«; sie stören die bestehende Lebensweise nicht allzusehr und werden durch die Tatsache, daß ihnen ein Verhalten widerspricht, das durch die täglichen Notwendigkeiten von Geschäft und Politik diktiert ist, nicht umgestoßen.

Wenn das Gute und das Schöne, Frieden und Gerechtigkeit weder aus ontologischen noch aus wissenschaftlich-rationalen Bedingungen abgeleitet werden können, dann können sie logisch keine Allgemeingültigkeit und Verwirklichung beanspruchen. Im Sinne wissenschaftlicher Vernunft bleiben sie eine Sache des Beliebens, und keine Wiedererweckung irgendeiner Aristotelischen oder Thomistischen Philosophie kann die Lage retten; denn sie ist *a priori* durch die wissenschaftliche Vernunft widerlegt. Der unwissenschaftliche Charakter dieser Ideen schwächt in verhängnisvoller Weise die Opposition gegenüber der bestehenden Wirklichkeit; die Ideen werden zu bloßen *Idealen,* und ihr konkreter, kritischer Inhalt verflüchtigt sich in die ethische oder metaphysische Atmosphäre.

Paradoxerweise wird jedoch die objektive Welt, von der nur quantifizierbare Qualitäten bestehen bleiben, in ihrer Objektivität mehr und mehr abhängig vom Subjekt. Dieser lange Prozeß beginnt mit der Algebraisierung der Geometrie, die die »sichtbaren« geometrischen Figuren durch rein geistige Operationen ersetzt. Er nimmt extreme Gestalt an in einigen Konzeptionen der gegenwärtigen Wissenschaftlichen Philosophie, denen zufolge alle Materie der physikalischen Wissenschaft dazu tendiert, sich in mathematische oder logische Beziehungen aufzulösen. Selbst der Begriff einer objektiven Substanz, die sich gegen das Subjekt abhebt, scheint zu zerfallen. Aus sehr verschiedenen Richtungen gelangen Wissenschaftler und Wissenschaftsphilosophen zu ähnlichen Hypothesen darüber, daß so etwas wie besondere Arten von Entitäten auszuschließen sei.

Zum Beispiel »mißt« die Physik »die objektiven Qualitäten der äußeren und materiellen Welt nicht – diese sind nur die Resultate, die im Vollzug solcher Operationen gewonnen werden«[1]. Objekte bestehen nur als »bequeme Vermittler« fort, als veraltete »kulturelle Setzungen«[2]. Die Dichte und Undurchdringlichkeit

1 Herbert Dingler, in: *Nature,* Band 168 (1951), S. 630.
2 W. V. O. Quine, *From a Logical Point of View,* Cambridge, Harvard University Press 1953, S. 44. Quine spricht vom »Mythos physikalischer Objekte« und sagt, daß »hinsichtlich der erkenntnistheoretischen Fundierung die physikalischen Objekte und die Götter [Homers] nur dem Grad, nicht der Art nach verschieden sind« (ibid.). Aber der Mythos physikalischer Objekte ist »insofern« erkenntnistheoretisch überlegen, »wie er sich als wirksamer als andere Mythen erwiesen hat, als

der Dinge verdunsten: die objektive Welt verliert ihren »anstö-
ßigen« Charakter, ihren Gegensatz zum Subjekt. Kaum weniger
als in ihrer Interpretation im Sinne der Pythagoreisch-Platoni-
schen Metaphysik erscheint die mathematische Natur, die wissenschaftliche Wirklichkeit, als ideelle Wirklichkeit.

Dies sind extreme Behauptungen, und sie werden von konser-
vativeren Interpretationen abgelehnt, die darauf bestehen, daß
sich die Sätze in der zeitgenössischen Physik immer noch auf
»körperliche Dinge«[3] beziehen. Aber diese erweisen sich als
»physikalische Ereignisse«, und dann beziehen sich die Sätze
(und zwar *ausschließlich*) auf Attribute und Beziehungen, die
verschiedene Arten körperlicher Dinge und Prozesse charakterisieren[4]. Max Born stellt fest:
»... the theory of relativity ... has never abandoned all attemps
to assign properties to matter«. But »often a measurable quantity
is not a property of a thing, but a property of its *relation* to
other things ... Most measurements in physics are not directly
concerned with the things which interest us, but with some kind
of projection, the word taken in the widest possible sense«[5].
Und W. Heisenberg: »Was wir mathematisch festlegen, ist nur
zum kleinen Teil ein ›objektives Faktum‹, zum größeren Teil
eine Übersicht über Möglichkeiten«[6].

Nun können »Ereignisse«, »Beziehungen«, »Projektionen«,
»Möglichkeiten« nur für ein Subjekt objektiv bedeutsam werden – nicht nur im Hinblick auf Beobachtbarkeit und Meßbar-
keit, sondern auch im Hinblick auf die Struktur des Ereignisses

Mittel, eine praktikable Struktur in den Fluß der Erfahrung hineinzuarbeiten«.
Die Einschätzung des wissenschaftlichen Begriffs im Sinne von »wirksam«, »Mittel«, »praktikabel« offenbart seine manipulativ-technologischen Elemente.

3 H. Reichenbach, in: Philipp G. Frank (ed.) *The Validation of Scientific Theories*,
Boston: Beacon Press 1954, S. 85 f. (Zitiert von Adolf Grünbaum).

4 Adolf Grünbaum, ibid. S. 87 f.

5 »... die Relativitätstheorie hat niemals alle Versuche aufgegeben, der Materie
Eigenschaften beizulegen«. Aber »oft ist eine meßbare Quantität keine Eigenschaft
eines Dings, sondern eine Eigenschaft seiner *Beziehung* zu anderen Dingen ... Die
meisten Messungen in der Physik haben es nicht direkt mit den uns interessierenden
Dingen zu tun, sondern mit einer Art von Projektion, das Wort im weitest möglichen Sinne genommen.«. Max Born, *Physical Reality*, in: *Philosophical Quarterly*,
3, 143 (1953). (Hervorhebung von mir).

6 »Über den Begriff ›Abgeschlossene Theorie‹«, in: *Dialectica*, Bd. VI, Nr. 1, S. 333.

oder der Beziehung selbst. Mit anderen Worten, das hier geforderte Subjekt ist ein *konstitutives* – das heißt ein mögliches Subjekt, für das einige *Daten* denkbar sein müssen oder können – als Ereignis oder als Beziehung. Wenn dem so ist, würde Reichenbachs Feststellung weiter gelten, daß Sätze in der Physik ohne Beziehung auf einen *tatsächlichen* Beobachter formuliert werden können und die »Störung vermittels der Beobachtung« nicht dem menschlichen Beobachter, sondern dem Instrument als einem »physikalischen Ding« zuzuschreiben ist[7].

Freilich können wir annehmen, daß die von der mathematischen Physik aufgestellten Gleichungen die tatsächliche Konstellation der Atome ausdrücken (formulieren), das heißt die objektive Struktur der Materie. Abgesehen von jedem beobachtenden und messenden »äußeren« Subjekt kann das Subjekt A B »einschließen«, B »vorhergehen«, B »zum Ergebnis haben«; B kann »unter« C »fallen«, »größer als« C sein usw. – dennoch bliebe wahr, daß diese Beziehungen Lage, Unterscheidung und Identität in der Differenz von A, B und C implizieren. Sie implizieren so das Vermögen, in der Differenz identisch *zu sein*, bezogen *zu sein* auf ... in einer bestimmten Weise, anderen Beziehungen gegenüber widerstandsfähig *zu sein* usw. Nur dieses Vermögen käme der Materie selbst zu, und dann wäre die Materie selbst objektiv von der Struktur des Geistes – eine Interpretation, die ein stark idealistisches Element enthält: »... die Dinge der unbelebten Natur ... integrieren die Gleichungen, von denen sie nichts wissen, ohne Zögern und fehlerlos, durch ihr bloßes Sein. Die Natur ist nicht subjektiv geistig; sie denkt nicht mathematisch. Aber sie ist objektiv geistig; sie kann mathematisch gedacht werden«.[8]

Eine weniger idealistische Interpretation wird von Karl Popper[9] geboten, der der Ansicht ist, daß die Naturwissenschaft in ihrer historischen Entwicklung verschiedene Schichten ein und derselben objektiven Realität aufdeckt und bestimmt. In diesem

7 Philipp G. Frank, l o c. cit., S. 85.
8 C. F. von Weizsäcker, *Die Geschichte der Natur*, Göttingen 1962, S. 17 f.
9 In: *British Philosophy in the Mid-Century*, New York: Macmillan 1957, ed. C. A. Mace, S. 155 ff. Ähnlich: Mario Bunge, *Metascientific Queries*, Springfield, Ill.: Charles C. Thomas 1959, S. 108 ff.

Prozeß werden die geschichtlich überholten Begriffe aufgehoben und ihre Bedeutung den nachfolgenden einverleibt – eine Interpretation, die einen Fortschritt zum wirklichen Kern der Realität, das heißt zur absoluten Wahrheit einzuschließen scheint. Oder aber die Realität kann sich als Zwiebel ohne Kern erweisen, und der Begriff der wissenschaftlichen Wahrheit selbst kann in Frage gestellt werden.

Damit will ich nicht behaupten, daß die Philosophie der heutigen Physik die Realität der Außenwelt leugnet oder auch nur in Frage stellt, sondern daß sie auf die eine oder andere Art das Urteil darüber suspendiert, was die Realität selbst sein mag und schon die Frage als sinnlos und unbeantwortbar betrachtet. Wird diese Suspension zu einem methodologischen Prinzip gemacht, so hat sie eine doppelte Folge: a) fördert sie die Verlagerung des theoretischen Akzents vom metaphysischen »Was ist...? (τί ἐστίν) aufs funktionale »Wie...?« und b) stellt sie eine praktische (obgleich keineswegs absolute) Gewißheit her, die bei ihren Operationen mit der Materie guten Gewissens frei ist von der Bindung an irgendeine Substanz außerhalb des operationellen Zusammenhangs. Mit anderen Worten: theoretisch hat die Umformung von Mensch und Natur keine anderen objektiven Schranken als solche wie sie von der rohen Faktizität der Materie und ihrem noch unbeherrschten Widerstand gegenüber Erkenntnis und Kontrolle gesetzt werden. In dem Maße, wie diese Auffassung in der Realität anwendbar und wirksam wird, tritt man an diese als an ein (hypothetisches) System von Mitteln heran; das metaphysische »Sein als solches« weicht einem »Instrument-Sein«. In ihrer Wirksamkeit erprobt, wirkt diese Auffassung überdies als Apriori – sie legt die Erfahrung im vorhinein fest, sie *entwirft* die Richtung, in der die Natur umgeformt wird, sie organisiert das Ganze.

Wir sahen soeben, daß die gegenwärtige Philosophie der Naturwissenschaft gegen ein idealistisches Element zu kämpfen und in ihren extremen Formulierungen einem idealistischen Naturbegriff gefährlich nahe zu kommen schien. Die neue Denkweise stellt jedoch den Idealismus wieder »auf seine Füße«. Hegel umriß die idealistische Ontologie so: wenn die Vernunft der gemeinsame Nenner von Subjekt und Objekt ist, so ist sie das als

Synthesis von *Gegensätzen*. Mit dieser Idee begriff Ontologie die *Spannung* zwischen Subjekt und Objekt; sie war mit Konkretheit gesättigt. Die Wirklichkeit der Vernunft bestand im Austragen dieser Spannung in Natur, Geschichte und Philosophie. Selbst das extrem monistische System hielt derart an der Idee einer Substanz fest, die sich in Subjekt und Objekt entfaltet – die Idee einer antagonistischen Wirklichkeit. Der szientifische Geist hat diesen Antagonismus zunehmend abgeschwächt. Die moderne wissenschaftliche Philosophie kann wohl mit dem Begriff der beiden Substanzen, *res cogitans* und *res extensa,* beginnen – aber indem die ausgedehnte Materie in mathematischen Gleichungen begreifbar ist, die, in Technik übersetzt, diese Materie »wiederherstellen«, verliert die *res extensa* ihren Charakter als unabhängige Substanz. »Die alte Einteilung der Welt in einen objektiven Ablauf in Raum und Zeit auf der einen Seite und die Seele, in der sich dieser Ablauf spiegelt, auf der anderen, also die Descartes'sche Unterscheidung von *res cogitans* und *res extensa,* eignet sich nicht mehr als Ausgangspunkt zum Verständnis der modernen Naturwissenschaft«.[10]

Die Cartesianische Aufteilung der Welt ist auch von ihren eigenen Grundlagen aus in Zweifel gezogen worden. Husserl legt dar, daß das Cartesianische *Ego* letztlich keine wirklich unabhängige Substanz war, sondern vielmehr das »Residuum« oder die Grenze der Quantifizierung; es scheint, daß Galileis Idee der Welt als einer »universalen und absolut puren« *res extensa* die Cartesianische Konzeption *a priori* beherrschte.[11] In diesem Falle wäre der Cartesianische Dualismus trügerisch, und Descartes' denkende Ichsubstanz wäre der *res extensa* verwandt und nähme das wissenschaftliche Subjekt quantifizierbarer Beobachtung und Messung vorweg. Descartes' Dualismus enthielte bereits in sich seine Negation; er würde den Weg zur

---

10 W. Heisenberg, *Das Naturbild der heutigen Physik,* Hamburg 1963, S. 21. In seinem Buch *Physik und Philosophie,* Frankfurt/Main-Berlin 1959, S. 70, schreibt Heisenberg: »Für den Atomphysiker ist das ›Ding an sich‹, sofern er diesen Begriff überhaupt gebraucht, schließlich eine mathematische Struktur. Aber diese Struktur wird, im Gegensatz zu Kant, indirekt aus der Erfahrung erschlossen«.
11 *Die Krisis der europäischen Wissenschaften und die transzendentale Phänomenologie,* ed. W. Biemel, Den Haag: Nijhoff 1954, S. 81.

Errichtung des eindimensionalen wissenschaftlichen Universums, in dem Natur »objektiv geistig«, das heißt Subjekt ist, eher ebnen als versperren. Und dieses Subjekt ist mit seiner Welt auf eine sehr spezielle Weise verbunden:

»... la nature est mise sous le signe de l'homme actif, de l'homme inscrivant la technique dans la nature.«[12]

Die Wissenschaft von der Natur entwickelt sich unter dem *technologischen Apriori,* das die Natur als potentielles Mittel, als Stoff für Kontrolle und Organisation entwirft. Und das Erfassen der Natur als (hypothetisches) Mittel *geht* der Entwicklung aller besonderen technischen Organisation *voraus:*

»Der neuzeitliche Mensch stellt sich ... als den heraus, der ... als der sich durchsetzende Hersteller aufsteht ... Das Ganze des gegenständlichen Bestandes ist dem sich durchsetzenden Herstellen anheimgestellt, an-befohlen ... und wird im vorhinein ... zum Material«. »Denn überhaupt ist die Benutzung von Maschinerien und die Fabrikation von Maschinen nicht schon die Technik selbst, sondern nur ein ihr gemäßes Instrument der Einrichtung ihres Wesens im Gegenständlichen ihrer Rohstoffe«.[13]

Das technologische *Apriori* ist insofern ein politisches *Apriori,* als die Umgestaltung der Natur die des Menschen zur Folge hat und als die »vom Menschen hervorgebrachten Schöpfungen« aus einem gesellschaftlichen Ganzen hervor- und in es zurückgehen. Dennoch kann man darauf bestehen, daß die Maschinerie des technologischen Universums »als solche« politischen Zwecken gegenüber indifferent ist – sie kann eine Gesellschaft nur beschleunigen oder hemmen. Eine elektronische Rechenmaschine kann einem kapitalistischen wie einem sozialistischen Regime dienen; ein Zyklotron kann für eine Kriegs- wie für eine Friedenspartei ein gleich gutes Werkzeug sein. Diese Neutralität wird in Marx' polemischer Behauptung angefochten, daß die

---

12 »Die Natur wird unter das Zeichen des tätigen Menschen gestellt, des Menschen, der die Technik der Natur eingräbt.« Gaston Bachelard, *L'Activité rationaliste de la physique contemporaine* (Paris, Presses Universitaires, 1951), S. 7 unter Bezugnahme auf Marx/Engels, *Die deutsche Ideologie,* Berlin 1953, S. 40 ff.

13 Martin Heidegger, *Holzwege,* Frankfurt 1950, S. 266 ff. Cf. auch seine *Vorträge und Aufsätze,* Pfullingen 1954, S. 22, 29.

»Handmühle eine Gesellschaft mit Feudalherren ergibt, die Dampfmühle eine Gesellschaft mit industriellen Kapitalisten«.[14] Nun wird diese Behauptung in der Marxschen Theorie selbst eingeschränkt: die gesellschaftliche Produktionsweise, nicht die Technik, ist der grundlegende historische Faktor. Wird die Technik jedoch zur umfassenden Form der materiellen Produktion, so umschreibt sie eine ganze Kultur; sie entwirft eine geschichtliche Totalität – eine »Welt«.

Können wir sagen, daß die Entwicklung der naturwissenschaftlichen Methode die Umgestaltung der natürlichen in eine technische Realität im Prozeß der industriellen Zivilisation bloß »widerspiegelt«? Das Verhältnis von Naturwissenschaft und Gesellschaft auf diese Weise formulieren heißt zwei getrennte Bereiche und Ereignisse annehmen, die zusammentreffen, nämlich 1. die Naturwissenschaft und das naturwissenschaftliche Denken mit ihren immanenten Begriffen und ihrer immanenten Wahrheit und 2. der Gebrauch und die Anwendung der Naturwissenschaft in der gesellschaftlichen Wirklichkeit. Mit anderen Worten, wie eng auch der Zusammenhang zwischen den beiden Entwicklungen sein mag, sie implizieren und bestimmen einander nicht. Reine Wissenschaft ist keine angewandte Wissenschaft; sie behält ihre Identität und Gültigkeit auch unabhängig von ihrer Nutzbarmachung. Außerdem wird diese Vorstellung von der wesentlichen *Neutralität* der Naturwissenschaft auch auf die Technik ausgedehnt. Die Maschine ist indifferent gegenüber den gesellschaftlichen Anwendungen, denen sie unterworfen wird, vorausgesetzt, diese Anwendungen verbleiben im Rahmen ihres technischen Vermögens.

In Anbetracht des zuinnerst instrumentalistischen Charakters der naturwissenschaftlichen Methode erscheint diese Interpretation unangemessen. Zwischen dem naturwissenschaftlichen Denken und seiner Anwendung, zwischen dem Universum der naturwissenschaftlichen Sprache und dem des alltäglichen Sprechens und Verhaltens scheint eine engere Beziehung zu herrschen – eine Beziehung, worin sich beide unter derselben Logik und Rationalität von Herrschaft bewegen.

14 *Das Elend der Philosophie*, Berlin 1952, S. 130.

In einer paradoxen Entwicklung führten die wissenschaftlichen Anstrengungen, die strenge Objektivität der Natur zu statuieren, zu einer fortschreitenden Entstofflichung der Natur: »Die Vorstellung der an sich seienden unendlichen Natur, auf die wir verzichten müssen, ist der Mythos der neuzeitlichen Wissenschaft. Die Wissenschaft begann damit, den Mythos des Mittelalters zu zerstören; jetzt zwingt ihre eigene Konsequenz sie zu der Einsicht, daß sie einen anderen Mythos an seine Stelle gesetzt hatte«.[15]

Der Prozeß, der mit der Beseitigung unabhängiger Substanzen und Endursachen beginnt, führt zur Vergeistigung der Objektivität. Aber es handelt sich um eine sehr spezifische Vergeistigung, bei der das Objekt sich in einer durchaus *praktischen* Beziehung zum Subjekt konstituiert:

»Was ist denn Materie? In der Atomphysik definieren wir die Materie durch ihre möglichen Reaktionen auf Experimente des Menschen und durch die mathematischen – also geistigen – Gesetze, denen sie genügt. Wir *definieren* Materie als einen möglichen Gegenstand des Menschen«.[16]

Wenn dem so ist, dann ist Wissenschaft in sich technologisch geworden: »Die pragmatische Wissenschaft hat das Bild von der Natur, das einem technischen Zeitalter gemäß ist«.[17] In dem Maße, wie der Operationalismus ins Zentrum des wissenschaftlichen Unternehmens tritt, nimmt die Rationalität die Form methodischer Konstitution, Organisation und Handhabung der Materie als bloßen Stoffs der Kontrolle an, als Mittel, das sich für alle Ziele und Zwecke eignet – Mittel *per se*, »an sich«.

Die »richtige« Einstellung zum Mittel ist der *technische* Ansatz, der richtige Logos ist *Techno-logie*, die eine *technologische Wirklichkeit* entwirft und eine Antwort auf sie ist.[18] In dieser Wirklichkeit ist die Materie ebenso »neutral« wie die Wissenschaft; die Objektivität trägt weder ein Telos in sich noch ist sie auf ein Telos hingeordnet. Aber es ist gerade ihr neutraler

---

15 C. F. von Weizsäcker, *Die Geschichte der Natur*, l. c., S. 51.
16 Ibid., S. 95 (Hervorhebung von mir).
17 Ibid., S. 51.
18 Ich hoffe, nicht so mißverstanden zu werden, als wollte ich sagen, daß die Begriffe der mathematischen Physik von vornherein als »Werkzeuge« vorgesehen sind, daß sie eine technische, praktische Zielsetzung haben. Technologisch ist viel-

Charakter, der die Objektivität mit einem spezifischen geschichtlichen Subjekt verbindet – nämlich mit dem Bewußtsein, das in der Gesellschaft herrscht, durch und für welche diese Neutralität eingeführt wird. Es ist gerade in den Abstraktionen wirksam, die die neue Rationalität ausmachen – mehr als innerer denn als äußerer Faktor. Reiner und angewandter Operationalismus, theoretische und praktische Vernunft, das wissenschaftliche und das Geschäftsunternehmen vollziehen die Reduktion von sekundären auf primäre Qualitäten, die Quantifizierung und Abstraktion von »besonderen Arten von Entitäten«.

Zwar ist die Rationalität reiner Wissenschaft wertfrei und setzt keinerlei praktische Zwecke fest; sie ist allen von außen kommenden Werten gegenüber »neutral«, die an sie herangetragen werden können. Aber diese Neutralität ist ein *positives* Merkmal. Wissenschaftliche Rationalität bewirkt eben deshalb eine spezifische gesellschaftliche Organisation, weil sie die bloße Form (oder bloße Materie – hier konvergieren die sonst entgegengesetzten Begriffe) entwirft, die praktisch allen Zwecken unterworfen werden kann. Formalisierung und Funktionalisierung sind *vor* aller Anwendung die »reine Form« einer konkret-gesellschaftlichen Praxis. Während die Wissenschaft die Natur von allen immanenten Zwecken befreite und die Materie aller Qualitäten, mit Ausnahme quantifizierbarer, entkleidete, befreite die Gesellschaft die Menschen von der »natürlichen« Hierarchie persönlicher Abhängigkeit und verband sie miteinander nach quantifizierbaren Qualitäten – nämlich als Einheiten abstrakter Arbeitskraft, berechenbar in Zeiteinheiten. »Die Eliminierung der Qualitäten, ihre Umrechnung in Funktionen überträgt sich von der Wissenschaft vermöge der rationalisierten Arbeitsweisen auf die Erfahrungswelt«.[19]

Besteht zwischen den beiden Prozessen wissenschaftlicher und

mehr die *apriorische* »Intuition« oder Auffassung des Universums, in dem die Wissenschaft sich bewegt und sich als *reine* Wissenschaft konstituiert. Reine Wissenschaft bleibt dem *Apriori* verpflichtet, von dem sie abstrahiert. Vielleicht ist es klarer, von dem *instrumentalistischen Horizont* der mathematischen Physik zu sprechen. Cf. Suzanne Bachelard, *La conscience de rationalité* (Paris, Presses Universitaires, 1958), S. 31.

19 M. Horkheimer und Th. W. Adorno, *Dialektik der Aufklärung*, l. c., S. 50.

gesellschaftlicher Quantifizierung Parallelität und Ursächlichkeit oder entspringt ihr Zusammenhang einfach einer nachträglichen soziologischen Sicht? Die vorangehende Diskussion nahm an, daß die neue wissenschaftliche Rationalität an sich, gerade in ihrer Abstraktheit und Reinheit, insofern operationell war, als sie sich unter einem instrumentalistischen Horizont entwickelte. Beobachtung und Experiment, die methodische Organisation und Zusammenfassung der Daten, Sätze und Schlußfolgerungen gehen niemals in einem unstrukturierten, neutralen, theoretischen Raum vonstatten. Als Entwurf umfaßt Erkenntnis Einwirkungen auf Objekte oder Abstraktionen von Objekten, was sich in einem gegebenen Universum von Sprache und Handeln abspielt. Die Wissenschaft beobachtet, berechnet und theoretisiert, indem sie von einer Position in diesem Universum ausgeht. Die von Galilei beobachteten Sterne waren dieselben im klassischen Altertum, aber das andere Universum von Sprache und Handeln – kurzum, die andere gesellschaftliche Realität – eröffnete die neue Richtung und Reichweite des Beobachtens sowie die Möglichkeiten, die beobachteten Daten zu ordnen. Ich beschäftige mich hier nicht mit dem historischen Verhältnis von wissenschaftlicher und gesellschaftlicher Rationalität zu Beginn der Neuzeit. Ich möchte den *zuinnerst* instrumentalistischen Charakter dieser wissenschaftlichen Rationalität darlegen, kraft dessen sie *a priori* Technologie ist und das *Apriori* einer *spezifischen* Technologie – nämlich Technologie als Form sozialer Kontrolle und Herrschaft.

Als reines Denken entwirft das moderne wissenschaftliche Denken weder besondere praktische Ziele noch besondere Herrschaftsformen. So etwas wie Herrschaft *per se* gibt es jedoch nicht. Indem die Theorie fortschreitet, abstrahiert sie von einem tatsächlichen teleologischen Zusammenhang oder verwirft ihn – den des gegebenen, konkreten Universums von Sprache und Handeln. Innerhalb dieses Universums selbst findet nun der wissenschaftliche Entwurf statt oder nicht, begreift die Theorie die möglichen Alternativen oder nicht, stoßen die Hypothesen die vorgegebene Realität um oder erweitern sie.

Die Prinzipien der modernen Wissenschaft waren *a priori* so strukturiert, daß sie als begriffliche Instrumente einem Universum sich automatisch vollziehender, produktiver Kontrolle dienen konnten; der theoretische Operationalismus entsprach schließlich dem praktischen. Die wissenschaftliche Methode, die zur stets wirksamer werdenden Naturbeherrschung führte, lieferte dann auch die reinen Begriffe wie die Instrumente zur stets wirksamer werdenden Herrschaft des Menschen über den Menschen *vermittels* der Naturbeherrschung. Theoretische Vernunft trat in den Dienst praktischer Vernunft und blieb dabei stets rein und neutral. Die Verschmelzung erwies sich als vorteilhaft für beide. Heute verewigt und erweitert sich die Herrschaft nicht nur vermittels der Technologie, sondern *als* Technologie, und diese liefert der expansiven politischen Macht, die alle Kulturbereiche in sich aufnimmt, die große Legitimation.

In diesem Universum liefert die Technologie auch die große Rationalisierung der Unfreiheit des Menschen und beweist die »technische« Unmöglichkeit, autonom zu sein, sein Leben selbst zu bestimmen. Denn diese Unfreiheit erscheint weder als irrational noch als politisch, sondern vielmehr als Unterwerfung unter den technischen Apparat, der die Bequemlichkeiten des Lebens erweitert und die Arbeitsproduktivität erhöht. Technologische Rationalität schützt auf diese Weise eher die Rechtmäßigkeit von Herrschaft, als daß sie sie abschafft, und der instrumentalistische Horizont der Vernunft eröffnet sich zu einer auf rationale Art totalitären Gesellschaft:

»On pourrait nommer philosophie autocratique des techniques celle qui prend l'ensemble technique comme un lieu où l'on utilise les machines pour obtenir de la puissance. La machine est seulement un moyen; la fin est la conquête de la nature, la domestication des forces naturelles au moyen d'un premier asservissement: la machine est un esclave qui sert à faire d'autres esclaves. Une pareille inspiration dominatrice et esclavagiste peut se rencontrer avec une requête de liberté pour l'homme. Mais il est difficile de se libérer en transférant l'esclavage sur d'autres êtres, hommes, animaux ou machines; régner sur un peuple de machines asservissant le monde entier, c'est encore régner, et tout règne suppose l'acceptation du schèmes d'asservissement.«[20]

Die unaufhörliche Dynamik des technischen Fortschritts wurde von politischem Inhalt durchdrungen und der Logos der Technik in den Logos fortgesetzter Herrschaft überführt. Die befreiende Kraft der Technologie – die Instrumentalisierung der Dinge – verkehrt sich in eine Fessel der Befreiung, sie wird zur Instrumentalisierung des Menschen.

Diese Interpretation würde *vor* aller Anwendung und Nutzbarmachung den wissenschaftlichen Entwurf (Methode und Theorie) mit einem spezifischen gesellschaftlichen Entwurf verknüpfen und sähe das Band gerade in der inneren Form wissenschaftlicher Rationalität, will sagen im funktionalen Charakter ihrer Begriffe. Mit anderen Worten, das wissenschaftliche Universum (das heißt nicht die besonderen Sätze über die Struktur der Materie, Energie, deren Wechselwirkung usw., sondern die Darstellung der Natur als quantifizierbare Materie, von der die hypothetische Annäherung an die Objektivität – und deren mathematisch-logischer Ausdruck – sich leiten läßt) wäre der Horizont einer konkreten gesellschaftlichen Praxis, die in der Entwicklung des wissenschaftlichen Entwurfs *aufbewahrt* wäre.

Aber selbst wenn man den inneren Instrumentalismus der wissenschaftlichen Rationalität zugibt, würde diese Annahme nicht die *sozio*-logische Gültigkeit des wissenschaftlichen Entwurfs begründen. Angenommen, daß noch die Bildung der abstraktesten wissenschaftlichen Begriffe die Wechselbeziehung von Subjekt und Objekt in einem gegebenen Universum von Sprache und Handeln enthält, so kann das Bindeglied zwischen theoretischer und praktischer Vernunft auch auf ganz andere Weisen verstanden werden.

---

20 »Man könte diejenige Philosophie der Technik autokratisch nennen, die das technische Ganze als einen Ort versteht, wo Maschinen benutzt werden, um Macht zu erlangen. Die Maschine ist nur ein Mittel; der Zweck ist die Eroberung der Natur, die Dienstbarmachung der Naturkräfte vermittels einer ersten Versklavung: die Maschine ist ein Sklave, der dazu dient, weitere Sklaven zu machen. Ein derartiges Streben nach Herrschaft und Versklavung kann einhergehen mit einem Verlangen nach menschlicher Freiheit. Aber es ist schwierig, sich zu befreien, wenn man die Sklaverei auf andere Wesen, Menschen, Tiere oder Maschinen überträgt; über einen Haufen Maschinen herrschen, die die ganze Welt unterwerfen, heißt immer noch herrschen; und alle Herrschaft setzt voraus, daß Schemata der Unterwerfung hingenommen werden«. Gilbert Simondon, *Du mode d'existence des objets techniques*, Paris: Aubier, 1958, S. 127.

Eine solche andere Interpretation bietet Piaget in seiner »genetischen Erkenntnistheorie«. Piaget deutet die Bildung wissenschaftlicher Begriffe im Sinne verschieden gearteter Abstraktionen aus einer allgemeinen Wechselbeziehung von Subjekt und Objekt. Abstraktion geht weder aus dem bloßen Objekt hervor, wobei das Subjekt nur als neutraler Punkt fungiert, von dem aus beobachtet und gemessen wird, noch aus dem Subjekt als dem Vehikel reiner, erkennender Vernunft. Piaget unterscheidet den Erkenntnisprozeß in der Mathematik von dem in der Physik. Ersterer ist Abstraktion »à l'intérieur de l'action comme telle«:

»Contrairement à ce que l'on dit souvent, les êtres mathématiques ne résultent donc pas d'une abstraction à partir des objets, mais bien d'une abstraction effectuée au sein des actions comme telles. Réunir, ordonner, déplacer, etc. sont des actions plus générales que penser, pousser, etc. parce qu'elles tiennent à la coordination même de toutes les actions particulières et entrent en chacune d'elles à titre de facteur coordinateur...«[21]

Mathematische Sätze drücken so »une accomodation générale à l'objet« aus – im Gegensatz zu den besonderen Adaptationen, die für wahre Sätze in der Physik charakteristisch sind. Logik und mathematische Logik sind »une action sur l'objet quelconque, c'est-à-dire une action accomodée de façon générale«;[22] und diese »action« ist insofern allgemeingültig, als »cette abstraction ou différenciation porte jusqu'au sein des coordinations héréditaires, puisque les mécanismes coordinateurs de l'action tiennent toujours, en leur source, à des coordinations réflexes et instinctives.«[23]

---

21 »Im Gegensatz zu dem, was oft gesagt wird, sind die mathematischen Wesenheiten kein Ergebnis einer Abstraktion, die von den Objekten ausgeht, sondern vielmehr das einer im Innern der Aktionen als solcher bewirkten Abstraktion. Vereinigen, Ordnen, Bewegen usw. sind allgemeinere Aktionen als Denken, Stoßen usw., weil sie gerade in der Koordination aller besonderen Aktionen gründen und in jede von ihnen als koordinierender Faktor eingehen.« *Introduction à l'épistémologie génétique*, Band III, Paris: Presses Universitaires 1950, S. 287.

22 »ein Handeln auf irgendein Objekt, d. h. eine in allgemeiner Art angepaßte Handlung«. Ibid., S. 288.

23 »Diese Abstraktion oder Differenzierung erstreckt sich bis aufs Zentrum erblicher Koordinationen, da die koordinierenden Mechanismen des Handelns ihrem Ursprung nach stets mit reflektorischen und instinktiven Koordinationen verbunden sind.« Ibid., S. 289.

In der Physik geht die Abstraktion aus dem Objekt hervor, ist aber auf spezifische Aktionen von seiten des Subjekts zurückzuführen und nimmt dadurch notwendig eine mathematisch-logische Form an, daß »des actions particulières ne donnent lieu à une connaissance que coordonnées entre elles et que cette coordination est, par sa nature même, logico-mathématique«.[24] Die Abstraktion in der Physik führt notwendig zur logisch-mathematischen Abstraktion zurück, und diese ist, als reine Koordination, die allgemeine Form des Handelns – »Aktion als solche«. Und diese Koordination begründet Objektivität, weil sie an erbliche, »reflektorische und instinktive« Strukturen gebunden bleibt.

Piagets Interpretation anerkennt den zuinnerst praktischen Charakter der theoretischen Vernunft, aber leitet ihn aus einer allgemeinen Struktur des Handelns ab, die in letzter Instanz eine erbliche, biologische Struktur ist. Die wissenschaftliche Methode würde letztlich auf einer biologischen Grundlage beruhen, die über- (oder vielmehr unter-)geschichtlich ist. Angenommen ferner, daß alle wissenschaftliche Erkenntnis die Koordination besonderer Handlungen voraussetzt, so sehe ich nicht ein, weshalb eine derartige Koordination »ihrem ganzen Wesen nach« logisch-mathematisch ist – wenn nicht die »besonderen Handlungen« die wissenschaftlichen Operationen der modernen Physik sind, in welchem Fall die Interpretation einen Zirkelschluß enthielte.

Im Gegensatz zu Piagets eher psychologischer und biologischer Analyse hat Husserl eine genetische Erkenntnistheorie geboten, in deren Brennpunkt die geschichtlich-gesellschaftliche Struktur der wissenschaftlichen Vernunft steht. Ich gehe hier auf Husserls Werk[25] nur soweit ein, als in ihm herausgestellt wird, in welchem Maß die moderne Wissenschaft die »Methodologie« einer vorgegebenen geschichtlichen Realität ist, in deren Universum sie sich bewegt.

---

24 »... besondere Handlungen führen nur dann zur Erkenntnis, wenn sie untereinander koordiniert sind und diese Koordination ihrem ganzen Wesen nach eine logisch-mathematische ist.« Ibid., S. 291.

25 *Die Krisis der europäischen Wissenschaften und die transzendentale Phänomenologie*, l. c.

Husserl geht von der Tatsache aus, daß die Mathematisierung der Natur zu gültiger, praktischer Erkenntnis führte: zum Aufbau einer Realität von »Idealitäten«, die wirksam auf die *empirische* Realität »bezogen« werden konnte (S. 19; 42). Aber die wissenschaftliche Leistung verwies zurück auf eine *vor*wissenschaftliche Praxis, welche die ursprüngliche Basis (das »Sinnesfundament«) der Galileischen Wissenschaft bildete. Diese vorwissenschaftliche Basis der Wissenschaft in der Welt der Praxis (»Lebenswelt«), die die theoretische Struktur bestimmte, wurde von Galilei nicht in Betracht gezogen; mehr noch, sie wurde durch die weitere Entwicklung der Wissenschaft verdeckt. Es kam zu dem Schein, daß die Mathematisierung der Natur eine »eigenständige absolute Wahrheit« schaffe (S. 49 f.), während sie in Wirklichkeit eine spezifische Methode und Technik für die Lebenswelt blieb. Das »Ideenkleid« der mathematischen Naturwissenschaft ist so ein Kleid von *Symbolen,* das die Welt der Praxis zur gleichen Zeit »vertritt« und »verkleidet« (S. 52).

Worin besteht die ursprüngliche, vorwissenschaftliche Intention und der Inhalt, die in der begrifflichen Struktur der Naturwissenschaft erhalten bleiben? Die *Meßkunst* entdeckt praktisch die Möglichkeit, gewisse Grundformen, Gestalten und Beziehungen zu benutzen, die, »an faktisch allgemein verfügbaren empirisch starren Körpern festgelegt«, dazu dienen, empirische Körper und Beziehungen exakt zu bestimmen und zu berechnen (S. 25). Bei aller Abstraktion und Verallgemeinerung bewahrt (und verkleidet) die naturwissenschaftliche Methode ihre vorwissenschaftlich-technische Struktur; die Entwicklung jener vertritt (und verkleidet) die Entwicklung dieser. So »idealisiert« die klassische Geometrie die Feldmeßkunst. Geometrie ist die Theorie praktischer Objektivierung.

Freilich bauen Algebra und mathematische Logik eine absolute Realität von Idealitäten auf, befreit von den unberechenbaren Ungewißheiten und Partikularitäten der Lebenswelt und der in ihr lebenden Subjekte. Diese ideale Konstruktion *ist* jedoch die Theorie und Technik der Idealisierung der neuen Lebenswelt: In der »mathematischen Praxis erreichen wir, was uns in der empirischen Praxis versagt ist: ›*Exaktheit‹;* denn für die idealen Gestalten ergibt sich die Möglichkeit, sie *in absoluter Identität zu bestimmen,* . . . als allgemein verfügbar« (S. 24). Die Koordination (»Zuordnung«) der idealen zur empirischen Welt befähigt uns, »die zu erwartenden empirischen Regelmäßigkeiten der praktischen Lebenswelt zu entwerfen«: »Ist man einmal bei den Formeln, so besitzt man damit im voraus schon die praktisch erwünschte *Voraussicht*« – die Voraussicht dessen, was in der Erfahrung des konkreten Lebens zu erwarten ist (S. 43).

Husserl betont die vorwissenschaftliche, technische Bedeutung der mathematischen Exaktheit und Fungibilität. Diese zentralen Begriffe der neuzeitlichen Naturwissenschaft entstehen nicht als bloße Nebenprodukte einer reinen Wissenschaft, sondern als zu deren innerer begrifflicher Struktur gehörig. Die wissenschaftliche Abstraktion vom Konkreten, die Quantifizierung der Qualitäten, die Exaktheit wie Allgemeingültigkeit. liefern, enthalten eine spezifische konkrete Erfahrung der Lebenswelt – eine spezifische Weise, die Welt zu »sehen«. Und dieses »Sehen« ist trotz seines »reinen«, desinteressierten Charakters ein Sehen innerhalb eines zweckbetonten, praktischen Zusammenhangs. Es ist »Voraussehen« und »Vorhaben«. Die Galileische Wissenschaft ist die Wissenschaft methodischen Vorwegnehmens und Entwerfens. Aber – und das ist entscheidend – eines spezifischen Vorwegnehmens und Entwerfens – nämlich eines solchen, das die Welt nach berechenbaren, voraussagbaren Beziehungen von exakt bestimmbaren Einheiten erfährt, begreift und gestaltet. Bei diesem Entwurf ist universale Quantifizierbarkeit eine Vorbedingung für die *Beherrschung* der Natur. Individuelle, nichtquantifizierbare Qualitäten stehen einer Organisation von Menschen und Dingen im Wege, die an der meßbaren Kraft orientiert ist, die aus ihnen herausgeholt werden soll. Aber es handelt sich um einen spezifischen, geschichtlich-gesellschaftlichen Entwurf, und das Bewußtsein, das diesen Entwurf unternimmt, ist das verborgene Subjekt der Galileischen Wissenschaft; diese ist die Technik, die Kunst der »ins Unendliche erweiterten Voraussicht« (S. 51).

Gerade weil nun die Galileische Wissenschaft in der Bildung ihrer Begriffe die Technik einer spezifischen Lebenswelt ist, *trans-*

zendiert sie diese Lebenswelt nicht und kann es auch nicht. Sie verbleibt wesentlich innerhalb der grundlegenden Erfahrung und innerhalb des Universums von Zwecken, wie sie von dieser Realität gesetzt werden. Nach Husserls Formulierung wird »das konkrete Universum der Kausalität zu angewandter Mathematik« (S. 113) – aber die Wahrnehmungs- und Erfahrungswelt, »in der sich unser ganzes *Leben* praktisch abspielt, bleibt, als die sie ist, in ihrer eigenen Wesensstruktur, in ihrem eigenen Kausalstil *ungeändert*« (S. 51; Hervorhebung von mir).

Eine herausfordernde Feststellung, die leicht unterschätzt wird, und ich nehme mir die Freiheit einer möglichen Überinterpretation. Die Feststellung bezieht sich nicht einfach auf die Tatsache, daß wir trotz der *nichteuklidischen Geometrie* immer noch im dreidimensionalen Raum wahrnehmen und handeln oder daß trotz des »statistischen« Kausalitätsbegriffs der gesunde Menschenverstand immer noch in Übereinstimmung mit den »alten« Gesetzen der Kausalität handelt. Ebensowenig widerspricht die Feststellung den beständigen Veränderungen in der Welt der täglichen Praxis als dem Ergebnis »angewandter Mathematik«. Es kann um sehr viel mehr gehen: nämlich um die immanente Grenze der etablierten Wissenschaft und wissenschaftlichen Methode, aufgrund deren diese die herrschende Lebenswelt erweitern, rationalisieren und sicherstellen, ohne ihre Seinsstruktur zu ändern – das heißt *ohne eine qualitativ neue »Sicht«weise* und qualitativ neue Beziehungen zwischen den Menschen und zwischen Mensch und Natur *ins Auge zu fassen.*

Im Hinblick auf die institutionalisierten Lebensformen hätte die (reine wie die angewandte) Wissenschaft so eine stabilisierende, statische, konservative Funktion. Selbst ihre revolutionärsten Errungenschaften wären nur Aufbau und Zerstörung gemäß einer spezifischen Erfahrung und Organisation der Wirklichkeit. Die fortwährende Selbstkorrektur der Wissenschaft selbst – die in ihre Methode eingebaute Umwälzung ihrer Hypothesen – treibt dasselbe geschichtliche Universum, dieselbe Grunderfahrung vorwärts und erweitert sie. Sie hält am selben formalen Apriori fest, das einen sehr materialen, praktischen Inhalt bewirkt. Weit davon entfernt, den grundlegenden Wandel zu unterschätzen, der mit der Errichtung der Galileischen Wissenschaft eintrat, verweist Husserls Interpretation auf den radikalen Bruch mit der vorgalileischen Tradition; der instrumentalistische Denkhorizont war in der Tat ein neuer Horizont. Er schuf eine neue Welt theoretischer und praktischer Vernunft, aber er blieb einer spezifischen geschichtlichen Welt verpflichtet, die ihre offenkundigen Grenzen hat – in der Theorie wie in der Praxis, in ihren reinen wie in ihren angewandten Methoden.

Die vorangehende Diskussion scheint nicht nur auf die inneren Schranken und Vorurteile der naturwissenschaftlichen Methode zu verweisen, sondern auch auf ihre geschichtliche Subjektivität. Sie scheint überdies das Bedürfnis nach einer Art »qualitativer Physik«, nach Wiederbelebung teleologischer Philosophien und so weiter zu implizieren. Ich gebe zu, daß dieser Verdacht berechtigt ist, kann aber an dieser Stelle nur versichern, daß derart obskurantistische Ideen nicht beabsichtigt sind[26].

Wie immer man Wahrheit und Objektivität definiert, sie bleiben auf die menschlichen Triebkräfte von Theorie und Praxis bezogen und auf deren Fähigkeit, die Welt zu begreifen und zu verändern. Diese Fähigkeit wiederum hängt von dem Umfang ab, in dem die Materie (was immer das sein mag) als das anerkannt und verstanden wird, was sie in allen besonderen Formen *ist*. In dieser Hinsicht ist die zeitgenössische Wissenschaft von unermeßlich größerer objektiver Gültigkeit als ihre Vorgängerinnen. Es ließe sich sogar hinzufügen, daß gegenwärtig die naturwissenschaftliche Methode die einzige ist, die solche Gültigkeit beanspruchen kann; das Wechselspiel von Hypothesen und beobachtbaren Tatsachen bestätigt die Hypothesen und weist die Tatsachen nach. Was ich herauszustellen versuche, ist, daß die Wissenschaft *aufgrund ihrer eigenen Methode* und Begriffe ein Universum entworfen und befördert hat, worin die Naturbeherrschung mit der Beherrschung des Menschen verbunden blieb – ein Band, das dazu tendiert, sich für dieses Universum als Ganzes verhängnisvoll auszuwirken. Wissenschaftlich begriffen und gemeistert, erscheint Natur aufs neue in dem technischen Produktions- und Destruktionsapparat, der das Leben der Individuen erhält und verbessert und sie zugleich den Herren

26 Cf. Kapitel 9 und 10.

des Apparats unterwirft. So verschmilzt die rationale Hierarchie mit der gesellschaftlichen. Wenn dem so ist, würde die Änderung der Richtung des Fortschritts, die dieses verhängnisvolle Band lösen könnte, auch die Struktur der Wissenschaft selbst beeinflussen – den Entwurf der Wissenschaft. Ohne ihren rationalen Charakter zu verlieren, würden ihre Hypothesen sich in einem wesentlich anderen Erfahrungszusammenhang (in dem einer befriedeten Welt) entwickeln; die Wissenschaft würde folglich zu wesentlich anderen Begriffen der Natur gelangen und wesentlich andere Tatsachen feststellen. Die vernünftige Gesellschaft untergräbt die Idee der Vernunft.

Ich habe ausgeführt, daß die Elemente dieses Umsturzes, die Begriffe einer anderen Rationalität, in der Geschichte des Denkens seit Anbeginn vorhanden waren. Die antike Idee eines Staates, in dem das Sein zur Erfüllung gelangt, in dem die Spannung zwischen »Sein« und »Sollen« im Kreislauf einer ewigen Wiederkehr gelöst wird, hat an der Metaphysik der Herrschaft teil. Aber sie gehört auch zur Metaphysik der Befreiung – zur Versöhnung von Logos und Eros. Diese Idee zielt ab auf das Zur-Ruhe-Kommen der repressiven Produktivität der Vernunft, auf das Ende der Herrschaft im Genuß.

Die beiden entgegengesetzten Rationalitäten können nicht einfach dem klassischen, bzw. dem neuzeitlichen Denken zugeordnet werden, wie dies John Deweys Formulierung »von kontemplativer Freude zu aktiver Manipulation und Kontrolle« und »vom Wissen als ästhetischer Freude an den Eigenschaften der Natur ... zum Wissen als Mittel diesseitiger Kontrolle« nahelegt[27].

Das klassische Denken war der Logik diesseitiger Kontrolle hinreichend verbunden, und im modernen Denken gibt es eine Komponente der Anklage und Weigerung, die genügt, um John Deweys Formulierung zu entkräften. Als begriffliches Denken und Verhalten ist Vernunft notwendig Gewalt, Herrschaft. Logos ist Gesetz, Regel, Ordnung aufgrund von Erkenntnis. Indem es besondere Fälle unter ein Allgemeines subsumiert, indem es sie

27 John Dewey, *The Quest of Certainty*, New York: Minton, Balch und Co. 1929, S. 95, 100.

ihrem Allgemeinbegriff unterwirft, erlangt das Denken Gewalt über die besonderen Fälle. Es wird nicht nur fähig, sie zu begreifen, sondern auch auf sie einzuwirken, sie zu kontrollieren. Während jedoch alles Denken unter der Herrschaft der Logik steht, ist die Entfaltung dieser Logik in den verschiedenen Denkweisen verschieden. Die klassische formale und die moderne symbolische Logik, die transzendentale und die dialektische Logik – eine jede beherrscht ein anderes Universum der Sprache und Erfahrung. Sie alle entwickelten sich innerhalb des geschichtlichen Kontinuums der Herrschaft, dem sie Tribut zollen. Und dieses Kontinuum verleiht den positiven Denkweisen ihren konformistischen und ideologischen, denen des negativen Denkens ihren spekulativen und utopischen Charakter.

Zusammenfassend können wir jetzt versuchen, das verborgene Subjekt der wissenschaftlichen Rationalität und die verborgenen Zwecke in ihrer reinen Form klarer zu bestimmen. Der wissenschaftliche Begriff einer allseitig kontrollierbaren Natur entwarf Natur als endlose Materie in Funktion, als bloßen Stoff von Theorie und Praxis. In dieser Form ging die Objektwelt in den Aufbau eines technologischen Universums ein – eines Universums geistiger und materieller Instrumente, von Mitteln an sich. Sie ist dadurch ein wahrhaft »hypothetisches« System, das von einem bestätigenden und verifizierenden Subjekt abhängt.

Die Prozesse der Bestätigung und Verifikation mögen rein theoretischer Art sein, aber sie spielen sich niemals in einem Vakuum ab und münden niemals ein in einen privaten, individuellen Geist. Das hypothetische System von Formen und Funktionen wird abhängig von einem anderen System – einem vorgegebenen Universum von Zwecken, in dem und *für* welches es sich entwickelt. Was dem theoretischen Entwurf äußerlich, fremd erschien, erweist sich als Teil seiner Struktur (Methode und Begriffe) selbst; reine Objektivität offenbart sich als *Objekt für eine Subjektivität*, die das Telos, die Zwecke bereitstellt. Beim Aufbau der technologischen Wirklichkeit gibt es nicht so etwas wie eine rein rationale wissenschaftliche Ordnung; der Prozeß technologischer Rationalität ist ein politischer Prozeß.

Nur im Medium der Technik werden Mensch und Natur

ersetzbare Objekte der Organisation. Die allseitige Leistungsfähigkeit und Produktivität des Apparats, unter den sie subsumiert werden, verschleiern die den Apparat organisierenden
partikularen Interessen. Mit anderen Worten, die Technik ist
zum großen Vehikel der *Verdinglichung* geworden – der Verdinglichung in ihrer ausgebildetsten und wirksamsten Form. Die
gesellschaftliche Stellung des Individuums und seine Beziehung
zu anderen scheinen nicht nur durch objektive Qualitäten und
Gesetze bestimmt, sondern diese Qualitäten und Gesetze scheinen
auch ihren geheimnisvollen und unkontrollierbaren Charakter
zu verlieren; sie erscheinen als berechenbare Manifestationen
(wissenschaftlicher) Rationalität. Die Welt tendiert dazu, zum
Stoff totaler Verwaltung zu werden, die sogar die Verwalter
verschlingt. Das Gewebe der Herrschaft ist zum Gewebe der
Vernunft selbst geworden, und diese Gesellschaft ist verhängnisvoll darein verstrickt. Und die transzendierenden Denkweisen
scheinen die Vernunft selbst zu transzendieren.

Unter diesen Bedingungen nimmt das wissenschaftliche Denken (wissenschaftlich im weiten Sinne, als unklarem, metaphy-
sischem, gefühlsbetontem, unlogischem Denken entgegengesetzt)
außerhalb der Naturwissenschaften auf der einen Seite die Form
eines reinen und in sich abgeschlossenen Formalismus (Symbolismus) an und die eines totalen Empirismus auf der anderen.
(Der Gegensatz ist kein Widerspruch. Man denke an die sehr
empirische Anwendung von Mathematik und symbolischer Logik in den elektronischen Industrien.) In Bezug auf das bestehende Universum von Sprache und Verhalten sind Nicht-
widerspruch und Nichttranszendenz der gemeinsame Nenner.
Der totale Empirismus offenbart seine ideologische Funktion in
der zeitgenössischen Philosophie. Im Hinblick auf diese Funktion
werden im folgenden Kapitel einige Aspekte der Sprachanalyse
diskutiert. Diese Diskussion soll den Versuch vorbereiten, die
Schranken aufzuweisen, die diesen Empirismus davon abhalten,
die Wirklichkeit in den Griff zu bekommen, und führt die Begriffe ein (oder vielmehr wieder ein), die diese Schranken durchbrechen können.

7 Der Triumph des positiven Denkens:
   eindimensionale Philosophie

Die Neubestimmung des Denkens, die dazu beiträgt, die geistigen Operationen denen in der gesellschaftlichen Wirklichkeit
gleichzuordnen, zielt ab auf eine Therapie. Das Denken steht
dann mit der Wirklichkeit auf einer Ebene, wenn es davon ge-
heilt ist, Begriffe zu überschreiten, die entweder rein axiomatisch
sind (Logik, Mathematik) oder sich mit dem bestehenden Universum von Sprache und Verhalten decken. So behauptet die
Sprachanalyse, Denken und Sprache von verwirrenden metaphysischen Begriffen zu heilen – von »Geistern« einer weniger
entwickelten und weniger wissenschaftlichen Vergangenheit, die
noch immer den Verstand heimsuchen, obgleich sie weder etwas
bezeichnen noch erklären. Betont wird die *therapeutische* Funktion der philosophischen Analyse – die Korrektur abnormen
Verhaltens im Denken und Sprechen, die Beseitigung von Dun-
kelheiten, Illusionen und Schrullen oder zumindest ihre Bloß-
stellung.
   In Kapitel 4 diskutierte ich den therapeutischen Empirismus
der Soziologie, der darin besteht, abnormes Verhalten in den
Industriebetrieben aufzudecken und zu korrigieren; ein Verfahren, das zugleich jene kritischen Begriffe ausschloß, die es
vermöchten, ein solches Verhalten auf die Gesellschaft als Ganzes
zu beziehen. Kraft dieser Beschränkung wird das theoretische
Verfahren unmittelbar praktisch. Es ersinnt Methoden besseren
Managements, sichereren Planens, größerer Leistungsfähigkeit,
strengerer Kalkulation. Auf dem Wege der Korrektur und Auf-
besserung endet die Analyse in Affirmation; der Empirismus
erweist sich als positives Denken.
   Derart unmittelbar wird die philosophische Analyse nicht angewandt. Verglichen mit den Weisen, in denen Soziologie und
Psychologie realisiert werden, bleibt die therapeutische Behandlung des Denkens akademisch. In der Tat können exaktes Denken und die Befreiung von metaphysischen Gespenstern und
sinnlosen Begriffen als Selbstzweck angesehen werden. Zudem
ist die Behandlung des Denkens in der Sprachanalyse dessen
eigenste Angelegenheit und sein eigenes Recht. Ihr ideologischer

Charakter darf nicht dadurch präjudiziert werden, daß der Kampf gegen das begriffliche Transzendieren des bestehenden Universums der Sprache mit dem Kampf gegen ein politisches Transzendieren der bestehenden Gesellschaft in Zusammenhang gebracht wird.

Wie jede Philosophie, die diesen Namen verdient, steht die Sprachanalyse für sich ein und bestimmt ihre eigene Haltung gegenüber der Realität. Als ihr Hauptinteresse gibt sie die Entzauberung transzendenter Begriffe an; zu ihrem Bezugssystem erklärt sie den alltäglichen Gebrauch der Wörter, die Mannigfaltigkeit des vorherrschenden Verhaltens. Mit diesen Merkmalen umschreibt sie ihre Stellung in der philosophischen Tradition – nämlich als Gegenpol zu denjenigen Denkweisen, die ihre Begriffe in der Spannung, ja im Widerspruch mit dem herrschenden Universum der Sprache und des Verhaltens ausarbeiteten.

Im Sinne des bestehenden Universums sind solche widersprechenden Denkweisen negatives Denken. »Die Macht des Negativen« ist das Prinzip, das die Entwicklung des Denkens bestimmt, und der Widerspruch wird zur unterscheidenden Qualität der Vernunft (Hegel). Diese Qualität des Denkens war nicht auf einen bestimmten Typ von Rationalismus beschränkt; sie war auch in der empiristischen Tradition ein entscheidendes Element. Empirismus ist nicht notwendigerweise positiv; seine Haltung zur herrschenden Wirklichkeit hängt von der besonderen *Dimension* der Erfahrung ab, die als Erkenntnisquelle und grundlegendes Bezugssystem fungiert. Zum Beispiel scheinen Sensualismus und Materialismus *per se* einer Gesellschaft negativ gegenüberzustehen, in der vitale, triebmäßige und materielle Bedürfnisse unerfüllt bleiben. Demgegenüber bewegt sich der Empirismus der Sprachanalyse innerhalb eines Rahmens, der einen solchen Widerspruch nicht gestattet – die selbst auferlegte Beschränkung auf das vorherrschende Universum des Verhaltens bewirkt eine zutiefst positive Haltung. Trotz des streng neutralen Ansatzes des Philosophen fällt die von vornherein begrenzte Analyse der Macht des positiven Denkens zum Opfer.

Ehe ich es unternehme, diesen wesentlich ideologischen Charakter der Sprachanalyse nachzuweisen, muß ich versuchen, mein scheinbar willkürliches und herabsetzendes Spiel mit den Termini »positiv» und »Positivismus« durch eine kurze Anmerkung zu ihrem Ursprung zu rechtfertigen. Seit seiner ersten Anwendung, wahrscheinlich in der Schule von Saint-Simon, hat der Begriff »Positivismus« eingeschlossen: 1. die Bestätigung des erkennenden Denkens durch die Erfahrung von Tatsachen; 2. die Orientierung des erkennenden Denkens an den Naturwissenschaften als dem Modell für Sicherheit und Exaktheit; 3. der Glaube, daß der Fortschritt der Erkenntnis von dieser Orientierung abhängt. Demgemäß ist der Positivismus ein Kampf gegen alle Metaphysiken, Transzendentalismen und Idealismen als obskurantistischen und regressiven Denkweisen. In dem Maße, wie die gegebene Wirklichkeit wissenschaftlich begriffen und transformiert wird, in dem Maße, wie die Gesellschaft industriell und technologisch wird, findet der Positivismus in der Gesellschaft das Medium zur Verwirklichung (und Bestätigung) seiner Begriffe – Harmonie zwischen Theorie und Praxis, Wahrheit und Tatsachen. Philosophisches Denken geht in affirmatives Denken über: die philosophische Kritik kritisiert *innerhalb* der Gesellschaft und brandmarkt nicht-positive Begriffe als bloße Spekulation, Träume oder Phantasien[1].

Das Universum von Sprache und Verhalten, das in Saint-Simons Positivismus aufzutreten beginnt, ist das der technologischen Wirklichkeit. In ihr wird die Objektwelt in ein Mittel überführt. Viel von dem, was sich bis dahin außerhalb der instrumentellen Welt befindet – unbewältigte, blinde Natur – erscheint jetzt in der Reichweite des wissenschaftlichen und technischen Fortschritts. Die metaphysische Dimension, zuvor ein genuiner Bereich rationalen Denkens, wird irrational und unwissenschaftlich. Auf dem Boden ihrer eigenen Leistungen weist die

1 Die konformistische Haltung des Positivismus gegenüber radikal nonkonformistischen Denkweisen erscheint wohl zum ersten Mal in der positivistischen Anklage gegen Fourier. Fourier selbst (in: La Fausse Industrie, 1835, Band I, S. 409) hat die totale Kommerzialisierung der bürgerlichen Gesellschaft als die Frucht »unseres Fortschritts in Rationalismus und Positivismus« angesehen. Zitiert nach André Lalande, *Vocabulaire Technique et Critique de la Philosophie*, Paris, Presses Universitaires de France, 1956, S. 792. Zu den verschiedenen Nebenbedeutungen des Terminus »positiv« in der neuen Sozialwissenschaft und im Gegensatz zu »negativ« cf. *Doctrine de Saint-Simon*, ed. Bouglé und Halévy, Paris, Rivière, 1924, S. 181 f., dt.: Die Lehre Saint-Simons, hg. v. G. Salomon-Delatour, Neuwied 1962.

Vernunft Transzendenz von sich. Auf der späteren Stufe, im gegenwärtigen Positivismus, ist es nicht mehr der wissenschaftliche und technische Fortschritt, der diese Ablehnung motiviert; jedoch ist die Verkürzung des Denkens nicht weniger streng, weil sie selbstauferlegt ist – die eigene Methode der Philosophie. Das gegenwärtige Bemühen, Reichweite und Wahrheit der Philosophie zu reduzieren, ist erschreckend, und die Philosophen selber verkünden die Bescheidenheit und Fruchtlosigkeit der Philosophie. Sie läßt die bestehende Wirklichkeit unberührt; sie verabscheut es, über sie hinauszugehen.

Austins verächtliche Behandlung der Alternativen zum alltäglichen Gebrauch der Wörter und seine Diffamierung dessen, was wir uns »eines Nachmittags im Sessel ausdenken«; Wittgensteins Versicherung, daß die Philosophie »alles so läßt, wie es ist« – solche Feststellungen[2] legen nach meinem Dafürhalten einen akademischen Sadomasochismus an den Tag, eine Selbsterniedrigung und Selbstanklage des Intellektuellen, dessen Arbeit sich nicht auf wissenschaftliche, technische oder ähnliche Ergebnisse beschränkt. Diese Beteuerungen von Bescheidenheit und Abhängigkeit scheinen Humes Gesinnung, sich rechtschaffen mit den Grenzen der Vernunft abzufinden, wieder aufzunehmen, die, einmal anerkannt und gebilligt, den Menschen vor nutzlosen geistigen Abenteuern bewahren, ihn aber durchaus in den Stand setzen, sich in der gegebenen Umwelt zu orientieren. Als jedoch Hume die Substanzen um ihren Kredit brachte, bekämpfte er eine mächtige Ideologie, während seine heutigen Nachfolger eine intellektuelle Rechtfertigung für das liefern, was die Gesellschaft längst erreicht hat – nämlich die Diffamierung alternativer Denkweisen, die dem herrschenden Universum der Sprache widerstreiten.

Der Stil, in dem dieser philosophische Behaviorismus sich darstellt, wäre einer Analyse wert. Er scheint sich zwischen den Polen päpstlicher Autorität und gutmütiger Anbiederung zu

2 Ähnliche Deklarationen finden sich bei Ernest Gellner, *Words and Things*, Boston: Beacon Press, 1959, cf. S. 100, 256 ff. Der Satz, daß die Philosophie alles so läßt, wie es ist, mag im Zusammenhang der Marxschen Thesen über Feuerbach (wo er zugleich verneint wird) wahr sein oder als Selbstcharakterisierung des Neopositivismus; als eine allgemeine Aussage über das philosophische Denken ist er falsch.

bewegen. Beide Tendenzen sind bruchlos verschmolzen in Wittgensteins immer wiederkehrendem Gebrauch des Imperativs mit dem intimen oder herablassenden »Du«[3]; oder in dem einleitenden Kapitel von Gilbert Ryles Buch *The Concept of Mind*, in dem auf die Darstellung von »Descartes' Mythos« als der »offiziellen Lehre« über das Verhältnis von Leib und Seele der vorläufige Nachweis ihrer »Absurdität« folgt, bei dem dann Herr Schulze und Herr Müller und was sie vom »durchschnittlichen Steuerzahler« halten, beschworen werden.

Überall im Werk der Sprachanalytiker findet sich diese Vertrautheit mit dem Mann auf der Straße, dessen Unterhaltung in der linguistischen Philosophie eine solch führende Rolle spielt. Die Intimität in der Redeweise ist insofern wesentlich, als sie von vornherein das »hochgestochene« Vokabular der »Metaphysik« ausschließt; sie widersetzt sich vernünftiger Nichtanpassung; sie macht den Intellektuellen lächerlich. Die Sprache von Herrn Schulze und Herrn Müller ist die Sprache, die der Mann auf der Straße wirklich spricht; sie ist die Sprache, die sein Verhalten ausdrückt; sie ist damit das Zeichen für Konkretheit. Sie ist jedoch auch das Zeichen einer falschen Konkretheit. Diese Sprache, die für die Analyse meist das Material bereitstellt, ist eine gereinigte Sprache, gereinigt nicht nur von ihrem »unorthodoxen« Vokabular, sondern auch von dem Vermögen, irgendwelche anderen Inhalte auszudrücken als die, mit denen heute die Individuen von ihrer Gesellschaft versorgt werden. Der Sprachanalytiker sieht in dieser gereinigten Sprache eine vollendete Tatsache, und er nimmt die verarmte Sprache, wie er sie vorfindet, wobei er sie absondert von dem, was in ihr nicht ausgedrückt wird, obgleich es als Bedeutungselement und -faktor in das etablierte Universum der Sprache eingeht.

Indem sie der vorherrschenden Mannigfaltigkeit von Bedeutungen und Verfahrensweisen, der Macht und dem gesunden Menschenverstand der Alltagssprache Achtung zollt und dabei

---

3 Philosophische Untersuchungen, in: *Schriften*, Frankfurt am Main 1960: »und deine Skrupel sind Mißverständnisse. Deine Fragen beziehen sich auf Wörter . . .« (S. 344). »Denk doch einmal gar nicht an das Verstehen als ›seelischen Vorgang‹! — Denn das ist die Redeweise, die dich verwirrt. Sondern frage dich . . .« (S. 358). »Überlege dir folgenden Fall . . .« (S. 360) und passim.

(als von außen kommendes Material) die Analyse dessen unterbindet, was diese Sprache über die Gesellschaft mitteilt, die sich ihrer bedient, unterdrückt die linguistische Philosophie noch einmal, was in diesem Universum von Sprache und Verhalten fortwährend unterdrückt wird. Die Autorität der Philosophie erteilt den Kräften ihren Segen, die dieses Universum *hervorbringen*. Die Sprachanalyse abstrahiert von dem, was die Alltagssprache enthüllt, indem sie in ihrer Weise spricht – die Verstümmelung von Mensch und Natur.

Überdies läßt sich die Analyse nur zu oft nicht einmal von der Alltagssprache leiten, sondern vielmehr von aufgeblasenen Sprachatomen, albernen Redefetzen, die sich wie kindliches Geplapper anhören. Etwa so: »This looks to me now like a man eating poppies (Das sieht mir jetzt wie ein Mann aus, der Mohn ißt)«; »He saw a robin (Er sah ein Rotkehlchen)«; »I had a hat (Ich hatte einen Hut)«. Wittgenstein verwendet viel Scharfsinn und Raum auf die Analyse von »Mein Besen steht in der Ecke«. Ich zitiere als repräsentatives Beispiel eine Analyse aus J. L. Austins Buch »Other Minds«[4]:

»Zwei recht verschiedene Arten des Zögerns lassen sich unterscheiden.

a) Nehmen wir den Fall, daß wir einen bestimmten Geschmack haben. Wir können sagen: ›Ich weiß einfach nicht, was es ist: ich habe nie zuvor etwas geschmeckt, was auch nur entfernt so war ... Nein, es hat keinen Sinn: je mehr ich darüber nachdenke, desto verwirrter werde ich: es ist völlig anders und völlig unverwechselbar, etwas ganz Einzigartiges in meiner Erfahrung!‹ Das illustriert den Fall, in dem ich in meiner vergangenen Erfahrung nichts finden kann, womit ich den vorliegenden Fall vergleichen könnte: ich bin sicher, daß es keinesfalls so ist wie etwas, das ich je zuvor schmeckte, nicht hinlänglich wie etwas, von dem ich weiß, daß es dieselbe Beschreibung verdient. Obgleich unterscheidbar genug, schattet sich dieser Fall allmählich in den gewöhnlicheren Typ ab, bei

---

4 In: *Logic und Language*, Second Series, ed. A. Flew, Oxford, Blackwell, 1959, S. 137 f. (Austins Fußnoten sind ausgelassen). Auch hier demonstriert die Philosophie ihre getreue Übereinstimmung mit dem gewöhnlichen Sprachgebrauch, indem sie sich der üblichen Abkürzungen bedient: »Don't . . .«, »isn't . . .«.

dem ich nicht ganz sicher bin oder nur einigermaßen sicher oder praktisch sicher, daß es sich etwa um den Geschmack von Lorbeer handelt. In all diesen Fällen bin ich bestrebt, den vorliegenden Gegenstand wiederzuerkennen, indem ich in meiner vergangenen Erfahrung nach etwas Ähnlichem suche, nach einer Ähnlichkeit, aufgrund deren er, mehr oder weniger positiv, verdient, durch dasselbe beschreibende Wort beschrieben zu werden, und das gelingt mir verschieden gut.

b) Der andere Fall ist anders, obgleich er sich in sehr natürlicher Weise mit dem ersten verbindet. Was ich hierbei versuche, ist, daß ich die vorliegende Erfahrung *berieche, sie anschaue,* sie lebendig *sinnlich* erfasse. Ich bin nicht sicher, ob es der Geschmack von Ananas *ist:* ist nicht vielleicht *irgendetwas Eigentümliches* an ihm, ein Brennen, ein fehlendes Brennen, eine widerliche Empfindung, was alles auf Ananas nicht *ganz* zutrifft? Ist da nicht ein eigentümlicher Hinweis auf Grün, der Hellviolett ausscheiden würde und kaum für die Malvenfarbe zuträfe? Oder ist es vielleicht ein wenig seltsam: ich muß schärfer hinsehen, den Tatbestand immer wieder prüfen: vielleicht ist da doch die Andeutung eines unnatürlichen Schimmers, so daß es nicht ganz wie gewöhnliches Wasser aussieht. In dem, was wir tatsächlich sinnlich wahrnehmen, ist ein Mangel an Bestimmtheit, der nicht oder nicht nur durchs Denken zu beheben ist, sondern durch schärfere Wahrnehmung, sinnliche Unterscheidung (obgleich es natürlich wahr ist, daß das Denken an andere, deutlicher ausgeprägte Fälle unserer vergangenen Erfahrung unserem Unterscheidungsvermögen helfen kann und auch hilft«.

Was ist an dieser Analyse auszusetzen? An Exaktheit und Klarheit ist sie wahrscheinlich nicht zu übertreffen – sie ist richtig. Aber das ist auch alles, und ich wende nicht nur ein, daß sie nicht genügt, sondern daß sie das philosophische Denken und das kritische Denken als solches zerstört. Vom philosophischen Gesichtspunkt erheben sich zwei Fragen:

1. kann die Erläuterung von Begriffen (oder Wörtern) sich jemals am gegebenen Universum der Alltagssprache orientieren und darin einmünden?

2. sind Exaktheit und Klarheit Selbstzweck oder sind sie anderen Zwecken verpflichtet?

Ich beantworte die erste Frage positiv, was ihren ersten Teil angeht. Die banalsten Beispiele der Sprache können gerade wegen ihres banalen Charakters die empirische Welt in ihrer Realität erhellen und dazu dienen, unser Denken und Reden über sie zu erklären – wie dies in Sartres Analysen einer Gruppe von Menschen der Fall ist, die auf einen Bus wartet, oder in Karl Kraus' Analyse der Tageszeitungen. Solche Analysen sind erhellend, weil sie über die unmittelbare Konkretheit der Lage und ihren Ausdruck hinausgehen. Sie gehen über sie in Richtung auf die Faktoren hinaus, die die Lage und das Verhalten der Menschen *herbeiführen,* die in dieser Lage sprechen (oder schweigen). (In den eben angeführten Beispielen werden diese transzendenten Faktoren auf die gesellschaftliche Teilung der Arbeit zurückgeführt.) Hier mündet die Analyse nicht ein ins Universum der Alltagssprache, sondern überschreitet es und eröffnet ein qualitativ anderes Universum, dessen Termini dem gewöhnlichen sogar widersprechen können.

Um das noch etwas zu erläutern: Sätze wie »mein Besen steht in der Ecke« könnten auch in Hegels Logik vorkommen, würden aber dort als unangemessene oder gar falsche Beispiele enthüllt. Sie wären nur Abhub, über den eine Sprache hinweggehen muß, die nach Begriffen, Stil und Syntax einer anderen Ordnung angehört – eine Sprache, für die es keineswegs »klar ist, daß jeder Satz unserer Sprache ›in Ordnung ist, wie er ist‹«[5]. Vielmehr ist das genaue Gegenteil der Fall – nämlich daß jeder Satz so wenig in Ordnung ist wie die Welt, die in dieser Sprache kommuniziert wird.

Die geradezu masochistische Reduktion der Sprache aufs Bescheidene und Gewöhnliche wird zum Programm erhoben: Wenn die Worte »Sprache«, »Erfahrung«, »Welt« eine Verwendung haben, so muß sie eine so niedere sein wie die der Worte »Tisch«, »Lampe«, »Tür«[6]. Wir müssen »bei den Dingen des alltäglichen

5 Wittgenstein, *Philosophische Untersuchungen,* l. c., S. 339.
6 Ibid.

Denkens bleiben ... und nicht auf den Abweg ... geraten, wo es scheint, als müßten wir die letzten Feinheiten beschreiben ...«[7] – als ob dies die einzige Alternative wäre und als ob die »letzten Feinheiten« nicht eher für Wittgensteins Sprachspiele der passende Ausdruck wären als für Kants *Kritik der reinen Vernunft*. Das Denken (oder zumindest sein Ausdruck) wird nicht nur in die Zwangsjacke des alltäglichen Sprachgebrauchs gepreßt, sondern auch dazu verhalten, keine Lösungen anzustreben und zu suchen, die über die bereits vorhandenen hinausgehen. »Die Probleme werden gelöst, nicht durch Beibringen neuer Erfahrung, sondern durch Zusammenstellung des längst Bekannten«.[8]

Mit all seinen Begriffen dem gegebenen Zustand verpflichtet, mißtraut das selbststilisierte Elend der Philosophie den Möglichkeiten einer neuen Erfahrung. Die Unterwerfung unter die Herrschaft der etablierten Tatsachen ist total – zwar sind es nur sprachliche Tatsachen, aber die Gesellschaft redet in ihrer Sprache, und die gebietet uns zu gehorchen. Die Verbote sind streng und autoritär: »Die Philosophie darf den tatsächlichen Gebrauch der Sprache in keiner Weise antasten«.[9] »Und wir dürfen keinerlei Theorie aufstellen. Es darf nichts Hypothetisches in unsern Betrachtungen sein. Alle *Erklärung* muß fort, und nur Beschreibung an ihre Stelle treten«.[10]

Man könnte fragen, was bleibt dann von der Philosophie übrig? Was bleibt vom Denken, was von der Einsicht übrig ohne etwas Hypothetisches, ohne jede Erklärung? Was jedoch auf dem Spiel steht, ist nicht die Definition oder Würde der Philosophie. Es ist vielmehr die Chance, das Recht und das *Bedürfnis* zu wahren und zu schützen, in anderen Ausdrücken als denen des alltäglichen Gebrauchs zu sprechen und zu denken – Ausdrücke, die gerade deshalb sinnvoll, rational und verbindlich sind, weil sie andere Ausdrücke sind. Worum es geht, ist die Ausbreitung einer neuen Ideologie, die sich vornimmt zu beschreiben, was geschieht (und gemeint ist), indem sie diejenigen Begriffe eliminiert, die fähig sind zu verstehen, was geschieht (und gemeint ist).

7 Ibid., S. 431.
8 Ibid., S. 342.

9 Ibid., S. 345.
10 Ibid., S. 342.

Zunächst einmal besteht ein unaufhebbarer Unterschied zwischen dem Universum des alltäglichen Denkens und Sprechens auf der einen Seite und dem des philosophischen Denkens und Sprechens auf der anderen. Unter normalen Umständen ist die gewöhnliche Sprache in der Tat eine Angelegenheit des Verhaltens – ein praktisches Instrument. Wenn jemand tatsächlich sagt, »mein Besen steht in der Ecke«, so hat er wahrscheinlich im Sinn, daß ein anderer, der gerade nach diesem Besen gefragt hat, ihn nehmen oder ihn dort lassen, zufriedengestellt oder aufgebracht sein wird. Jedenfalls hat der Satz seine Funktion erfüllt, indem er eine verhaltensmäßige Reaktion hervorruft: »Die Wirkung verschlingt die Ursache, der Zweck absorbiert die Mittel«[11].

Wenn demgegenüber in einem philosophischen Text oder in philosophischer Rede das Wort »Substanz«, »Idee«, »Mensch«, »Entfremdung« zum Subjekt eines Satzes wird, so findet keine derartige Transformation der Bedeutung in eine Verhaltensreaktion statt, noch ist sie intendiert. Das Wort bleibt sozusagen unerfüllt – ausgenommen im Denken, wo es das Entstehen anderer Gedanken bewirken kann. Und auf dem Weg einer langen Reihe von Vermittlungen innerhalb eines geschichtlichen Kontinuums kann der Satz helfen, eine Praxis auszubilden und anzuleiten. Aber selbst dann bleibt der Satz unerfüllt – nur die Hybris des absoluten Idealismus behauptet die These einer letztlichen Identität zwischen dem Denken und seinem Objekt. Die Worte, mit denen die Philosophie es zu tun hat, können deshalb niemals eine so bescheidene Verwendung haben »wie die Worte ›Tisch‹, ›Lampe‹, ›Tür‹«.

Exaktheit und Klarheit in der Philosophie sind daher nicht innerhalb des Universums der Alltagssprache zu erreichen. Die philosophischen Begriffe zielen auf eine Dimension von Tatsache und Bedeutung ab, welche die atomisierten Sätze oder Wörter der Alltagssprache »von außen« erhellt, wobei sie zeigt, daß dieses »Außen« für das Verständnis der Alltagssprache wesentlich ist. Anders ausgedrückt: wenn das Universum der Alltags-

---

11 Paul Valéry, »Poésie et pensée abstraite«, in: *Oeuvres*, l. c., S. 1331. Cf. auch »Les Droits du poète sur la langue«, in: *Pièces sur l'art*, Paris, Gallimard, 1934, S. 47 f.

sprache selbst zum Gegenstand philosophischer Analyse wird, wird die Sprache der Philosophie zu einer »Metasprache«[12]. Selbst wenn sie sich in den bescheidenen Ausdrücken der Alltagssprache bewegt, bleibt sie ihr gegenüber antagonistisch. Sie löst den bestehenden, empirisch begründeten Bedeutungszusammenhang auf in den wirklichen; sie abstrahiert von der unmittelbaren Konkretheit, um zur wahren zu gelangen.

Aus dieser Position betrachtet, werden die oben angeführten Beispiele der Sprachanalyse als angemessene Gegenstände einer philosophischen Analyse anfechtbar. Kann die exakteste und erhellendste Beschreibung dessen, was gekostet wird und wie Ananas schmecken kann oder auch nicht, jemals zur philosophischen Erkenntnis beitragen? Kann sie jemals als Kritik dienen, bei der es um strittige menschliche Verhältnisse geht – um andere als um die medizinischer oder psychologischer Geschmacksprüfung; Verhältnisse, auf die Austins Analyse sicher nicht abzielt. Dem größeren und dichteren Zusammenhang entzogen, in dem der Sprecher spricht und lebt, wird das Objekt der Analyse aus dem umfassenden Medium herausgenommen, in dem Begriffe gebildet und zu Wörtern werden. Worin besteht dieser umfassende, größere Zusammenhang, in dem die Menschen sprechen und handeln und der ihrem Sprechen Bedeutung verleiht – dieser Zusammenhang, der in der positivistischen Analyse nicht erscheint, der *a priori* durch die Beispiele wie durch die Analyse selbst abgeschnitten wird?

Dieser größere Zusammenhang von Erfahrung, diese wirkliche, empirische Welt ist heute immer noch die der Gaskammern und Konzentrationslager, von Hiroshima und Nagasaki, von amerikanischen Cadillacs und deutschen Mercedeswagen, die des Pentagon und des Kreml, nuklearer Städte und chinesischer Kommunen, von Kuba, von Gehirnwäsche und Massakern. Aber die wirkliche, empirische Welt ist zugleich die, in der diese Dinge als selbstverständlich hingenommen, vergessen oder verdrängt werden oder unbekannt sind, in der die Menschen frei sind. Es ist eine Welt, in der der Besen in der Ecke oder der Geschmack »von etwas wie Ananas« recht wichtig sind, in der tägliche Mühe

12 Cf. S. 209 f.

und tägliche Bequemlichkeiten vielleicht die einzigen Tatbestände sind, die alle Erfahrung ausmachen. Und dieses zweite, beschränkte empirische Universum ist ein Teil des ersten; die Mächte, die das erste beherrschen, gestalten auch die beschränkte Erfahrung.

Freilich ist es nicht die Aufgabe des gewöhnlichen Denkens in der gewöhnlichen Sprache, diese Beziehung herauszustellen. Wenn es sich darum handelt, den Besen zu finden oder die Ananas zu kosten, ist die Abstraktion berechtigt, und die Bedeutung kann ermittelt und beschrieben werden, ohne daß man ins politische Universum überwechselt. In der Philosophie aber geht es nicht darum, den Besen zu finden oder die Ananas zu kosten – und noch viel weniger sollte heute eine empirische Philosophie sich auf abstrakter Erfahrung begründen. Ebensowenig wird diese Abstraktheit behoben, wenn die Sprachanalyse auf politische Ausdrücke und Sätze angewandt wird. Ein ganzer Zweig der analytischen Philosophie ist mit diesem Unternehmen befaßt, aber schon die Methode sperrt die Begriffe einer politischen, das heißt kritischen Analyse aus. Die operationelle oder behavioristische Übersetzung gleicht Worte wie »Freiheit«, »Regierung«, »England« solchen wie »Besen« und »Ananas« an und die Realität jener der Realität dieser.

Die Umgangssprache in ihrem »bescheidenen Gebrauch« kann für das kritische philosophische Denken in der Tat von hoher Wichtigkeit sein, aber im Medium dieses Denkens verlieren die Wörter ihre plane Bescheidenheit und enthüllen jenes »verborgene« Etwas, das für Wittgenstein ohne Interesse ist. Man betrachte die Analyse des »Hier« und »Jetzt« in Hegels *Phänomenologie* oder (sit venia verbo!) Lenins Vorschlag, wie »dieses Glas Wasser« auf dem Tisch angemessen zu analysieren sei. Eine solche Analyse deckt in der Alltagssprache die *Geschichte*[13] auf als eine verborgene Bedeutungsdimension – die Herrschaft der Gesellschaft über ihre Sprache. Und dieses Aufdecken zerbricht die natürliche und verdinglichte Form, in der das gegebene Universum der Sprache zunächst erscheint. Die Worte enthüllen sich als wahrhafte Termini nicht nur in einem grammatischen und formallogischen, sondern auch in einem materiellen Sinne, nämlich als die Grenzen, welche die Bedeutung und ihre Entwicklung umschließen – als die Termini, die von der Gesellschaft dem Sprechen und Verhalten auferlegt werden. Diese historische Bedeutungsdimension läßt sich nicht mehr durch Beispiele wie »mein Besen steht in der Ecke« oder »auf dem Tisch ist Käse« erhellen. Freilich können solche Aussagen viele Zweideutigkeiten, Verwirrungen und Schrullen aufdecken, aber sie alle gehören demselben Bereich von Sprachspielen und akademischer Langeweile an.

Indem sie sich an dem verdinglichten Universum alltäglichen Redens orientiert und dieses Reden in den Begriffen dieses verdinglichten Universums darstellt und erläutert, abstrahiert die Analyse vom Negativen, von dem, was entfremdet und antagonistisch ist und in den Begriffen des herrschenden Sprachgebrauchs nicht verstanden werden kann. Dadurch, daß sie Bedeutungen klassifiziert, unterscheidet und auseinanderhält, reinigt sie Denken und Sprache von Widersprüchen, Illusionen und Überschreitungen. Aber die Überschreitungen sind nicht die der »reinen Vernunft«. Sie sind keine metaphysischen Überschreitungen der Grenzen möglicher Erkenntnis, sie eröffnen vielmehr einen Erkenntnisbereich jenseits des gesunden Menschenverstandes und der formalen Logik.

Indem sie den Zugang zu diesem Bereich versperrt, errichtet die positivistische Philosophie eine eigene, selbstgenügsame Welt, geschlossen und vor dem Eindringen störender Außenfaktoren geschützt. In dieser Hinsicht ist es von geringer Bedeutung, ob der begründende Zusammenhang der der Mathematik, logischer Sätze oder der von Sitte und herkömmlichem Sprachgebrauch ist. Auf die eine oder andere Art wird über alle möglicherweise sinnvollen Prädikate im voraus entschieden. Das im voraus entschiedene Urteil könnte so umfassend sein wie die gesprochene englische Sprache, das Wörterbuch oder irgendein Kodex oder eine Konvention sonst. Einmal akzeptiert, bildet es ein empirisches Apriori, das nicht transzendiert werden kann.

Aber dieses radikale Hinnehmen des Empirischen verletzt das Empirische; denn in ihm spricht das verstümmelte, »abstrakte« Individuum sich aus, das nur das erfährt (und ausdrückt), was

13 Cf. S. 98.

ihm (in einem wörtlichen Sinne) *gegeben* ist, das nur die Fakten und nicht die Faktoren hat, dessen Verhalten eindimensional und manipuliert ist. Aufgrund der tatsächlichen Unterdrückung ist die erfahrene Welt das Resultat einer beschränkten Erfahrung, und die positivistische Säuberung des Geistes schaltet diesen mit der beschränkten Erfahrung gleich.

In dieser gereinigten Form wird die empirische Welt zum Gegenstand positiven Denkens. Bei all seinem Erforschen, Bloß-stellen und Klären von Zweideutigkeiten und Dunkelheiten gibt der Neopositivismus sich nicht mit der großen und allgemeinen Zweideutigkeit und Dunkelheit ab, die das vorgegebene Univer-sum der Erfahrung ist. Und es muß außer Betracht bleiben, weil die von dieser Philosophie angenommene Methode diejenigen Begriffe diskreditiert oder »übersetzt«, die das Verständnis der etablierten Wirklichkeit in ihrer repressiven und irrationalen Struktur anleiten könnten – die Begriffe des negativen Denkens. Die Umformung des kritischen in positives Denken findet haupt-sächlich in der therapeutischen Behandlung der Allgemeinbegriffe statt; ihre Übersetzung in operationelle und behavioristische Termini läuft parallel zu der oben erörterten soziologischen Übersetzung.

Der therapeutische Charakter der philosophischen Analyse wird stark betont – daß sie von Illusionen, Täuschungen, Dun-kelheiten, unlösbaren Rätseln, unbeantwortbaren Fragen, von Geistern und Gespenstern kuriert. Wer ist der Patient? Offenbar eine bestimmte Art von Intellektuellen, deren Geist und Sprache mit den Ausdrücken der gewöhnlichen Sprache nicht übereinstim-men. In der Tat ist ein gutes Stück Psychoanalyse in dieser Philo-sophie enthalten – Analyse ohne Freuds grundlegende Einsicht, daß die Verlegenheit des Patienten in einer *allgemeinen* Krank-heit verwurzelt ist, die nicht durch analytische Therapie kuriert werden kann. Anders ausgedrückt, in gewissem Sinn ist nach Freud das Leiden des Patienten eine Protestreaktion gegen die kranke Welt, in der er lebt. Aber der Arzt muß das »moralische« Problem außer Betracht lassen. Er hat die Gesundheit des Patien-ten wiederherzustellen, um ihn zu befähigen, normal in seiner Welt zu funktionieren.

Der Philosoph ist kein Arzt; es ist nicht seine Aufgabe, Individuen zu kurieren, sondern die Welt zu begreifen, in der sie leben – sie im Hinblick auf das zu verstehen, was sie dem Menschen angetan hat und was sie dem Menschen antun kann. Denn Philosophie ist (historisch, und ihre Geschichte ist noch von Belang) das Gegenteil von dem, was sie nach Wittgensteins Behauptung sein soll, der sie als den Verzicht auf alle Theorie verkündete, als das Unternehmen, das »alles so läßt, wie es ist«. Und die Philosophie kennt keine nutzlosere »Entdeckung« als die, welche »die Philosophie zur Ruhe bringt, so daß sie nicht mehr von Fragen gepeitscht wird, die sie *selbst* in Frage stellen«[14]. Und es gibt kein unphilosophischeres Motto als Bischof Butlers Ausspruch, der G. M. Moores *Principia Ethica* schmückt: »Alles ist, was es ist und nichts anderes« – wofern nicht das »Ist« so verstanden wird, daß es sich auf die qualitative Differenz zwischen dem bezieht, was die Dinge wirklich sind, und dem, wozu sie gemacht werden.

Die neopositivistische Kritik richtet ihre Hauptanstrengung noch immer gegen metaphysische Begriffe und ist durch einen Begriff von Exaktheit motiviert, der entweder der der formalen Logik oder der empirischer Beschreibung ist. Ob nun die Exaktheit in der analytischen Reinheit von Logik und Mathematik oder im Einklang mit der Alltagssprache gesucht wird – an beiden Polen der Gegenwartsphilosophie findet sich dieselbe Ablehnung oder Abwertung derjenigen Denk- und Sprachelemente, die das akzeptierte System gültiger Normen transzendieren. Diese Feindschaft ist höchst durchgreifend, wo sie die Form der Duldung annimmt, das heißt, wo den transzendenten Begriffen in einer abgetrennten Sinn- und Bedeutungsdimension (dichterische Wahrheit, metaphysische Wahrheit) ein gewisser Wahrheitswert zugebilligt wird. Denn gerade das Abspalten eines Sonderbereichs, in dem Denken und Sprache legitimerweise unexakt, vage und sogar widerspruchsvoll sein dürfen, ist die wirksamste Art, das normale Universum der Sprache davor zu bewahren, von unpassenden Ideen ernsthaft gestört zu werden. Was immer an Wahrheit in der Literatur enthalten sein mag, ist eine »dichterische« Wahrheit, was immer an Wahrheit im kriti-

14 *Philosophische Untersuchungen*, 1. c., S. 347.

schen Idealismus enthalten sein mag, ist eine »metaphysische« Wahrheit – ihre Triftigkeit, sofern vorhanden, ist weder verbindlich für das alltägliche Sprechen und Verhalten noch für die ihnen angepaßte Philosophie. Diese neue Form der Lehre von der »doppelten Wahrheit« sanktioniert ein falsches Bewußtsein, indem sie die Relevanz der transzendenten Sprache für das Universum der Alltagssprache leugnet, indem sie völlige Nichteinmischung verkündet, während doch der Wahrheitswert jener gerade in ihrer Relevanz für dieses und darin besteht, sich in sie einzumischen.

Unter den repressiven Bedingungen, unter denen die Menschen denken und leben, kann das Denken – jede Art von Denken, das nicht auf die pragmatische Orientierung innerhalb des Status quo beschränkt ist – nur dadurch die Tatsachen erkennen und auf sie reagieren, daß es »hinter sie« geht. Die Erfahrung findet vor einem verhüllenden Vorhang statt, und wenn die Welt die Erscheinung von etwas hinter dem Vorhang der unmittelbaren Erfahrung ist, dann sind wir, mit Hegel zu sprechen, es selbst, die sich hinter dem Vorhang befinden. Wir selbst, nicht als die Subjekte des gesunden Menschenverstandes, wie in der Sprachanalyse, noch als die »gereinigten« Subjekte des wissenschaftlichen Messens, sondern als die Subjekte und Objekte des historischen Kampfes des Menschen mit der Natur und mit der Gesellschaft. Die Tatsachen sind, was sie sind, als Vorgänge in diesem Kampf. Ihre Faktizität ist historisch selbst dort, wo sie noch die der rohen, unbewältigten Natur ist.

Diese intellektuelle Auflösung, ja Zerstörung der gegebenen Tatsachen ist die historische Aufgabe der Philosophie und die philosophische Dimension. Auch die naturwissenschaftliche Methode geht über die Tatsachen hinaus und sogar über die Tatsachen der unmittelbaren Erfahrung. Die naturwissenschaftliche Methode entwickelt sich in der Spannung zwischen Erscheinung und Wirklichkeit. Jedoch ist hier die Vermittlung zwischen Subjekt und Objekt des Denkens wesentlich anders. In der Naturwissenschaft ist das Medium das aller anderen Qualitäten entkleidete beobachtende, messende, kalkulierende, experimentierende Subjekt. Das abstrakte Subjekt entwirft und bestimmt das abstrakte Objekt.

Demgegenüber sind die Objekte des philosophischen Denkens auf ein Bewußtsein bezogen, für das die konkreten Qualitäten in die Begriffe und ihr Wechselspiel eingehen. Die philosophischen Begriffe bewahren und entfalten die vorwissenschaftlichen Vermittlungen (die Arbeit der Alltagspraxis, der ökonomischen Organisation, der politischen Aktion), die die Objektwelt zu dem gemacht haben, was sie tatsächlich ist – zu einer Welt, in der alle Tatsachen Ereignisse und Vorgänge in einem historischen Kontinuum sind.

Die Trennung der Naturwissenschaft von der Philosophie ist selbst ein historisches Ereignis. Die Aristotelische Physik war ein Teil der Philosophie und bereitete als solcher die »erste Wissenschaft« vor – die Ontologie. Der Aristotelische Begriff der Materie ist vom Galileischen und nachgalileischen nicht nur im Sinn verschiedener Entwicklungsstufen der naturwissenschaftlichen Methode (und der Entdeckung anderer Realitäts»schichten«) verschieden, sondern auch, und vielleicht in erster Linie, im Sinne anderer historischer Entwürfe, eines anderen historischen Unternehmens, das eine andere Natur und eine andere Gesellschaft eingerichtet hat. Die Aristotelische Physik wird *objektiv* falsch mit der neuen Erfahrung, mit dem neuen Erfassen der Natur, mit der historischen Errichtung eines neuen Subjekts und einer neuen Objektwelt, und die Falsifikation der Aristotelischen Physik verweist dann zurück auf die vergangene und überholte Erfahrung und Erfassung[15].

Ob sie nun der Naturwissenschaft einverleibt werden oder nicht, die philosophischen Begriffe bleiben gegenüber dem Bereich der Alltagssprache antagonistisch; denn sie schließen nach wie vor Inhalte ein, die in der gesprochenen Welt, im öffentlichen Verhalten, in den wahrnehmbaren Bedingungen, Dispositionen oder vorherrschenden Neigungen nicht erfüllt werden. Das philosophische Universum enthält demzufolge weiterhin »Geister«, »Fiktionen« und »Illusionen«, die insofern vernünftiger als ihre Leugnung sein können, als sie Begriffe sind, die die Grenzen und Täuschungen der herrschenden Rationalität erkennen. Sie drücken die Erfahrung aus, die Wittgenstein zurückweist – nämlich

15 Cf. Kapitel 6, besonders S. 179.

»›daß sich das oder das denken lasse, entgegen unserem Vorurteil‹ – was immer das heißen mag«[16].

Die Vernachlässigung dieser spezifisch philosophischen Dimension oder das Aufräumen mit ihr hat den zeitgenössischen Positivismus dazu gebracht, sich in einer synthetisch verarmten Welt akademischer Konkretheit zu bewegen und trügerischere Probleme zu schaffen als diejenigen es waren, die er zerstört hat. Selten hat eine Philosophie einen unehrlicheren *esprit de sérieux* zur Schau gestellt als der, der in solchen Analysen wie die Interpretation der drei blinden Mäuse in einer Studie der »Metaphysischen und Ideographischen Sprache« sich ausdrückt mit ihrer Diskussion einer »künstlich konstruierten dreifachen Prinzip-Blindheit-Mausheit-asymmetrischen Folge, die nach den reinen Prinzipien der Ideographie konstruiert wurde«.[17]

Vielleicht ist dieses Beispiel unfair. Es ist jedoch fair zu sagen, daß die abstruseste Metaphysik keine derart künstlichen und zünftlerischen Sorgen an den Tag gelegt hat wie die, die im Zusammenhang mit den Problemen von Reduktion, Übersetzung, Beschreibung, Bezeichnung, Eigennamen usw. entstanden sind. Die Beispiele werden geschickt in der Schwebe zwischen Ernsthaftigkeit und Witz gehalten: die Unterschiede zwischen Scott und dem Autor von *Waverly*; die Kahlheit des gegenwärtigen Königs von Frankreich; daß Herr Müller den »durchschnittlichen Steuerzahler« Schulze auf der Straße trifft oder nicht; daß ich hier und jetzt einen roten Flecken sehe und sage: »dies ist rot«; oder die Offenbarung der Tatsache, daß die Menschen ihre Gefühle oft als Zittern, Stechen, Qual, Klopfen, Reißen, Jucken, Prickeln, Erschauern, Erglühen, Bürde, Übelwerden, Verlangen, Grauen, Schwäche, Spannungen, als Nagen und Schocks beschreiben[18].

Diese Art Empirismus ersetzt die verhaßte Welt metaphysischer Geister, Mythen, Legenden und Illusionen durch eine Welt von begrifflichen oder sinnlichen Fetzen, von Wörtern und Äußerungen, die dann zu einer Philosophie organisiert werden.

16 Wittgenstein, l. c., S. 342.
17 Margaret Masterman, in: *British Philosophy in the Mid-Century*, ed. C. A. Mace, London, Allen and Unwin, 1957, S. 323.
18 Gilbert Ryle, *The Concept of Mind*, l. c., S. 83 f.

Und all das ist nicht nur legitim, es ist sogar korrekt; denn es enthüllt das Ausmaß, in dem nicht-operationelle Gedanken, Bestrebungen, Erinnerungen und Bilder konsumierbar, irrational, verwirrend oder sinnlos geworden sind.

Indem sie in diesem Durcheinander Ordnung schafft, faßt die analytische Philosophie die gegenwärtige technologische Organisation der Wirklichkeit in Begriffe; aber sie beugt sich auch den Urteilen dieser Organisation; die Entschleierung einer alten Ideologie wird zum Bestandteil einer neuen. Nicht nur die Illusionen werden um ihren Nimbus gebracht, sondern auch die Wahrheit in diesen Illusionen. Die neue Ideologie drückt sich in Feststellungen aus wie »die Philosophie stellt nur fest, was jedermann zugibt« oder darin, daß unser gewöhnlicher Wortschatz »alle Unterscheidungen« enthält, »die die Menschen zu machen für wert befunden haben«.

Worin besteht dieser »gewöhnliche Wortschatz«? Enthält er Platons »Idee«, Aristoteles' »Wesen«, Hegels »Geist«, Marx' »Verdinglichung«, in welcher angemessenen Übersetzung auch immer? Enthält er die Schlüsselworte der poetischen Sprache? Der surrealistischen Prosa? Und wenn ja, enthält er sie in ihrer negativen Bedeutung – das heißt als Aufhebung des Universums des gewöhnlichen Sprachgebrauchs? Wenn nicht, dann wird ein ganzes Corpus von Unterscheidungen, die die Menschen zu treffen für wert befunden haben, verworfen, in den Bereich der Dichtung oder Mythologie abgeschoben; ein verstümmeltes, falsches Bewußtsein wird zum wahren Bewußtsein hergerichtet, das über Bedeutung und Ausdruck dessen befindet, was ist. Der Rest wird als Dichtung oder Mythologie denunziert – und gutgeheißen.

Es ist jedoch nicht klar, welche Seite in Mythologie befangen ist. Sicher ist Mythologie primitives und unreifes Denken. Der Prozeß der Zivilisation nimmt dem Mythos seine Kraft (das ist geradezu eine Definition des Fortschritts), aber er kann auch das rationale Denken auf den mythologischen Status zurückwerfen. Im letzteren Falle werden Theorien, die historische Möglichkeiten feststellen und projektieren, irrational oder scheinen vielmehr irrational, weil sie der Rationalität des bestehenden Universums von Sprache und Verhalten widersprechen.

So wird im Zivilisationsprozeß der Mythos des Goldenen Zeitalters und des Milleniums fortschreitender Rationalisierung unterworfen. Die (historisch) unmöglichen Elemente werden von den möglichen getrennt – Traum und Dichtung von Wissenschaft, Technik und Geschäft. Im neunzehnten Jahrhundert übersetzen die Theorien des Sozialismus den ursprünglichen Mythos in soziologische Begriffe – oder entdeckten vielmehr in den gegebenen historischen Bedingungen den rationalen Kern des Mythos. Dann fand jedoch die umgekehrte Bewegung statt. Heute scheinen die rationalen und realistischen Begriffe von gestern wiederum mythologisch, wenn sie mit den tatsächlichen Verhältnissen konfrontiert werden. Die Wirklichkeit der arbeitenden Klassen in der fortgeschrittenen Industriegesellschaft macht das Marxsche »Proletariat« zu einem mythologischen Begriff; die Wirklichkeit des heutigen Sozialismus macht die Marxsche Idee zu einem Traum. Diese Umkehrung wird verursacht durch den Widerspruch zwischen Theorie und Tatsachen – ein Widerspruch, der als solcher jene noch nicht als falsch erweist. Der unwissenschaftliche, spekulative Charakter kritischer Theorie ergibt sich aus dem spezifischen Charakter ihrer Begriffe, die das Irrationale im Rationalen, die Mystifikation in der Wirklichkeit bezeichnen und bestimmen. Ihre mythologische Qualität spiegelt die mystifizierende Qualität der gegebenen Tatsachen – die trügerische Harmonisierung der gesellschaftlichen Widersprüche.

Die technische Leistung der fortgeschrittenen Industriegesellschaft und die wirksame Manipulation geistiger und materieller Produktivität haben eine *Verlagerung im Ort der Mystifikation* bewirkt. Wenn es sinnvoll ist zu sagen, daß die Ideologie sich nunmehr im Produktionsprozeß selbst verkörpert, dann mag es auch sinnvoll sein zu vermuten, daß in dieser Gesellschaft das Rationale eher als das Irrationale zum wirksamsten Vehikel der Mystifizierung wird. Die Ansicht, daß die Zunahme der Unterdrückung sich in der gegenwärtigen Gesellschaft in der ideologischen Sphäre und zunächst im Aufkommen irrationaler Pseudophilosophien (Lebensphilosophie; die Begriffe der Gemeinschaft gegenüber der Gesellschaft; Blut und Boden usw.) manifestierte, wurde vom Faschismus und Nationalsozialismus widerlegt. Diese Regime straften diese und ihre eigenen irrationalen »Philosophien« Lügen durch die umfassende technische Rationalisierung des Apparats. Es war die totale Mobilisierung der materiellen und geistigen Maschinerie, die ganze Arbeit leistete und ihre mystifizierende Macht über die Gesellschaft installierte. Sie diente dazu, die Individuen unfähig zu machen, »hinter« der Maschinerie jene zu sehen, die sich ihrer bedienten, von ihr profitierten und jene, die für sie zahlten.

Heute werden die mystifizierenden Elemente gemeistert und in produktiver Publicity, Propaganda und Politik eingesetzt. Magie, Zauberei und ekstatische Hingabe werden in der täglichen Routine zu Haus, im Geschäft und Büro praktiziert, und die rationalen Fertigkeiten verbergen die Irrationalitäten des Ganzen. So ist zum Beispiel das wissenschaftliche Herangehen an das quälende Problem wechselseitiger Vernichtung – die Mathematik und die Kalkulationen des Tötens und mehrfachen Tötens (over-kill), das Messen von sich ausbreitender oder nicht ganz so ausbreitender Verseuchung, die Experimente, wie lange abnorme Situationen ertragen werden – in dem Maße mystifizierend, wie es ein Verhalten fördert (oder gar verlangt), das den Wahnsinn akzeptiert. Es wirkt so einem wahrhaft rationalen Verhalten entgegen – nämlich der Weigerung mitzumachen und dem Bemühen, die den Wahnsinn hervorbringenden Bedingungen zu beseitigen.

Angesichts dieser neuen Mystifizierung, die Rationalität in ihr Gegenteil verkehrt, muß an der Unterscheidung festgehalten werden. Das Rationale ist *nicht* irrational, und der Unterschied zwischen einer exakten Erkenntnis und Analyse der Tatsachen und einer vagen und gefühlsbetonten Spekulation ist so wesentlich wie je zuvor. Das Bedenkliche ist, daß die Statistiken, Messungen und Feldstudien der empirischen Soziologie und politischen Wissenschaft nicht rational genug sind. Sie werden in dem Maße zu etwas Mystifizierendem, wie sie von dem wahrhaft konkreten Zusammenhang isoliert werden, der die Tatsachen schafft und ihre Funktion determiniert. Dieser Zusammenhang ist größer und ein anderer als der der untersuchten Fabriken und Werkstätten, der behandelten Klein- und Großstädte, der Gebiete und Gruppen, über deren öffentliche Meinung befunden und deren Überlebenschance berechnet wird.

Und er ist auch wirklicher in dem Sinne, daß er die untersuchten, zurechtgestutzten und berechneten Tatsachen hervorbringt und determiniert. Dieser wirkliche Zusammenhang, in dem die besonderen Gegenstände zu ihrer wirklichen Bedeutung gelangen, ist bestimmbar nur innerhalb einer *Theorie* der Gesellschaft. Denn die Faktoren in den Fakten sind nicht unmittelbar Daten der Beobachtung, Messung und Befragung. Sie werden zu Daten eben erst in einer Analyse, die es vermag, diejenige Struktur auszumachen, welche die Teile und Prozesse der Gesellschaft zusammenhält und ihre Wechselwirkung bestimmt.

Zu sagen, daß dieser Metazusammenhang *die* Gesellschaft ist, heißt das Ganze gegenüber den Teilen hypostasieren. Aber diese Hypostasierung findet in Wirklichkeit statt, *ist* die Wirklichkeit, und die Analyse kann sie nur dadurch überwinden, daß sie sie anerkennt und ihre Reichweite und Ursachen begreift. Die Gesellschaft ist in der Tat das Ganze, das eine unabhängige Macht über die Individuen ausübt, und diese Gesellschaft ist kein unfaßbarer »Geist«. Sie hat ihren empirischen, festen Kern in dem System von Institutionen, die etablierte und geronnene Beziehungen zwischen Menschen sind. Die Abstraktion von diesem Kern verfälscht die Messungen, Befragungen und Berechnungen – aber in einer Dimension, die in den Messungen, Befragungen und Berechnungen nicht erscheint und dadurch mit diesen nicht in Konflikt gerät und sie nicht stört. Sie behalten ihre Exaktheit und sind gerade in ihrer Exaktheit mystifizierend.

Indem sie den mystifizierenden Charakter transzendenter Ausdrücke, vager Begriffe, metaphysischer Universalien und dergleichen bloßstellt, mystifiziert die Sprachanalyse die Ausdrücke der Alltagssprache, indem sie diese in dem repressiven Zusammenhang der bestehenden Universums der Sprache beläßt. Innerhalb dieses repressiven Universums findet die behavioristische Erklärung des Sinnes statt – die Erklärung, welche die alten sprachlichen »Geister« der Cartesianischen und anderer veralteter Mythen bannen soll. Die Sprachanalyse behauptet, daß, wenn Herr Schulze und Herr Müller von dem sprechen, was sie im Sinn haben, sie sich einfach auf die spezifischen Wahrnehmungen, Begriffe oder Stimmungen beziehen, die sie gerade haben; der Geist ist ein verbalisiertes Gespenst. In ähnlicher Weise ist auch der Wille kein wirkliches Seelenvermögen, sondern einfach eine spezifische Art von spezifischen Stimmungen, Neigungen und Bestrebungen. Ähnlich steht es mit »Bewußtsein«, »Selbst«, »Freiheit« – sie sind alle in Begriffen erklärbar, die besondere Arten oder Weisen des Benehmens und Verhaltens bezeichnen. Ich komme später auf diese Behandlung von Allgemeinbegriffen zurück.

Oft verbreitet die analytische Philosophie eine Atmosphäre, wie sie der Denunziation in einem Untersuchungsausschuß entspricht. Der Intellektuelle wird zur Rechenschaft gezogen. Was meinst Du, wenn Du sagst . . . ? Verbirgst Du nicht etwas? Du redest in einer Sprache, die suspekt ist. Du redest nicht wie wir alle, wie der Mann auf der Straße, sondern eher wie ein Ausländer, der nicht hierher gehört. Wir müssen Dich auf ein bescheidenes Format herunterschrauben, Deine Tricks aufdecken, Dich läutern. Wir werden Dich lehren zu sagen, was Du meinst, damit »herauszurücken«, die »Karten auf den Tisch zu legen«. Natürlich erlegen wir Dir und Deiner Denk- und Redefreiheit keinen Zwang auf; Du darfst denken, was Dir beliebt. Aber wenn Du einmal sprichst, mußt Du uns Deine Gedanken übermitteln – in unserer Sprache oder in Deiner. Freilich darfst Du Deine eigene Sprache sprechen, aber sie muß übersetzbar sein, und sie wird übersetzt. Du darfst getrost dichterisch reden – dagegen ist nichts einzuwenden. Wir lieben Dichtung. Aber wir wollen Deine Dichtung verstehen, und das können wir nur, wenn wir Deine Symbole, Metaphern und Bilder im Sinne der gewöhnlichen Sprache interpretieren können.

Der Dichter könnte antworten, er wünsche in der Tat, daß seine Dichtung verständlich sei und verstanden werde (eben deshalb schreibt er); wäre aber, was er sagt, in der Umgangssprache sagbar, dann hätte er sich ihrer wahrscheinlich von Anfang an bedient. Er könnte sagen: Das Verständnis meiner Dichtung setzt voraus, daß eben jenes Universum von Sprache und Verhalten hinfällig und nichtig geworden ist, in das Ihr sie übersetzen wollt. Meine Sprache ist erlernbar, wie jede andere Sprache (im Grunde ist sie auch Eure Sprache), dann aber wird sich zeigen, daß meine Symbole, Metaphern usw. *keine* Symbole, Metaphern usw. sind, sondern genau bedeuten, was sie besagen. Eure Toleranz ist trügerisch. Indem Ihr mir eine Sondersphäre von Bedeutung und Bedeutsamkeit einräumt, gewährt Ihr mir Freiheit von Zurechnungsfähigkeit und Vernunft; aber nach meiner Ansicht befindet das Irrenhaus sich anderswo.

Der Dichter mag auch den Eindruck gewinnen, daß die solide Nüchternheit der linguistischen Philosophie eine ziemlich vorurteilsvolle und emotionale Sprache spricht – die zorniger alter oder junger Männer. Ihr Vokabular quillt über von »ungehörig«, »wunderlich«, »absurd«, »verwirrend«, »schrullig«, »verstiegen« und »Kauderwelsch«. Ungehörige und verwirrende Schrullen müssen beseitigt werden, wenn es zu einem vernünftigen Verständnis kommen soll. Die Kommunikation soll sich nicht über den Köpfen der Menschen vollziehen; Inhalte, die über den gesunden Menschenverstand und den der Wissenschaft hinausgehen, sollen das akademische und alltägliche Universum der Sprache nicht beeinträchtigen.

Kritische Analyse muß sich jedoch von dem abheben, was zu begreifen sie bestrebt ist; die philosophischen Ausdrücke müssen anders geartet sein als die gewöhnlichen, damit deren volle Bedeutung erhellt werde[19]. Denn das vorgegebene Universum der Sprache trägt durchweg die Male spezifischer Arten von Herrschaft, Organisation und Manipulation, denen die Mitglieder einer Gesellschaft unterworfen sind. Um zu leben, hängen die Menschen von Chefs, Politikern, Stellungen und Nachbarn ab, die sie dazu verhalten, das zu sagen und zu meinen, was sie sagen und meinen; die gesellschaftliche Notwendigkeit zwingt sie dazu, das »Ding« (einschließlich ihrer eigenen Person, ihres Denkens und Empfindens) mit seinen Funktionen zu identifizieren. Wieso wissen wir etwas? Weil wir fernsehen, dem Radio zuhören, Zeitungen und Illustrierte lesen, mit den Menschen reden.

Unter diesen Umständen ist der gesprochene Satz ein Ausdruck des Individuums, das ihn ausspricht, *und* jener, die es dazu anhalten zu sprechen wie es spricht, *und* Ausdruck einer wie immer

---

19 Die gegenwärtige analytische Philosophie hat auf ihre Weise diese Notwendigkeit als das Problem der *Metasprache* anerkannt; cf. S. 194 und S. 209.

beschaffenen Spannung und Widersprüchlichkeit zwischen ihnen. Indem sie ihre eigene Sprache sprechen, sprechen die Menschen auch die Sprache ihrer Herren, Wohltäter und Werbetexter. Daher drücken sie nicht nur sich *selbst* aus, ihre eigene Erkenntnis, ihre Gefühle und Bestrebungen, sondern auch etwas anderes als sich selbst. Indem sie »von sich aus« die politische Lage sei's ihrer Heimatstadt, sei's die internationale, beschreiben, beschreiben sie (und »sie« schließt *uns* ein, die Intellektuellen, die es wissen und kritisieren), was »ihre« Medien der Massenkommunikation ihnen erzählen – und das verschmilzt mit dem, was sie wirklich denken, sehen und fühlen.

Wenn wir einander unsere Vorlieben und Abneigungen, unsere Sentiments und Ressentiments mitteilen, müssen wir die Ausdrücke unserer Reklamesprüche, Kinos, Politiker und Bestseller benutzen. Wir müssen dieselben Ausdrücke zum Beschreiben unserer Automobile, Nahrungsmittel und Möbel, Kollegen und Konkurrenten benutzen – und wir verstehen einander bestens. Das muß notwendigerweise so sein; denn Sprache ist nichts Privates und Persönliches; das Private und Persönliche ist vielmehr vermittelt durch das verfügbare sprachliche Material, das gesellschaftliches Material ist. Diese Situation aber macht die Alltagssprache untauglich für jene Geltung verbürgende Funktion, die sie in der analytischen Philosophie erfüllt. »Was die Menschen meinen, wenn sie sagen ...«, ist verbunden mit dem, was sie *nicht* sagen. Anders gesagt, was sie meinen, kann nicht für bare Münze genommen werden – nicht weil sie lügen, sondern weil das Universum des Denkens und der Praxis, in dem sie leben, ein Universum manipulierter Widersprüche ist.

Umstände dieser Art mögen für die Analyse solcher Aussagen wie »es juckt mich« oder »er ißt Mohnblumen« oder »das sieht mir jetzt rot aus« irrelevant sein, aber sie werden äußerst relevant, wenn die Menschen wirklich etwas sagen (»sie liebte ihn eben«, »er hat kein Herz«, »das ist nicht fair«, »was kann ich daran ändern«), und sie sind höchst wichtig für die Sprachanalyse der Ethik, Politik usw. Da es an einer solchen fehlt, kann die Sprachanalyse zu keiner anderen empirischen Exaktheit gelangen als zu der, die den Menschen durch den gegebenen Zustand abverlangt wird, und zu keiner anderen Klarheit, als die, die ihnen in diesem Zustand zugebilligt wird – das heißt, sie verbleibt innerhalb der Grenzen der mystifizierten und trügerischen Sprache.

Wo sie, wie in den logischen Reinigungen, über diese Sprache hinauszugehen scheint, bleibt nur das Skelett eben dieses Universums übrig – ein Geist viel geisterhafter als jene Geister, die von der Analyse bekämpft werden. Wenn Philosophie mehr als ein Beruf ist, dann zeigt sie die Gründe auf, die die Sprache zu einem verstümmelten und trügerischen Universum machten. Diese Aufgabe einem Kollegen in der Abteilung für Soziologie oder Psychologie zu überlassen, heißt die bestehende Teilung der akademischen Arbeit in ein methodologisches Prinzip verwandeln. Ebensowenig läßt sich die Aufgabe mit der bescheidenen Insistenz beiseite schieben, daß Sprachanalyse nur den anspruchslosen Zweck verfolgt, »konfuses« Denken und Sprechen zu klären. Wenn eine solche Klärung über eine bloße Aufzählung und Klassifikation möglicher Bedeutungen in möglichen Zusammenhängen hinausgeht, wobei jedem je nach den Umständen eine breite Auswahl gelassen ist, dann ist sie alles andere als eine anspruchslose Aufgabe. Eine solche Klärung schlösse die Analyse der Alltagssprache in wirklich umstrittenen Bereichen ein, das Erkennen konfusen Denkens gerade dort, wo es am wenigsten konfus *scheint*, die Aufdeckung des Falschen in so viel normalem und klarem Sprachgebrauch. Dann würde die Sprachanalyse das Niveau erreichen, auf dem die spezifischen gesellschaftlichen Prozesse sichtbar und verständlich werden, die das Universum der Sprache formen und begrenzen.

Hier entsteht das Problem der »Metasprache«; die Ausdrücke, welche die Bedeutung bestimmter Ausdrücke analysieren, müssen andere als diese oder von ihnen unterscheidbar sein. Sie müssen mehr und anders sein als bloße Synonyme, die noch demselben (unmittelbaren) Universum der Sprache angehören. Wenn aber diese Metasprache den totalitären Bereich des bestehenden Sprachuniversums wirklich durchbrechen soll, in dem die verschiedenen Dimensionen der Sprache integriert und einander angeglichen sind, dann muß sie imstande sein, die gesellschaftlichen Prozesse zu bezeichnen, die das bestehende Universum der Rede determiniert und »abgeriegelt« haben. Sie kann infolgedessen keine technische Metasprache sein, die hauptsächlich im Hinblick auf semantische oder logische Klarheit konstituiert ist. Das Desiderat besteht vielmehr darin, die bestehende Sprache selbst dazu zu bringen auszusprechen, was sie verbirgt oder ausschließt; denn was aufgedeckt und denunziert werden muß, ist *innerhalb* des Universums der Alltagssprache wirksam, und die herrschende Sprache *enthält* die Metasprache.

Dieses Desiderat ist im Werk von Karl Kraus erfüllt. Er hat gezeigt, wie eine »innere« Untersuchung des Sprechens und Schreibens, der Zeichensetzung, selbst typographischer Irrtümer ein ganzes moralisches oder politisches System bloßstellen kann. Diese Untersuchung bewegt sich noch innerhalb des gewöhnlichen Universums der Sprache; sie bedarf keiner künstlichen Sprache »höheren Niveaus«, um die untersuchte Sprache zu extrapolieren und zu klären. Das Wort, die syntaktische Form werden in dem Zusammenhang gelesen, in dem sie erscheinen – zum Beispiel in einer Zeitung, die in einer bestimmten Stadt oder einem bestimmten Land durch die Feder bestimmter Personen für bestimmte Ansichten eintritt. Der lexikographische und syntaktische Zusammenhang eröffnet so eine andere Dimension – die der Bedeutung und Funktion des Wortes nicht äußerlich, sondern für diese konstitutiv ist –: die der Wiener Presse während und nach dem Ersten Weltkrieg; die Einstellung der Herausgeber zu dem Gemetzel, zur Monarchie, Republik usw. Im Lichte dieser Dimension nehmen Wortgebrauch und Satzstruktur eine Bedeutung und Funktion an, die beim »unvermittelten« Lesen nicht erscheinen. Die Verstöße gegen die Sprache, die im Stil der Zeitung erscheinen, gehören zu ihrem politischen Stil. Syntax, Grammatik und Vokabular werden zu moralischen und politischen Akten. Der Zusammenhang kann aber auch ein ästhetischer und philosophischer sein: Literaturkritik, ein Vortrag vor einer gelehrten Gesellschaft oder dergleichen. Hier konfrontiert die Sprachanalyse eines Gedichts oder Essays das gegebene (unmittelbare) Material (die Sprache des jeweiligen Gedichts oder Essays) mit dem, was der Schriftsteller in der literarischen Tradition vorfand und umformte.

Eine solche Analyse erfordert, daß die Bedeutung eines Ausdrucks oder einer Form, in einem vieldimensionalen Universum entwickelt wird, in dem jede ausgedrückte Bedeutung an mehreren »Systemen« teilhat, die untereinander verbunden sind, ineinander übergreifen und sich widersprechen. Sie gehört etwa:

a) zu einem individuellen Entwurf, d. h. zu einer besonderen Kommunikation (ein Zeitungsartikel, eine Ansprache), die zu einer besonderen Gelegenheit zu einem besonderen Zweck stattfindet;

b) zu einem vorgegebenen überindividuellen System von Ideen, Werten und Zielsetzungen, an dem der individuelle Entwurf teilhat;

c) zu einer bestimmten Gesellschaft, die selber verschiedene und einander sogar widerstreitende individuelle und überindividuelle Entwürfe in sich vereinigt.

Um das zu verdeutlichen: eine bestimmte Rede, ein Zeitungsartikel oder auch eine private Mitteilung wird von einem bestimmten Individuum hervorgebracht, das der (autorisierte oder nichtautorisierte) Sprecher einer besonderen (Berufs-, Wohn-, politischen, intellektuellen) Gruppe in einer spezifischen Gesellschaft ist. Diese Gruppe hat ihre eigenen Werte, Zielsetzungen, Kodices des Denkens und Verhaltens, die – bestätigt oder angefochten – in verschieden bewußtem und explizitem Grade in die individuelle Mitteilung eingehen. Diese »individualisiert« so ein überindividuelles Bedeutungssystem, das eine Sprachdimension bildet, die von der individuellen Mitteilung verschieden und doch mit ihr verschmolzen ist. Und dieses überindividuelle System wiederum ist Teil eines umfassenden, allgegenwärtigen Bedeutungsbereichs, der von dem sozialen System, innerhalb dessen und von dem aus die Mitteilung stattfindet, entwickelt und gewöhnlich »abgesperrt« worden ist.

Reichweite und Ausmaß des sozialen Bedeutungssystems variieren beträchtlich in verschiedenen historischen Perioden und in Übereinstimmung mit der erreichten Kulturstufe, aber seine Grenzen sind klar genug bestimmt, wenn die Mitteilung sich auf mehr bezieht als auf nichtumstrittene Werkzeuge und Verhältnisse des täglichen Lebens. Heute vereinigen die sozialen Bedeutungssysteme verschiedene Nationalstaaten und Sprachgebiete, und diese erweiterten Bedeutungssysteme tendieren dazu, mit dem Bereich der mehr oder weniger fortgeschrittenen kapitalistischen Gesellschaften auf der einen Seite und mit dem der fortschreitenden kommunistischen Gesellschaften auf der anderen zusammenzufallen. Während die bestimmende Funktion des sozialen Bedeutungssystems sich im polemischen, politischen Universum der Sprache mit höchster Starrheit durchsetzt, ist es auch im gewöhnlichen Universum der Sprache in einer verdeckteren, unbewußten, emotionellen Weise am Werk. Eine wahrhaft philosophische Bedeutungsanalyse muß all diesen Bedeutungsdimensionen Rechnung tragen, weil die sprachlichen Ausdrücke an ihnen allen teilhaben. Die Sprachanalyse in der Philosophie hat demzufolge ein außersprachliches Interesse. Wenn sie über einen Unterschied zwischen legitimem und illegitimem Sprachgebrauch befindet, zwischen authentischer und illusorischer Bedeutung, zwischen Sinn und Unsinn, so appelliert sie an ein politisches, ästhetisches oder moralisches Urteil.

Dem kann entgegengehalten werden, daß solch eine »äußerliche« Analyse (in Anführungszeichen, weil sie in Wirklichkeit *nicht* äußerlich ist, sondern vielmehr die innere Entwicklung der Bedeutung) besonders dort fehl am Platze sei, wo es darum geht, die Bedeutung von Ausdrücken dadurch zu erfassen, daß ihre Funktion und ihr Gebrauch in der Alltagssprache analysiert werden. Ich behaupte indessen, daß die Sprachanalyse in der gegenwärtigen Philosophie eben dies *nicht* tut. Und sie tut es insofern nicht, als sie die Alltagssprache in ein spezielles akademisches Universum überträgt, das selbst dort (und gerade dort) gereinigt und synthetisch ist, wo es mit der Alltagssprache angefüllt wird. Bei dieser analytischen Behandlung der Alltagssprache wird diese wirklich keimfrei und unempfindlich gemacht. Die vieldimensionale Sprache wird in eine eindimensionale Sprache verwandelt, in der verschiedene und einander widerstreitende Bedeutungen sich nicht mehr durchdringen, sondern auseinandergehalten werden; die sprengende historische Bedeutungsdimension wird zum Schweigen gebracht.

Wittgensteins endloses Sprachspiel mit Bausteinen oder Herr Schulze und Herr Müller, die sich unterhalten, können wiederum als Beispiele dienen. Trotz der einfachen Klarheit des Beispiels bleiben die Sprecher und ihre Situation unbestimmt. Sie sind X und Y, wie vertraut sie auch miteinander plaudern. Im wirklichen Universum der Sprache aber sind X und Y »Geister«. Sie existieren nicht; sie sind das Produkt des analytischen Philosophen. Natürlich ist das Gespräch von X und Y völlig verständlich, und der Sprachanalytiker appelliert mit Recht an das normale Verständnis gewöhnlicher Menschen. Aber in Wirklichkeit verstehen wir einander nur durch ganze Bereiche des Mißverständnisses und Widerspruchs hindurch. Das wirkliche Universum der Alltagssprache ist das des Kampfes ums Dasein. Es ist in der Tat ein zweideutiges, vages und dunkles Universum und bedarf sicherlich der Klärung. Eine solche Klärung kann durchaus eine therapeutische Funktion erfüllen, und wenn die Philosophie therapeutisch würde, käme sie wirklich zu sich selbst.

Philosophie nähert sich diesem Ziel in dem Grade, wie sie das Denken von seiner Versklavung an das vorgegebene Universum der Sprache und des Verhaltens befreit, die Negativität des Bestehenden erhellt (seine positiven Aspekte werden ohnehin in reichem Maße publiziert) und seine Alternativen entwirft. Freilich widerspricht und entwirft die Philosophie nur im Denken. Sie ist Ideologie, und dieser ideologische Charakter ist gerade das Schicksal der Philosophie, das kein Szientivismus und Positivismus überwinden kann. Und doch kann ihre ideologische Anstrengung, die Wirklichkeit als das zu zeigen, was sie wirklich ist, und das zu zeigen, was von dieser Wirklichkeit am Sein gehindert wird, wahrhaft therapeutisch sein.

In der totalitären Ära wäre die therapeutische Aufgabe der Philosophie eine politische, da das vorgegebene Universum der Alltagssprache die Tendenz hat, zu einem gänzlich manipulierten und indoktrinierten Universum zu gerinnen. Dann erschiene Politik in der Philosophie, nicht als Sonderdisziplin oder Gegenstand der Analyse, auch nicht als eine besondere politische Philosophie, sondern als die Intension ihrer Begriffe, die unverstümmelte Wirklichkeit zu begreifen. Wenn die Sprachanalyse zu einem derartigen Verständnis nicht beiträgt, wenn sie stattdessen dazu beiträgt, das Denken im Umkreis des verstümmelten Universums der Alltagssprache einzufrieden, ist sie bestenfalls völlig inkonsequent. Schlimmstenfalls ist sie eine Flucht ins Unbestrittene, Unwirkliche, in das, was nur akademisch zur Debatte steht.

8 Das geschichtliche Engagement der Philosophie

Die Gebundenheit der analytischen Philosophie an die verstümmelte Realität von Denken und Sprache geht schlagend aus ihrer Behandlung der *Allgemeinbegriffe* hervor. Das Problem wurde bereits erwähnt im Zusammenhang mit dem immanent-geschichtlichen und zugleich transzendenten, allgemeinen Charakter philosophischer Begriffe Es erfordert jetzt eine eingehendere Diskussion. Weit davon entfernt, nur eine abstrakte Frage der Erkenntnistheorie oder eine pseudokonkrete Frage der Sprache und ihres Gebrauchs zu sein, steht die Frage nach dem Status der Allgemeinbegriffe im Zentrum des philosophischen Denkens überhaupt. Denn die Behandlung der Allgemeinbegriffe offenbart die Stellung einer Philosophie in der geistigen Kultur – ihre geschichtliche Funktion.

Die gegenwärtige analytische Philosophie ist darauf aus, solche »Mythen« oder metaphysischen »Gespenster« wie Geist, Bewußtsein, Wille, Seele, Selbst zu bannen, indem sie die Intention dieser Begriffe in Feststellungen über besondere, identifizierbare Operationen, Veranstaltungen, Mächte, Stimmungen, Neigungen, Fertigkeiten usw. auflöst. Das Ergebnis erweist auf merkwürdige Art die Ohnmacht der Destruktion – der Geist spukt nach wie vor. Während jede Interpretation oder Übersetzung einen partikularen geistigen Vorgang, etwa einen Akt der Vorstellung dessen, was ich meine, wenn ich »ich« sage, oder was der Priester meint, wenn er sagt, daß Mary ein »gutes Mädchen« ist, angemessen beschreiben kann, scheint keine dieser Neuformulierungen – auch nicht ihre Summe – die volle Bedeutung solcher Ausdrücke wie Geist, Wille, Selbst, das Gute zu erfassen oder auch nur zu umschreiben. Diese Allgemeinbegriffe bestehen fort im gewöhnlichen wie im »dichterischen« Sprachgebrauch, und in beiden Fällen unterscheidet sie der Sprachgebrauch von den verschiedenen Weisen des Verhaltens oder Gestimmt-Seins, in denen dem analytischen Philosophen zufolge ihre Bedeutung sich erfüllt.

Freilich können solche Allgemeinbegriffe nicht durch die Versicherung gültig werden, daß sie ein Ganzes bezeichnen, das mehr als seine Teile und von diesen verschieden ist. Das ist offenkundig der Fall, aber dieses »Ganze« erfordert eine Analyse des unverstümmelten Erfahrungszusammenhangs. Wird diese Analyse, die über die Sprache hinausgeht, verworfen, wird die Alltagssprache für bare Münze genommen – das heißt ein trügerisches Universum allgemeinen Verständnisses unter den Menschen an die Stelle des herrschenden Universums von Mißverstehen und verordneter Kommunikation gesetzt – dann sind die belasteten Allgemeinbegriffe in der Tat übersetzbar, und ihre »mythologische« Substanz läßt sich in Weisen des Verhaltens und Gestimmt-Seins auflösen.

Diese Auflösung selbst ist jedoch anzuzweifeln – nicht nur zugunsten des Philosophen, sondern der einfachen Leute, in deren Leben und Sprache eine solche Auflösung sich ereignet. Was sie tun und sagen, gehört nicht ihnen selber an; es stößt ihnen zu und verletzt sie, da sie durch die »Umstände« gezwungen werden, ihren Geist mit den geistigen Abläufen zu identifizieren und ihr Selbst mit den Rollen und Funktionen, denen sie in ihrer Gesellschaft nachzukommen haben. Wenn die Philosophie diese Prozesse der Übersetzung und Identifikation nicht als gesellschaftliche Prozesse begreift – das heißt als eine Verstümmelung an Geist (und Körper), die den Individuen von ihrer Gesellschaft zugefügt wird – dann kämpft die Philosophie nur mit dem Gespenst der Substanz, das sie entmystifizieren will. Der mystifizierende Charakter haftet nicht den Begriffen »Geist«, »Selbst«, »Bewußtsein« usw. an, sondern ihrer Übersetzung in Verhaltensweisen. Diese Übersetzung ist gerade deshalb trügerisch, weil sie den Begriff getreu in Weisen des tatsächlichen Verhaltens, in Neigungen und Stimmungen übersetzt und dabei die verstümmelten und organisierten Erscheinungen (die selbst real genug sind!) für die Wirklichkeit nimmt.

Jedoch werden selbst in dieser Schlacht gegen die Geister Kräfte auf den Plan gerufen, die den Scheinkrieg beenden könnten. Eines der störenden Probleme in der analytischen Philosophie ist das von Aussagen über Universalien wie »Nation«, »Staat«, »die britische Verfassung«, »die Universität von Oxford«, »England«[1]. Diesen Allgemeinbegriffen entspricht keinerlei partikulares Daseiendes, und doch ist es durchaus sinnvoll, ja unvermeidlich zu sagen, daß »die Nation« mobilisiert wird, daß »England« Krieg erklärte, daß ich an der »Universität Oxford« studierte. Jede reduktive Übersetzung solcher Aussagen scheint deren Sinn zu ändern. Wir können sagen, daß die Universität keine besondere Wesenheit gegenüber ihren verschiedenen Colleges, Bibliotheken usw. ist, sondern eben die Art, wie diese organisiert sind, und wir können dieselbe Erklärung, modifiziert, auf andere Aussagen anwenden. Indessen wirkt die Art, in der solche Dinge von Menschen organisiert, integriert und verwaltet werden, *als* eine von ihren Bestandteilen verschiedene Wesenheit – so sehr, daß sie, wie im Fall der Nation und der Verfassung, über Leben und Tod verfügen kann. Die Personen, die das Urteil vollstrecken, tun dies, sofern sie überhaupt feststellbar sind, nicht als diese Individuen, sondern als »Vertreter« der Nation, des Konzerns, der Universität. Der zu einer Sitzung versammelte Kongreß der Vereinigten Staaten, das Zentralkomitee, die Partei, der Ausschuß der Direktoren und Manager, der Präsident, die Bevollmächtigten und die Fakultät, die zusammentreten und über die Politik befinden, sind gegenüber den Teilen, aus denen sie sich zusammensetzen, greifbare und wirksame Wesenheiten. Sie sind greifbar in den Berichten, in den Ergebnissen ihrer Gesetze, in den Kernwaffen, über die sie gebieten und die sie produzieren, in den Ernennungen, Gehältern und Erfordernissen, über die sie bestimmen. Im Plenum sind die Individuen die Sprecher (was ihnen oft nicht bewußt wird) von Institutionen, Einflüssen und Interessen, die sich in Organisationen verkörpern. Durch ihre Entscheidung (Stimmabgabe, Ausübung von Druck, Propaganda), die selbst das Ergebnis konkurrierender Institutionen und Interessen ist, wird die Nation, die Partei, der Konzern, die Universität in Bewegung gesetzt, erhalten und repro-

1 Cf. Gilbert Ryle, *The Concept of Mind*, loc. cit., S. 17 f. und passim; J. Wisdom, *»Metaphysics and Verification«*, in: *Philosophy and Psycho-Analysis*, Oxford 1953; A.G.N. Flew in der Einleitung von *Logic and Language* (First Series), Oxford 1955; D.F. Pears, »Universals«, in: ibid., Second Series, Oxford 1959; J. O. Urmson, *Philosophical Analysis*, Oxford 1956; B. Russell, *My Philosophical Development*, New York 1959, S. 223 f.; Peter Laslett (ed.), *Philosophy, Politics and Society*, Oxford 1956, S. 22 ff.

duziert – als eine (relativ) endgültige, allgemeine Realität, die sich über die besonderen Institutionen oder Völker hinwegsetzt, die ihr unterworfen sind.

Diese Realität hat ein von außen kommendes, unabhängiges Dasein angenommen; Aussagen, die sich auf sie beziehen, gehen deshalb auf ein Real-Allgemeines und sind nicht angemessen in Aussagen übersetzbar, die sich auf partikulares Daseiendes beziehen. Und doch deutet der Impuls, eine solche Übersetzung zu versuchen, der Protest gegen ihre Unmöglichkeit, darauf hin, daß hier etwas nicht stimmt. Um einen guten Sinn zu ergeben, *müßten* »die Nation« oder »die Partei« eigentlich in ihre Konstituentien und Bestandteile übersetzbar sein. Die Tatsache, daß dem *nicht* so ist, ist eine *geschichtliche* Tatsache, die sich einer sprachlichen und logischen Analyse in den Weg stellt.

Die Disharmonie zwischen den individuellen und den gesellschaftlichen Bedürfnissen und das Fehlen von repräsentativen Institutionen, in denen die Individuen für sich arbeiten und sprechen, führen zur Realität solcher Allgemeinbegriffe wie die Nation, die Partei, die Verfassung, der Konzern, die Kirche – eine Realität, die nicht mit irgendeiner feststellbaren partikularen Wesenheit (Individuum, Gruppe oder Institution) identisch ist. Solche Allgemeinbegriffe drücken verschiedene Grade und Weisen der Verdinglichung aus. Obgleich real, ist ihre Unabhängigkeit insofern falsch, als sie die partikularer Mächte ist, die das gesellschaftliche *Ganze* organisiert haben. Eine Rückübersetzung, die die falsche Substanz des Allgemeinbegriffs auflösen würde, ist noch immer ein Desiderat – aber ein politisches.

On croit mourir pour la Classe, on meurt pour les gens de Parti. On croit mourir pour la Patrie, on meurt pour les Industriels. On croit mourir pour la Liberté des Personnes, on meurt pour la Liberté des dividendes. On croit mourir pour le Prolétariat, on meurt pour la Bureaucratie. On croit mourir sur l'ordre d'un Etat, on meurt pour l'Argent qui le tient. On croit mourir pour une nation, on meurt pour les bandits qui la baillonnent. On croit – mais pourquoi croirait-on dans une ombre si épaisse? Croire, mourir? ... quand il s'agit d'apprendre à vivre?[2]

---

2 »Man glaubt für die Klasse zu sterben und stirbt für die Parteiführer. Man glaubt

Das ist eine genuine »Übersetzung« der hypostasierten Allgemeinbegriffe ins Konkrete, und doch anerkennt sie die Realität des Allgemeinen, indem sie es beim wahren Namen nennt. Das hypostasierte Ganze widersetzt sich nicht deshalb einer analytischen Auflösung, weil es eine mythische Wesenheit hinter den besonderen Sachen und Veranstaltungen ist, sondern weil es der konkrete, objektive Grund dafür ist, daß jene im gegebenen gesellschaftlichen und historischen Zusammenhang funktionieren. Als solcher ist es eine reale Kraft, die von den Individuen in ihren Handlungen, Umständen und Verhältnissen empfunden und ausgeübt wird. Sie haben an ihm (in sehr ungleicher Weise) teil; es befindet über ihr Dasein und ihre Möglichkeiten. Der reale Geist hat eine sehr gewaltsame Realität, die der getrennten und unabhängigen Macht des Ganzen über den Individuen. Und dieses Ganze ist nicht nur eine wahrgenommene Gestalt (wie in der Psychologie), auch kein metaphysisches Absolutes (wie bei Hegel) noch ein totalitärer Staat (wie in unzureichender politischer Wissenschaft) – es ist der herrschende Zustand, der das Leben der Individuen bestimmt.

Indes, haben nicht – selbst wenn wir diesen politischen Allgemeinbegriffen eine solche Realität zubilligen – alle anderen Allgemeinbegriffe einen sehr andersartigen Status? Das ist der Fall, aber ihre Analyse wird nur allzuleicht innerhalb der Grenzen der akademischen Philosophie belassen. Die folgende Diskussion beansprucht nicht, in das »Problem der Allgemeinbegriffe« einzutreten; sie sucht lediglich die (künstlich) beschränkte Reichweite der philosophischen Analyse zu erhellen und auf das Bedürfnis hinzuweisen, über diese Schranken hinauszugehen. Die Diskussion wird wiederum substantielle Allgemeinbegriffe als von den logisch-mathematischen (Menge, Zahl, Klasse usw.) verschieden

---

für das Vaterland zu sterben und stirbt für die Industriellen. Man glaubt für die Freiheit der Person zu sterben, man stirbt für die Freiheit der Dividenden. Man glaubt für das Proletariat zu sterben und stirbt für seine Bürokratie. Man glaubt auf Befehl des Staates zu sterben und stirbt für die Geldmächte, die diesen Staat zusammenhalten. Sie glauben für eine Nation zu sterben und sterben für die Banditen, die sie knebeln. Man glaubt – aber wieso glaubt man eigentlich noch in solcher Dunkelheit? Glauben? Sterben? Wenn es sich darum handelt, leben zu lernen?« François Perroux, *La coexistence pacifique*, loc. cit., Band III, S. 631; dt. Ausgabe, loc. cit., S. 605 (eigene Übersetzung des dort Fehlenden, A. d. Ü.).

in den Brennpunkt stellen und unter jenen die abstrakteren und umstritteneren Begriffe, die für das philosophische Denken eine wirkliche Herausforderung sind.

Der substantielle Allgemeinbegriff abstrahiert nicht nur vom konkreten Dasein, sondern bezeichnet auch ein anderes Dasein. Der Geist ist mehr und etwas anderes als bewußte Akte und bewußtes Verhalten. Seine Wirklichkeit könnte versuchsweise beschrieben werden als die Art oder Weise, in der diese besonderen Akte von einem Individuum synthesiert, integriert werden. Man könnte versucht sein zu sagen, sie werden *a priori* synthesiert durch eine »transzendentale Apperzeption«, und zwar in dem Sinne, daß die integrierende Synthese, welche die besonderen Prozesse und Akte ermöglicht, diesen *vorhergeht*, sie strukturiert, von »anderen Geistern« unterscheidet. Doch täte diese Formulierung dem Kantischen Begriff Gewalt an; denn die Priorität eines solchen Bewußtseins ist eine empirische, die überindividuelle Erfahrung, Ideen und Bestrebungen besonderer sozialer Gruppen einschließt.

Angesichts dieser Merkmale kann das Bewußtsein durchaus eine Anlage, Neigung oder ein Vermögen genannt werden. Es ist jedoch keine individuelle Anlage oder ein individuelles Vermögen unter anderen, sondern eine im strengen Sinn allgemeine Anlage, die, in verschiedenem Grad, den individuellen Mitgliedern einer Gruppe, Klasse und Gesellschaft gemeinsam ist. Auf dieser Grundlage wird die Unterscheidung zwischen wahrem und falschem Bewußtsein sinnvoll. Jenes würde die Daten der Erfahrung in Begriffen synthesieren, welche die gegebene Gesellschaft in den gegebenen Tatsachen so umfassend und angemessen wie möglich reflektieren. Diese »soziologische« Definition wird nicht aus irgendeiner Voreingenommenheit für die Soziologie vorgeschlagen, sondern weil die Gesellschaft tatsächlich in die Daten der Erfahrung eingeht. Folglich ist die Unterdrückung der Gesellschaft beim Bilden von Begriffen gleichbedeutend mit einer akademischen Eingrenzung der Erfahrung, einer Beschränkung des Sinnes.

Außerdem erzeugt die normale Einschränkung der Erfahrung eine weitgehende Spannung, ja einen Konflikt zwischen »Bewußtsein« und bewußten Akten. Wenn ich vom Geist eines

Menschen spreche, dann beziehe ich mich nicht nur auf seine geistigen Prozesse, wie sie sich in seinem Ausdruck, seiner Sprache, seinem Verhalten usw. offenbaren, auch nicht nur auf seine Anlagen oder Fähigkeiten, wie sie erfahren oder aus Erfahrung abgeleitet werden. Ich meine auch dasjenige, was er *nicht* ausdrückt, wofür er *keine* Anlage zeigt, was aber nichtsdestoweniger vorhanden ist und in erheblichem Maße sein Benehmen, sein Verständnis, die Bildung und Reichweite seiner Begriffe bestimmt.

So sind die spezifischen »umweltlichen« Kräfte, die seinen Geist von vornherein dazu verhalten, bestimmten Daten, Bedingungen und Verhältnissen spontan zu widerstreben, »negativ vorhanden«. Sie sind vorhanden als abgewehrtes Material. Ihr *Fehlen* ist eine Realität – ein positiver Faktor, der seine vorliegenden geistigen Prozesse erklärt, den Sinn seiner Wörter und seines Verhaltens. Den Sinn für wen? Nicht nur für den Fachphilosophen, dessen Aufgabe es ist, das Falsche zu berichtigen, von dem das Universum der Alltagssprache erfüllt ist, sondern auch für jene, die unter diesem Falschen leiden, obgleich sie sich dessen nicht bewußt sein mögen – für Herrn Schulze und Herrn Müller. Die gegenwärtige Sprachanalyse umgeht diese Aufgabe, indem sie die Begriffe am Maßstab eines verarmten und im vorhinein bedingten Geistes interpretiert. Worum es geht, ist die ungeschmälerte und ungereinigte Intention bestimmter Schlüsselbegriffe, ihre Funktion in einem nicht unterdrückten Verständnis der Realität – in einem nonkonformistischen, kritischen Denken.

Sind die soeben vorgebrachten Bemerkungen über den Realitätsgehalt solcher Allgemeinbegriffe wie »Geist« und »Bewußtsein« auf andere Begriffe, wie die abstrakten und doch substantiellen Allgemeinbegriffe Schönheit, Gerechtigkeit und Glück sowie ihre Gegensätze, anwendbar? Es scheint, daß das Fortbestehen dieser unübersetzbaren Allgemeinbegriffe als Knotenpunkte des Denkens das unglückliche Bewußtsein einer gespaltenen Welt reflektiert, in der »das, was ist«, dem nicht entspricht, ja, das verneint, »was sein kann«. Die unaufhebbare Differenz zwischen dem Allgemeinen und seinen partikularen Momenten scheint in der primären Erfahrung der unüberwindlichen Differenz zwischen Potentialität und Aktualität verwurzelt – zwischen zwei Dimensionen der einen erfahrenen Welt.

Wenn ich von einem schönen Mädchen, einer schönen Landschaft, einem schönen Bild spreche, dann habe ich unzweifelhaft höchst verschiedene Dinge im Sinn. Was ihnen allen gemeinsam ist – »Schönheit« – ist weder eine geheimnisvolle Wesenheit noch ein geheimnisvolles Wort. Im Gegenteil, nichts wird vielleicht unmittelbarer und klarer erfahren als die Erscheinung der »Schönheit« in verschiedenen schönen Objekten. Der Freund und der Philosoph, der Künstler und der Leichenbestatter mögen sie auf sehr verschiedene Weisen »definieren«, aber alle definieren denselben spezifischen Zustand oder dieselbe Beschaffenheit – eine Qualität oder Qualitäten, die bewirken, daß das Schöne einen *Gegensatz* zu anderen Objekten bildet. In dieser Unbestimmtheit und Unmittelbarkeit wird die Schönheit *im* Schönen erfahren – das heißt gesehen, gehört, gesprochen, berührt, gefühlt, begriffen. Sie wird fast als ein Schock erfahren, vielleicht infolge des Gegensatzcharakters der Schönheit, der den Umkreis der alltäglichen Erfahrung durchbricht und (für einen kurzen Augenblick) eine andere Wirklichkeit eröffnet (zu der das Entsetzen als integrales Element gehören kann)[3].

Diese Beschreibung hat genau jenen metaphysischen Charakter, den die positivistische Analyse durch Übersetzung zu eliminieren wünscht; aber die Übersetzung eliminiert, was zu definieren war. Es gibt in der Ästhetik mehr oder weniger zufriedenstellende »technische« Definitionen des Schönen, aber es scheint nur eine zu geben, die den Erfahrungsgehalt des Schönen rettet und deshalb die am wenigsten exakte Definition ist – Schönheit als »promesse de bonheur«[4]. Sie erfaßt die Beziehung auf einen Zustand von Menschen und Dingen und auf ein Verhältnis von Menschen und Dingen, die sich flüchtig ereignen und verschwinden, die in so vielen verschiedenen Formen erscheinen, als es Individuen gibt, und die, im *Verschwinden,* offenbaren, was sein kann.

Der Protest gegen den vagen, dunklen, metaphysischen Charakter solcher Allgemeinbegriffe, das Bestehen auf vertrauter Konkretheit und schützender Sekurität des gesunden und des

---

3 Rilke, *Duineser Elegien*, Erste Elegie.
4 Stendhal.

wissenschaftlichen Menschenverstandes offenbaren noch etwas von jener archaischen Angst, welche die überlieferten Ursprünge des philosophischen Denkens in seiner Entwicklung von der Religion zur Mythologie und von der Mythologie zur Logik begleitete; Verteidigung und Sicherheit sind noch immer wichtige Punkte im intellektuellen wie im nationalen Haushalt. Die ungereinigte Erfahrung scheint mit dem Abstrakten und Allgemeinen vertrauter als die analytische Philosophie; sie scheint eingebettet in eine metaphysische Welt.

Allgemeinheiten sind primäre Erfahrungselemente – nicht als philosophische Begriffe, sondern als die Qualitäten eben der Welt, mit der es einer täglich zu tun hat. Was erfahren wird, ist zum Beispiel Schnee oder Regen oder Hitze; eine Straße; ein Büro oder ein Chef; Liebe oder Haß. Besondere Dinge (Seiendes) und Ereignisse erscheinen nur in einer Gruppe und einem Kontinuum von Verhältnissen und selbst *als* Gruppe und Kontinuum in Gestalt von Vorgängen und Teilen, die in einer allgemeinen Konfiguration auftreten, von der sie nicht getrennt werden können; sie können nicht auf andere Weise erscheinen, ohne ihre Identität zu verlieren. Besondere Dinge und Ereignisse gibt es nur auf einem allgemeinen Hintergrund, der mehr ist als ein Hintergrund – er ist die konkrete Grundlage, auf der sie sich erheben, bestehen und vergehen. Diese Grundlage ist strukturiert nach Allgemeinheiten wie Farbe, Gestalt, Dichte, Härte oder Weichheit, Licht oder Dunkelheit, Bewegung oder Ruhe. In diesem Sinne scheinen die Allgemeinheiten den »Stoff« der Welt zu bezeichnen:

»Wir können vielleicht den ›Stoff‹ der Welt als das definieren, was durch Wörter bezeichnet wird, die, wenn sie richtig gebraucht werden, als Subjekte von Prädikaten oder Termini von Relationen auftreten. In diesem Sinne würde ich sagen, daß der Stoff der Welt eher aus Dingen wie Weiße besteht als aus Objekten, die die Eigenschaft haben, weiß zu sein«. »Traditionellerweise zählten Qualitäten wie weiß oder hart oder süß zu den Allgemeinbegriffen, aber wenn obige Theorie gilt, sind sie syntaktisch mehr den Substanzen verwandt«[5].

5 Bertrand Russel, *My Philosophical Development*, New York 1959, S. 170-171.

Der substantielle Charakter der »Qualitäten« verweist auf den erfahrungsmäßigen Ursprung der substantiellen Allgemeinbegriffe, auf die Weise, in der Begriffe unmittelbarer Erfahrung entspringen. Humboldts Sprachphilosophie hebt den erfahrungsmäßigen Charakter des Begriffs in seinem Verhältnis zur Welt hervor; er bringt ihn dazu, nicht nur zwischen Begriffen und Wörtern eine ursprüngliche Verwandtschaft anzunehmen, sondern auch zwischen Begriffen und Lauten. Wenn jedoch das Wort als das Vehikel der Begriffe das wirkliche »Element« der Sprache ist, so vermittelt es nicht den gebrauchsfertigen Begriff; es enthält ihn nicht als bereits fixierten und »geschlossenen«. Das Wort weist nur auf einen Begriff hin, es bezieht sich auf ein Allgemeines[6].

Aber gerade die Beziehung des Wortes auf ein substantiell Allgemeines (Begriff) macht es Humboldt zufolge unmöglich, sich den Ursprung der Sprache so vorzustellen, daß sie mit der Bezeichnung von Objekten durch Wörter beginnt und dann zu deren Zusammenfügung fortschreitet: »In der Wirklichkeit wird die Rede nicht aus ihr vorangegangenen Wörtern zusammengesetzt, sondern die Wörter gehen umgekehrt aus dem Ganzen der Rede hervor«[7].

Das »Ganze«, das hier ins Blickfeld tritt, muß von jedem Mißverständnis im Sinne einer unabhängigen Wesenheit, einer »Gestalt« und dergleichen freigehalten werden. Der Begriff drückt irgendwie die Differenz und Spannung zwischen Potentialität und Aktualität aus – die Identität in dieser Differenz. Er erscheint in der Beziehung zwischen den Qualitäten (weiß, hart; aber auch schön, frei, gerecht) und den entsprechenden Begriffen (Weiße, Härte, Schönheit, Freiheit, Gerechtigkeit). Deren abstrakter Charakter scheint die konkreten Qualitäten als Teilverwirklichungen, Aspekte, Manifestationen einer allgemeineren und »hervorragenderen« Qualität zu bezeichnen, die *im* Konkreten erfahren wird[8].

6 Wilhelm v. Humboldt, *Über die Verschiedenheit des menschlichen Sprachbaues*, loc. cit., S. 197.
7 Ders., *Über die Verschiedenheit des menschlichen Sprachbaues und ihren Einfluß auf die geistige Entwicklung des Menschengeschlechts*, in: Akademieausgabe, Bd. VII, 1, S. 72.
8 Cf. S. 225 f.

Und kraft dieser Beziehung scheint die konkrete Qualität ebenso eine Negation wie eine Verwirklichung des Allgemeinen darzustellen. Schnee ist weiß, aber nicht »Weiße«; ein Mädchen kann schön sein, sogar *eine* Schönheit, aber nicht »die Schönheit«; ein Land kann frei sein (im Vergleich zu anderen), weil seine Menschen bestimmte Freiheiten haben, aber es ist nicht *die* Verkörperung der Freiheit. Überdies sind die Begriffe nur im erfahrenen Kontrast zu ihren Gegensätzen sinnvoll: weiß zu nicht weiß, schön zu nicht schön. Negative Aussagen lassen sich mitunter in positive übersetzen: »schwarz« oder »grau« kann an die Stelle von »nicht weiß« treten, »häßlich« an die von »nicht schön«.

Diese Formulierungen ändern die Beziehung zwischen dem abstrakten Begriff und seinen konkreten Verwirklichungen nicht: der Allgemeinbegriff bezeichnet, was die besondere Wesenheit ist und *nicht* ist. Die Übersetzung kann die verborgene Negation eliminieren, indem sie den Sinn in einem widerspruchsfreien Satz neuformuliert, aber die nicht übersetzte Aussage deutet auf einen realen Mangel hin. In dem abstrakten Hauptwort (Schönheit, Freiheit) ist *mehr* enthalten als in den Qualitäten (»schön«, »frei«), die dem besonderen Menschen, Ding oder Zustand zugesprochen werden. Das substantiell Allgemeine intendiert Qualitäten, die über alle besondere Erfahrung hinausgehen, aber im Geist fortbestehen, nicht als Produkt der Einbildung oder als bloß logische Möglichkeiten, sondern als der »Stoff«, aus dem unsere Welt besteht. Kein Schnee ist pures Weiß, und kein grausames Tier oder grausamer Mensch verkörpert in sich alle Grausamkeit, die der Mensch kennt – als eine geradezu unerschöpfliche Kraft in der Geschichte und der Einbildung.

Nun gibt es eine große Klasse von Begriffen – wir müssen wohl sagen: die philosophisch relevanten Begriffe –, bei denen die quantitative Beziehung zwischen dem Allgemeinen und dem Besonderen einen qualitativen Aspekt annimmt, bei denen das Abstrakt-Allgemeine Potentialitäten in einem konkreten, historischen Sinne zu bezeichnen scheint. Wie »Mensch«, »Natur«, »Gerechtigkeit«, »Schönheit« oder »Freiheit« auch definiert werden mögen, sie synthesieren Erfahrungsgehalte zu Ideen, die ihre besonderen Verwirklichungen als etwas transzendieren, was überboten, überwunden werden muß. So umfaßt der Begriff der Schönheit alle Schönheit, die *noch* nicht verwirklicht ist, der Begriff der Freiheit alle Freiheit, die *noch* nicht erlangt ist.

Oder, um ein anderes Beispiel zu nennen, der philosophische Begriff »Mensch« zielt auf die vollentwickelten menschlichen Anlagen ab, die seine eigentümlichen Anlagen sind, und die als Möglichkeiten der Bedingungen erscheinen, unter denen die Menschen tatsächlich leben. Der Begriff artikuliert die Qualitäten, die als »typisch menschlich« bezeichnet werden. Die vage Redeweise mag dazu dienen, den Doppelsinn solcher philosophischen Definitionen zu erhellen – sie vereinigen nämlich die Qualitäten, die *allen* Menschen, als anderen Lebewesen entgegengesetzt, zukommen und die gleichzeitig als die angemessenste oder höchste Verwirklichung des Menschen behauptet werden[9].

Solche Allgemeinheiten erscheinen daher als begriffliche Instrumente zum Verständnis der besonderen Beschaffenheiten der Dinge im Licht ihrer Potentialitäten. Sie sind geschichtlich und übergeschichtlich; sie bringen den Stoff, aus dem die erfahrene Welt besteht, auf den Begriff und tun dies im Hinblick auf seine Möglichkeiten, im Licht ihrer gegenwärtigen Beschränkung, Unterdrückung und Verneinung. Weder die Erfahrung

9 Diese Interpretation, die den normativen Charakter der Allgemeinbegriffe unterstreicht, läßt sich mit der Konzeption des Allgemeinen in der griechischen Philosophie in Verbindung bringen – nämlich mit dem Begriff des Allgemeinsten als des Höchsten, des Ersten an »Vortrefflichkeit« und deshalb als der wahren Realität: ». . . Allgemeinheit ist kein Subjekt, sondern ein Prädikat, ein Prädikat eben der Erstrangigkeit, die der höchsten Vortrefflichkeit an Erfüllung innewohnt. Das heißt: Allgemeinheit ist eben deshalb und nur in dem Maße allgemein, als sie ›wie‹ Erstrangigkeit ist. Sie ist also nicht nach Art eines logischen Allgemeinbegriffs, sondern nach Art einer Norm, die – nur weil sie allgemeinverbindlich ist – es vermag, eine Vielheit von Teilen zu einem einfachen Ganzen zu vereinigen. Es ist von höchster Wichtigkeit, sich klar zu machen, daß die Beziehung dieses Ganzen zu seinen Teilen *nicht* mechanisch (das Ganze = Summe seiner Teile), sondern immanent-teleologisch ist (das Ganze = verschieden von der Summe seiner Teile). Ferner ist diese immanent-teleologische Ansicht von der Ganzheit als funktional, ohne zweckhaft zu sein, bei aller Relevanz für das Phänomen des Lebens nicht ausschließlich oder gar primär eine ›organismische‹ Kategorie. Sie ist stattdessen in der immanenten, inneren Funktionalität der Vortrefflichkeit als solcher verwurzelt, die ein Mannigfaltiges gerade im Prozeß seiner ›Aristokratisierung‹ *vereinheitlicht*, wobei Vortrefflichkeit und Einheit eben die Bedingungen der vollen Realität des Mannigfaltigen sind.« Harold A. T. Reiche, *»General Because First«: A Presocratic Motive in Aristotle's Theology* (Massachusetts Institute of Technology, Cambridge 1961, Publications in Humanities Nr. 52), S. 105 f.

noch das Urteil ist privat. Die philosophischen Begriffe bilden und entwickeln sich im Bewußtsein einer allgemeinen Lage in einem geschichtlichen Kontinuum; sie werden aus einer individuellen Position heraus in einer spezifischen Gesellschaft ausgearbeitet. Der Stoff des Denkens ist ein geschichtlicher Stoff – wie abstrakt, allgemein oder rein er auch in philosophischer oder wissenschaftlicher Theorie werden mag. Der abstrakt-allgemeine und zugleich historische Charakter dieser »ewigen Objekte« des Denkens wird in Whiteheads Buch *Science and the Modern World* erkannt und klar ausgesprochen:

> »Ewige Objekte sind ... ihrer Natur nach abstrakt. Unter ›abstrakt‹ verstehe ich, was ein ewiges Objekt an sich ist – das heißt sein Wesen – was ohne Bezugnahme auf irgendeine partikulare Erfahrung begreifbar ist. Abstrakt sein heißt, das partikulare Ereignis tatsächlichen Geschehens zu transzendieren. Aber ein tatsächliches Ereignis zu transzendieren, bedeutet nicht, von ihm losgelöst zu sein. Im Gegenteil, ich behaupte, daß jedes ewige Objekt in einem eigenen, spezifischen Zusammenhang mit jedem solchen Ereignis steht, den ich als seine Weise bezeichne, in jenes Ereignis einzubrechen.« »So ist der metaphysische Status eines ewigen Objekts der einer Möglichkeit für eine Wirklichkeit. Jedes tatsächliche Ereignis ist dadurch in seinem Charakter bestimmt, wie sich diese Möglichkeiten für es aktualisieren«[10].

Elemente des Erfahrens, Projektierens und Vorwegnehmens realer Möglichkeiten gehen in die begrifflichen Synthesen ein – in achtbarer Form als Hypothesen, in verrufener als »Metaphysik«. Sie sind in mehrfacher Hinsicht unrealistisch, weil sie über das bestehende Universum des Verhaltens hinausgehen, und sie können im Interesse der Sauberkeit und Exaktheit sogar unerwünscht sein. Sicher ist bei der philosophischen Analyse »wenig wirklicher Fortschritt dafür ... zu erhoffen, daß wir unser Universum so ausweiten, das es sogenannte mögliche Wesenheiten einschließt«[11],

---

10 New York, Macmillan, 1926, S. 228 f.
11 W. V. O. Quine, *From a Logical Point of View*, loc. cit., S. 4.

aber alles hängt davon ab, wie Ockhams Rasiermesser angewandt wird, das heißt welche Möglichkeiten abgeschnitten werden sollen. Die Möglichkeit einer gänzlich anderen gesellschaftlichen Organisation des Lebens hat nichts mit der »Möglichkeit« gemein, daß morgen an allen Türeingängen ein Mann mit einem grünen Hut erscheint; aber ihre Behandlung nach derselben Logik kann dazu dienen, unerwünschte Möglichkeiten zu diffamieren. Indem er die Einführung möglicher Wesenheiten kritisiert, schreibt Quine, daß solch ein »überbevölkertes Universum in vieler Hinsicht unschön ist. Es beleidigt den ästhetischen Sinn derjenigen unter uns, die eine Vorliebe für Wüstenlandschaften haben, aber das ist noch nicht das Schlimmste. [Solch ein] Armenviertel von Möglichem ist eine Brutstätte für unordentliche Elemente«.[12]

Die Philosophie der Gegenwart ist selten zu einer authentischeren Formulierung des Konflikts zwischen ihrer Absicht und ihrer Funktion gelangt. Das sprachliche Syndrom aus »Schönheit«, »ästhetischer Sinn« und »Wüstenlandschaft« beschwört die befreiende Atmosphäre von Nietzsches Denken und durchbricht Gesetz und Ordnung, während die »Brutstätte für unordentliche Elemente« zu der Sprache gehört, die von Fahndungs- und Nachrichtenbehörden gesprochen wird. Was vom logischen Gesichtspunkt als unschön und unordentlich erscheint, kann durchaus die schönen Elemente einer anderen Ordnung umfassen und damit ein wesentlicher Teil des Materials sein, aus dem philosophische Begriffe gebildet werden. Weder der raffinierteste ästhetische Sinn noch der exakteste philosophische Begriff ist gegen die Geschichte immun. Unordentliche Elemente gehen in die reinsten Gegenstände des Denkens ein. Auch diese sind von einem gesellschaftlichen Boden abgelöst, und die Inhalte, von denen sie abstrahieren, lejten die Abstraktion.

Damit ist das Gespenst des »Historismus« beschworen. Wenn das Denken von geschichtlichen Bedingungen ausgeht, die in der Abstraktion wirksam bleiben, gibt es dann eine objektive Basis, auf der zwischen den verschiedenen Möglichkeiten, die das Denken entwirft, unterschieden werden kann – unterschieden zwi-

12 Ibid.

schen verschiedenen und einander widerstreitenden Weisen begrifflicher Transzendenz? Hinzukommt, daß die Frage nicht nur in Bezug auf verschiedene *philosophische* Entwürfe diskutiert werden kann[13].

Soweit der philosophische Entwurf *ideologisch* ist, gehört er einem *geschichtlichen* Entwurf an – das heißt einem spezifischen Stadium und Niveau der gesellschaftlichen Entwicklung, und die kritischen philosophischen Begriffe beziehen sich (wie indirekt auch immer!) auf alternative Möglichkeiten dieser Entwicklung.

Die Suche nach Kriterien, von denen aus verschiedene philosophische Entwürfe beurteilt werden können, führt so zu der Suche nach Kriterien, verschiedene geschichtliche Entwürfe und Alternativen zu beurteilen, verschiedene wirkliche und mögliche Weisen, Mensch und Natur zu verstehen und zu verändern. Ich werde nur einige Thesen vorbringen, aus denen hervorgeht, daß der zutiefst geschichtliche Charakter der philosophischen Begriffe, weit davon entfernt, objektive Gültigkeit auszuschließen, gerade den Grund für ihre objektive Gültigkeit bestimmt.

Indem der Philosoph für sich spricht und denkt, spricht und denkt er von einer besonderen Position in seiner Gesellschaft her, und zwar mit dem Material, das diese Gesellschaft übermittelt und benutzt. Damit aber spricht und denkt er in ein allgemeines Universum von Tatsachen und Möglichkeiten hinein. Vermittels der verschiedenen individuellen Agentien und Schichten der Erfahrung, vermittels der verschiedenen »Entwürfe«, welche die Denkweisen von den Geschäften des Alltagslebens bis zur Wissenschaft und Philosophie leiten, hält sich die Wechselwirkung zwischen einem kollektiven Subjekt und einer gemeinsamen Welt durch und konstituiert die objektive Gültigkeit der Allgemeinbegriffe. Sie ist objektiv:

1) aufgrund der Materie (Stoff), die dem wahrnehmenden und begreifenden Subjekt gegenübersteht. Die Bildung der Begriffe bleibt bestimmt durch die in Subjektivität unauflösbare Struktur der Materie (selbst wenn diese Struktur völlig mathematisch-logisch ist). Kein Begriff kann gelten, der sein Objekt mit Eigenschaften und Funktionen definiert, die ihm nicht zu-

13 Cf. zu diesem Gebrauch des Terminus »Entwurf« die Vorrede, S. 18.

kommen (zum Beispiel kann ein Individuum nicht als fähig definiert werden, mit einem anderen identisch zu werden oder der Mensch als fähig, ewig jung zu bleiben). Die Materie tritt dem Subjekt jedoch in einem historischen Universum gegenüber, und die Objektivität erscheint unter einem offenen geschichtlichen Horizont;

2) aufgrund der Struktur der spezifischen Gesellschaft, in der die Entwicklung der Begriffe stattfindet. Diese Struktur ist allen Subjekten in dem jeweiligen Universum gemeinsam. Sie existieren unter denselben Naturbedingungen, derselben Produktionsform, derselben Weise, den gesellschaftlichen Reichtum auszuwerten, demselben Erbe der Vergangenheit, derselben Reichweite von Möglichkeiten. Alle Unterschiede und Konflikte zwischen Klassen, Gruppen und Individuen entfalten sich innerhalb dieses gemeinsamen Rahmens.

Die Objekte von Denken und Wahrnehmung, wie sie den Individuen vor aller »subjektiven« Interpretation erscheinen, haben bestimmte primäre Qualitäten gemeinsam, die folgenden zwei Realitätsschichten angehören:

1. der physischen (natürlichen) Struktur der Materie und 2. der Form, welche die Materie in der kollektiven geschichtlichen Praxis erlangt hat, die sie (die Materie) zu Objekten *für ein Subjekt* gemacht hat. Diese beiden Schichten oder Aspekte der Objektivität (physisch und geschichtlich) sind derart wechselseitig vermittelt, daß sie nicht voneinander isoliert werden können; der geschichtliche Aspekt läßt sich niemals so radikal ausschalten, daß nur die »absolute« physische Schicht übrigbleibt.

Zum Beispiel habe ich zu zeigen versucht, daß in der technologischen Wirklichkeit die Objektwelt (einschließlich der Subjekte) als eine Welt von *Mitteln* erfahren wird. Der technologische Zusammenhang bestimmt im vorhinein die Form, unter der die Objekte erscheinen. Sie erscheinen dem Wissenschaftler *a priori* als wertfreie Elemente oder Komplexe von Beziehungen, die der Organisation in einem leistungsfähigen mathematisch-logischen System zugänglich sind; und sie erscheinen dem gesunden Menschenverstand als Stoff der Arbeit oder Freizeit, der Produktion oder des Konsums. Die Objektwelt ist so die Welt eines spezifisch geschichtlichen Entwurfs und ist niemals außerhalb des geschichtlichen Entwurfs erreichbar, der die Materie organisiert, und die Organisation der Materie ist ein zugleich theoretisches und praktisches Unternehmen.

Ich habe den Terminus »Entwurf« so oft benutzt, weil er mir den spezifischen Charakter der geschichtlichen Praxis äußerst klar zu akzentuieren scheint. Sie geht aus einer bestimmten Wahl hervor, daraus, daß aus einer Reihe von Weisen, die Realität zu begreifen, zu organisieren und zu verändern, eine herausgegriffen wird. Diese ursprüngliche Wahl bestimmt den Spielraum der Möglichkeiten, die sich auf diesem Wege eröffnen, und schließt alternative Möglichkeiten aus, die mit ihm unvereinbar sind.

Ich möchte nun einige Kriterien für den Wahrheitswert verschiedener geschichtlicher Entwürfe vorlegen. Diese Kriterien müssen sich auf die Weise beziehen, in der ein geschichtlicher Entwurf gegebene Möglichkeiten verwirklicht – keine formalen Möglichkeiten, sondern solche, die in sich die Weisen der menschlichen Existenz enthalten. Solche Verwirklichung geschieht tatsächlich in jeder geschichtlichen Situation. Jede bestehende Gesellschaft *ist* eine solche Verwirklichung; mehr noch, sie tendiert dazu, über die Rationalität möglicher Entwürfe im voraus zu entscheiden, sie innerhalb ihres Rahmens zu halten. Zugleich steht jede Gesellschaft der Wirklichkeit oder Möglichkeit einer qualitativ anderen geschichtlichen Praxis gegenüber, die das bestehende institutionelle Gefüge zerstören könnte. Die bestehende Gesellschaft hat ihren Wahrheitswert als geschichtlicher Entwurf bereits unter Beweis gestellt. Sie hat den Kampf des Menschen mit dem Menschen und mit der Natur erfolgreich organisiert; sie reproduziert und sichert (mehr oder weniger angemessen) das menschliche Dasein (immer mit Ausnahme des Daseins jener, die zu Geächteten, feindlichen Fremden erklärt werden sowie anderer Opfer des Systems). Aber gegenüber diesem voll verwirklichten Entwurf treten andere Entwürfe auf, unter ihnen solche, die den etablierten in seiner Totalität ändern würden. Mit Bezug auf einen solchen transzendenten Entwurf lassen sich denn auch die Kriterien für objektive geschichtliche Wahrheit am besten als die Kriterien seiner Rationalität formulieren:

1) Der transzendente Entwurf muß mit den realen Möglichkeiten übereinstimmen, die auf dem erreichten Niveau der materiellen und geistigen Kultur offen sind.

2) Um die je bestehende Totalität als falsch zu erweisen, muß der transzendente Entwurf seine eigene *höhere* Rationalität in dem dreifachen Sinne belegen, daß er

a) die Aussicht bietet, die produktiven Errungenschaften der Zivilisation zu erhalten und zu verbessern;

b) die bestehende Gesellschaft in ihrer Wesensstruktur, ihren Grundtendenzen und -beziehungen bestimmt;

c) der Verwirklichung einer Befriedung des Daseins eine größere Chance bietet im Rahmen von Institutionen, die der freien Entwicklung der menschlichen Bedürfnisse und Anlagen eine größere Chance bieten.

Offenbar enthält dieser Begriff von Rationalität, besonders in der letzten Aussage, ein Werturteil, und ich betone erneut, was ich bereits festgestellt habe: ich glaube, daß der Begriff der Vernunft in diesem Werturteil gründet und der Begriff der Wahrheit vom Wert der Vernunft nicht abgelöst werden kann.

»Befriedung«, »freie Entwicklung der menschlichen Bedürfnisse und Anlagen« – diese Begriffe lassen sich im Hinblick auf die verfügbaren geistigen und materiellen Ressourcen und Vermögen und deren systematische Anwendung zur Herabminderung des Kampfes ums Dasein empirisch bestimmen. Darin besteht der objektive Grund historischer Rationalität.

Wenn das geschichtliche Kontinuum selbst den objektiven Grund zur Bestimmung der Wahrheit verschiedener geschichtlicher Entwürfe liefert, bestimmt es dann auch deren Abfolge und Grenzen? Die geschichtliche Wahrheit ist relativ; die Rationalität des Möglichen hängt ab von der des Wirklichen, die Wahrheit des transzendierenden Entwurfs von der des verwirklichten. Die Aristotelische Wissenschaft wurde ihrer Falschheit aufgrund ihrer Errungenschaften überführt; würde der Kapitalismus durch den Kommunismus seiner Falschheit überführt, so würde er es aufgrund seiner eigenen Errungenschaften. Die Kontinuität wird durch den Bruch gewahrt: quantitative Entwicklung wird zu qualitativer Änderung, wenn sie an die innere Struktur eines etablierten Systems heranreicht; die etablierte Rationalität wird irrational, sobald die Potentialitäten des Systems im Laufe ihrer *inneren* Entwicklung über dessen Institutionen hinausgewachsen sind. Eine solche innere Widerlegung gehört zum geschichtlichen Charakter der Wirklichkeit, und gerade dieser Charakter verleiht den Begriffen, die diese Wirklichkeit erfassen, ihre kritische Intention. Sie anerkennen und antizipieren das Irrationale in der je bestehenden Wirklichkeit – sie entwerfen die geschichtliche Negation.

Ist diese Negation eine »bestimmte« Negation – das heißt, ist der innere Verlauf eines geschichtlichen Entwurfs, wenn dieser einmal zu einer Totalität geworden ist, notwendig durch die Struktur dieser Totalität vorausbestimmt? Wenn ja, dann wäre der Terminus »Entwurf« trügerisch. Was historische Möglichkeit ist, wäre früher oder später wirklich; und die Definition der Freiheit als begriffene Notwendigkeit hätte einen repressiven Nebensinn, den sie nicht hat. All dies mag nicht viel ausmachen. Was aber etwas ausmacht, ist der Umstand, daß eine derartige geschichtliche Determination (trotz aller subtilen Ethik und Psychologie) die Verbrechen gegen die Menschheit freispräche, die die Zivilisation fortwährend begeht, und damit deren Fortsetzung erleichterte.

Ich schlage den Ausdruck »bestimmte Wahl« vor, um den Einbruch der Freiheit in die historische Notwendigkeit hervorzuheben; der Ausdruck faßt lediglich den Satz zusammen, daß die Menschen ihre Geschichte selbst machen, aber unter gegebenen Bedingungen. Determiniert sind

1)

die spezifischen Widersprüche, die sich in einem geschichtlichen System als Manifestationen des Konflikts zwischen dem Potentiellen und dem Aktuellen entwickeln;

2)

die materiellen und geistigen Ressourcen, über die das jeweilige System verfügt;

3)

das Ausmaß an theoretischer und praktischer Freiheit, das mit dem System verträglich ist. Diese Bedingungen lassen alternative Möglichkeiten offen, die verfügbaren Ressourcen zu entwickeln

und nutzbar zu machen, alternative Möglichkeiten, »sich zu ernähren« und die Auseinandersetzung des Menschen mit der Natur zu organisieren.

So kann die Industrialisierung im Rahmen einer gegebenen
Situation auf verschiedene Weisen vonstatten gehen, unter kol-
lektiver oder privater Kontrolle und, selbst unter privater Kontrolle, in verschiedenen Richtungen des Fortschritts und mit verschiedenen Zielen. Die Wahl ist in erster Linie (aber nur in erster
Linie!) das Vorrecht jener Gruppen, die zur Kontrolle über den
Produktionsprozeß gelangt sind. Ihre Kontrolle entwirft den
Lebenszuschnitt des Ganzen, und die sich daraus ergebende und
versklavende Notwendigkeit ist das Resultat ihrer Freiheit. Und
die mögliche Aufhebung dieser Notwendigkeit hängt ab von
einem neuen Einbruch der Freiheit – nicht irgendeiner Freiheit,
sondern der von Menschen, welche die gegebene Notwendigkeit
als unerträgliche Qual und als unnötig begreifen.
Als geschichtlicher Prozeß schließt der dialektische Prozeß Bewußtsein ein: daß die befreienden Potentialitäten erkannt und
erfaßt werden. Damit schließt er Freiheit ein. In dem Maße, wie
das Bewußtsein durch die Erfordernisse und Interessen der bestehenden Gesellschaft bestimmt wird, ist es »unfrei«; in dem
Maße, wie die bestehende Gesellschaft irrational ist, wird das
Bewußtsein nur im Kampf *gegen* sie frei für die höhere geschichtliche Rationalität. Wahrheit und Freiheit des negativen Denkens
haben ihren Grund und Boden in diesem Kampf. So ist nach
Marx das Proletariat nur als revolutionäre Kraft die befreiende
geschichtliche Kraft; die bestimmte Negation des Kapitalismus
tritt ein, *wofern* und *wenn* das Proletariat seiner selbst und der
Bedingungen und Prozesse bewußt geworden ist, die seine Gesellschaft ausmachen. Dieses Bewußtsein ist ebenso die Voraussetzung wie ein Element der negierenden Praxis. Dieses »Wofern« gehört wesentlich zum geschichtlichen Fortschritt – es ist
das Element der Freiheit (und Chance!), das die Möglichkeiten
eröffnet, die Notwendigkeit der gegebenen Tatsachen zu überwinden. Ohne es fällt die Geschichte ins Dunkel unbezwungener
Natur zurück.
Wir sind dem »circulus vitiosus« von Freiheit und Befreiung

bereits begegnet;[14] hier kehrt er wieder als die Dialektik der bestimmten Negation. Die Transzendenz der bestehenden Bedingungen (von Denken und Handeln) setzt Transzendenz *innerhalb* dieser Bedingungen voraus. Diese negative Freiheit – das heißt Freiheit von der bedrückenden und ideologischen Macht der gegebenen Tatsachen – ist das *Apriori* der historischen Dialektik; sie ist das Element der Wahl und der Entscheidung in der geschichtlichen Determination und gegen sie. Keine der gegebenen Alternativen ist *von sich aus* bestimmte Negation, wofern und solange sie nicht bewußt ergriffen wird, um die Macht unerträglicher Bedingungen zu brechen und rationalere, logischere Bedingungen zu erreichen, die von den jetzt herrschenden ermöglicht werden. In jedem Fall ist die Rationalität und Logik, woran die Bewegung des Denkens und Handelns appelliert, die der gegebenen und zu überschreitenden Bedingungen. Die Negation vollzieht sich auf empirischem Boden; sie ist ein geschichtlicher Entwurf innerhalb eines bereits bestehenden Entwurfs und über diesen hinaus, und ihre Wahrheit ist eine auf diesem Boden zu bestimmende Chance.

Die Wahrheit eines geschichtlichen Entwurfs wird jedoch nicht *ex post* durch den Erfolg erhärtet, das heißt durch die Tatsache, daß er von der Gesellschaft akzeptiert und verwirklicht wird. Die Galileische Wissenschaft war bereits wahr, als sie noch verdammt wurde; die Marxsche Theorie war bereits wahr zur Zeit des *Kommunistischen Manifests;* der Faschismus bleibt falsch, selbst wenn er im internationalen Maßstab im Aufstieg ist (»wahr« und »falsch« immer im Sinne der historischen Rationalität, wie sie oben definiert wurde). In der gegenwärtigen Periode scheinen sich alle geschichtlichen Entwürfe nach den beiden im Konflikt liegenden Totalitäten zu polarisieren – Kapitalismus und Kommunismus, und das Ergebnis scheint von zwei antagonistischen Reihen von Faktoren abzuhängen: 1. von der größeren Zerstörungskraft; 2. von der größeren Produktivität ohne Zerstörung. Mit anderen Worten, die höhere geschichtliche Wahrheit läge bei demjenigen System, das die größere Chance der Befriedung bietet.

14 Cf. S. 61.

Das positive Denken und seine neopositivistische Philosophie widersetzen sich dem geschichtlichen Inhalt der Rationalität. Dieser Inhalt ist niemals ein äußerlicher Faktor oder Sinn, der in die Analyse aufgenommen werden kann oder auch nicht; er geht als konstitutiver Faktor in das begriffliche Denken ein und bestimmt die Gültigkeit seiner Begriffe. In dem Maße, wie die bestehende Gesellschaft irrational ist, führt die an geschichtlicher Rationalität orientierte Analyse das negative Element in den Begriff ein — Kritik, Widerspruch und Transzendenz.

Dieses Element läßt sich dem Positiven nicht angleichen. Es ändert den Begriff völlig in seiner Intention und Gültigkeit. So werden bei der Analyse einer Wirtschaft, sie sei kapitalistisch oder nicht, die als eine »unabhängige« Macht gegenüber den Individuen auftritt, die negativen Züge (Überproduktion, Arbeitslosigkeit, Unsicherheit, Verschwendung, Unterdrückung) nicht begriffen, solange sie bloß als mehr oder weniger unvermeidliche Nebenprodukte erscheinen, als die »Kehrseite der Medaille« von Wachstum und Fortschritt.

Zwar kann eine totalitäre Regierung die wirksame Ausbeutung der Ressourcen fördern; das nuklear-militärische Establiment kann infolge seiner enormen Kaufkraft Millionen von Arbeitsplätzen bereitstellen; Plackerei und Schwielen können das Nebenprodukt des Erwerbs von Reichtum und Verantwortung sein; tödliche Fehler und Verbrechen seitens der Führer können sich ausnehmen, als seien sie bloß der Lauf der Welt. Man ist bereit, ökonomischen und politischen Wahnsinn zuzulassen — und nimmt ihn in Kauf. Aber diese Art, die »Kehrseite der Medaille« zu kennen, gehört wesentlich zur Zementierung des Bestehenden, zur großen Vereinigung der Gegensätze, die qualitativer Veränderung entgegenwirkt, weil sie bezogen ist auf ein völlig hoffnungsloses oder völlig präformiertes Dasein, heimisch geworden in einer Welt, in der selbst das Irrationale Vernunft ist.

Die Toleranz des positiven Denkens ist aufgezwungen — nicht von irgendeiner terroristischen Agentur, sondern von der überwältigenden, anonymen Macht und Wirksamkeit der technologischen Gesellschaft. Als solche durchdringt sie das allgemeine

Bewußtsein – und das des Kritikers. Die Aufsaugung des Negativen durchs Positive wird bestätigt in der täglichen Erfahrung, die den Unterschied zwischen rationaler Erscheinung und irrationaler Wirklichkeit verschwimmen läßt. Im folgenden einige banale Beispiele für diese Harmonisierung:

1)

Ich fahre in einem neuen Auto. Ich erlebe seine Schönheit, seinen Glanz, seine Stärke und Bequemlichkeit – aber dann wird mir bewußt, daß es sich in relativ kurzer Zeit abnutzen und reparaturbedürftig sein wird; daß seine Schönheit und Oberfläche billig sind, seine Kraft unnötig, seine Größe idiotisch und daß ich keinen Parkplatz finden werde. Es kommt mir in den Sinn, daß *mein* Wagen das Produkt einer der drei großen Automobilkonzerne ist. Diese bestimmen über das Aussehen meines Wagens und bringen seine Schönheit wie seine Billigkeit hervor, seine Kraft wie seine Unzuverlässigkeit, sein Funktionieren wie sein Veralten. Ich fühle mich gewissermaßen betrogen. Ich glaube, daß der Wagen nicht ist, was er sein könnte, daß sich bessere Wagen für weniger Geld herstellen ließen. Aber der andere muß halt auch leben. Die Löhne und Steuern sind zu hoch; Umsatz ist notwendig; es geht uns viel besser als früher. Die Spannung zwischen Erscheinung und Wirklichkeit zergeht, und beide verschmelzen zu einem recht angenehmen Gefühl.

2)

Ich gehe auf dem Lande spazieren. Alles ist, wie es sein sollte: die Natur zeigt sich von ihrer besten Seite. Vögel, Sonne, weiches Gras, ein Blick durch die Bäume auf die Berge, niemand zu sehen, kein Radio, kein Benzingeruch. Dann biegt der Pfad ab und endet auf der Autobahn. Ich bin wieder unter Reklameschildern, Tankstellen, Motels und Gaststätten. Ich war im Nationalpark und weiß jetzt, daß das Erlebte nicht die Wirklichkeit war. Es war ein »Schutzgebiet«, etwas, das gehegt wird wie eine aussterbende Art. Wenn die Regierung nicht wäre, hätten die Reklameschilder, die Verkaufsstände für heiße Würstchen und die Motels längst in dieses Stück Natur ihren Einzug gehalten. Ich bin der Regierung dankbar; wir haben es viel besser als früher ...

3)
Die Untergrundbahn während der Hauptverkehrszeit. Was ich von den Menschen sehe, sind müde Gesichter und Glieder, Haß und Ärger. Ich habe das Gefühl, in jedem Augenblick könnte jemand ein Messer hervorziehen – nur so. Sie lesen oder sind vielmehr vertieft in ihre Zeitung, ihr Magazin oder ihren Paperback. Und doch können ein paar Stunden später dieselben Leute, von Gerüchen befreit, gewaschen, festlich oder bequem gekleidet, glücklich und zärtlich sein, wirklich lächeln und vergessen (oder sich erinnern). Aber die meisten von ihnen werden wahrscheinlich zu Hause ein schreckliches Beisammensein erleben oder schrecklich einsam sein.

Diese Beispiele mögen die glückliche Ehe des Positiven und des Negativen veranschaulichen – die *objektive* Zweideutigkeit, die den Daten der Erfahrung anhaftet. Objektiv ist diese Zweideutigkeit deshalb, weil der Wechsel in meinen Wahrnehmungen und Reflexionen eine Antwort auf die Weise ist, in der die erfahrenen Tatsachen wirklich wechselseitig miteinander verbunden sind. Aber einmal begriffen, zerstört diese Wechselbeziehung das harmonisierende Bewußtsein und seinen falschen Realismus. Das kritische Denken ist bestrebt, den irrationalen Charakter der bestehenden Rationalität (der immer offenkundiger wird) und die Tendenzen zu bestimmen, die diese Rationalität dazu veranlassen, ihre eigene Transformation hervorzubringen. »Ihre eigene«; denn als geschichtliche Totalität hat sie Kräfte und Vermögen entwickelt, die selbst zu Entwürfen werden, die über die bestehende Totalität hinausgehen. Sie sind Möglichkeiten der fortschreitenden technologischen Rationalität und umfassen als solche die gesamte Gesellschaft. Die technische Transformation ist zugleich eine politische, aber die politische Änderung würde nur in dem Maße in eine qualitative gesellschaftliche Änderung übergehen, wie sie die Richtung des technischen Fortschritts ändern – das heißt eine neue Technik entwickeln würde. Denn die bestehende Technik ist zu einem Instrument destruktiver Politik geworden.
    Solche qualitative Änderung wäre der Übergang zu einer höheren Stufe der Zivilisation, wenn die Technik zur Befriedung

des Kampfes ums Dasein bestimmt und benutzt würde. Um die beunruhigenden Implikationen dieser Feststellung anzudeuten, gebe ich zu bedenken, daß eine solche neue Richtung des technischen Fortschritts die Katastrophe seiner bestehenden Richtung wäre, keine bloß quantitative Fortentwicklung der herrschenden (wissenschaftlichen und technologischen) Rationalität, vielmehr deren katastrophische Umwandlung, das Entstehen einer neuen theoretischen und praktischen Idee der Vernunft.

Diese neue Idee der Vernunft drückt sich aus in Whiteheads Satz: »Es ist die Funktion der Vernunft, die Kunst des Lebens zu befördern«[1]. Im Hinblick auf diesen Zweck ist Vernunft »die Lenkerin des Angriffs auf die Umwelt«, der sich dem »dreifachen Impuls« verdankt: »1. zu leben, 2. gut zu leben, 3. besser zu leben«.[2]

Whiteheads Sätze scheinen ebenso die tatsächliche Entwicklung der Vernunft zu beschreiben wie ihren Mißerfolg. Mehr noch, sie scheinen nahezulegen, daß die Vernunft noch entdeckt, erkannt und verwirklicht werden muß; denn bislang ist es auch die historische Funktion der Vernunft gewesen, den Impuls zu leben, gut zu leben und besser zu leben zu unterdrücken, ja zu zerstören – oder die Erfüllung dieses Impulses hinauszuzögern und mit einem übermäßig hohen Preis zu belegen.

In Whiteheads Bestimmung der Funktion der Vernunft bedeutet der Ausdruck »Kunst« zugleich das Element der bestimmten Negation. Angewandt auf die Gesellschaft, ist die Vernunft bislang der Kunst entgegengesetzt gewesen, während der Kunst das Vorrecht eingeräumt wurde, einigermaßen irrational zu sein – wissenschaftlicher, technologischer und operationeller Vernunft nicht unterworfen. Die Rationalität der Herrschaft hat die Vernunft der Wissenschaft von der der Kunst getrennt; anders ausgedrückt, sie hat die Vernunft der Kunst verfälscht, indem sie diese in das Universum der Herrschaft eingliederte. Es handelte sich hier um eine Trennung, weil die Wissenschaft seit Anbeginn die ästhetische Vernunft enthielt, das freie Spiel und selbst den

1 A. N. Whitehead, *The Function of Reason*, Boston: Beacon Press, 1959, S. 5.
2 Ibid., S. 8.

Übermut der Einbildungskraft, die Phantasie der Umgestaltung; die Wissenschaft gab sich der vernünftigen Erklärung der Möglichkeiten hin. Dieses freie Spiel blieb jedoch der herrschenden Unfreiheit verpflichtet, in der es entstand und von der es abstrahierte; die Möglichkeiten, mit denen die Wissenschaft spielte, waren auch die der Befreiung – die einer höheren Wahrheit.

Hierin besteht das ursprüngliche Bindeglied (innerhalb des Universums von Herrschaft und Mangel) zwischen Wissenschaft, Kunst und Philosophie. Es ist das Bewußtsein der Diskrepanz zwischen dem Wirklichen und dem Möglichen, zwischen der erscheinenden und der authentischen Wahrheit sowie die Anstrengung, diese Diskrepanz zu begreifen und zu meistern. Eine der frühesten Formen, in denen diese Diskrepanz Ausdruck fand, war die Unterscheidung zwischen Göttern und Menschen, Endlichkeit und Unendlichkeit, Wandel und Dauer[3]. Etwas von diesem mythologischen Wechselverhältnis zwischen dem Wirklichen und dem Möglichen überlebte im wissenschaftlichen Denken und war weiterhin auf eine vernüftigere und wahrere Wirklichkeit gerichtet. Die Mathematik sollte im nämlichen Sinne wirklich und »gut« sein wie Platons metaphysische Ideen. Wie wurde dann die Fortentwicklung jener *Wissenschaft*, während die Entwicklung dieser Metaphysik blieb?

Die augenfälligste Antwort muß lauten, daß die *wissenschaftlichen* Abstraktionen in weitem Maße in die tatsächliche Unterjochung und Umgestaltung der Natur eingingen und dabei ihre Wahrheit bewiesen, während das bei den *philosophischen* Abstraktionen nicht der Fall war – und nicht der Fall sein konnte. Denn die Unterjochung und Umgestaltung der Natur vollzog sich innerhalb von Gesetz und Ordnung eines Lebens, über das die Philosophie hinausging, indem sie es dem »guten Leben« eines anderen Gesetzes und einer anderen Ordnung unterordnete. Und diese andere Ordnung, die einen hohen Grad an Freiheit von harter Arbeit, Unwissenheit und Armut voraussetzte, war *unwirklich* zu Beginn des philosophischen Denkens und während seiner gesamten Entwicklung, während das wissenschaftliche Denken weiterhin auf eine immer mächtigere und umfassendere

3 Cf. Kapitel 5.

Wirklichkeit anwendbar blieb. Die entscheidenden philosophischen Begriffe blieben in der Tat metaphysisch; sie wurden nicht im Sinne des bestehenden Universums von Sprache und Handeln verifiziert und konnten nicht verifiziert werden.

Wenn dem aber so ist, dann ist die Frage der Metaphysik und insbesondere die nach der Bedeutsamkeit und Wahrheit metaphysischer Sätze eine geschichtliche. Das heißt, daß geschichtliche eher als rein erkenntnistheoretische Bedingungen die Wahrheit, den Erkenntniswert solcher Sätze determinieren. Wie alle Sätze, die Wahrheit beanspruchen, müssen sie verifizierbar sein; sie müssen im Universum möglicher Erfahrung verbleiben. Dieses Universum ist niemals vom gleichen Umfang wie das bestehende, sondern erstreckt sich auf die Grenzen einer Welt, die hergestellt werden kann, indem die bestehende verändert wird, mit den Mitteln, die diese geliefert oder vorenthalten hat. Die Reichweite der Verifizierbarkeit in diesem Sinne nimmt im Laufe der Geschichte zu. So erhalten die Spekulationen über das Gute Leben, die Gute Gesellschaft, den Ewigen Frieden einen stets realistischer werdenden Inhalt; aus technologischen Gründen tendiert das Metaphysische dazu, physisch zu werden.

Ferner: Wenn die Wahrheit metaphysischer Sätze von ihrem geschichtlichen Inhalt determiniert ist (das heißt von dem Grad, wie sie geschichtliche Möglichkeiten bestimmen), dann ist das Verhältnis von Metaphysik und Wissenschaft ein streng geschichtliches. Zumindest in unserer eigenen Kultur wird jener Teil des Saint-Simonschen Drei-Stadien-Gesetzes noch immer als erwiesen angenommen, der besagt, daß das metaphysische dem wissenschaftlichen Stadium der Kultur *vorhergeht*. Aber ist diese Abfolge eine endgültige? Oder enthält die wissenschaftliche Umgestaltung der Welt ihre eigene metaphysische Transzendenz?

Auf der fortgeschrittenen Stufe der industriellen Zivilisation scheint die in politische Macht übersetzte wissenschaftliche Rationalität der entscheidende Faktor bei der Entwicklung historischer Alternativen. Dann erhebt sich die Frage: tendiert diese Macht zu ihrer eigenen Negation – das heißt zur Beförderung der »Kunst des Lebens«? In den bestehenden Gesellschaften hätte die fortwährende Anwendung wissenschaftlicher Rationalität mit der Mechanisierung aller gesellschaftlich notwendigen aber individuell repressiven Arbeit einen Endpunkt erreicht (wobei »gesellschaftlich notwendig« hier alle Veranstaltungen umfaßt, die maschinell wirksamer durchgeführt werden können, selbst wenn diese Veranstaltungen eher Luxusartikel und Verschwendung produzieren als notwendige Güter). Aber diese Stufe wäre auch das Ende und die Grenze der wissenschaftlichen Rationalität in ihrer bestehenden Struktur und Richtung. Weiterer Fortschritt würde den *Bruch* bedeuten, den Umschlag von Quantität in Qualität. Er würde die Möglichkeit einer wesentlich neuen menschlichen Wirklichkeit eröffnen – nämlich eines Daseins in freier Zeit auf der Basis befriedigter Lebensbedürfnisse. Unter solchen Bedingungen wäre der wissenschaftliche Entwurf selbst frei für Zwecke, die über das bloß Nützliche hinausgehen, und frei für die »Kunst des Lebens« jenseits der herrschaftlichen Bedürfnisse und Verschwendung. Mit anderen Worten, die Vollendung der technologischen Wirklichkeit wäre nicht nur die Vorbedingung, sondern auch die rationale Grundlage, die technologische Wirklichkeit zu *transzendieren*.

Das würde die Umkehrung des traditionellen Verhältnisses von Wissenschaft und Metaphysik bedeuten. Die Ideen, die die Wirklichkeit in anderen Begriffen als in denen der exakten oder am Verhalten orientierten Wissenschaft bestimmen, verlören ihren metaphysischen oder gefühlsmäßigen Charakter als Ergebnis der wissenschaftlichen Umgestaltung der Welt; die wissenschaftlichen Begriffe könnten die möglichen Realitäten eines freien und befriedeten Daseins entwerfen und bestimmen. Die Ausarbeitung solcher Begriffe würde mehr bedeuten als die Fortentwicklung der herrschenden Wissenschaften. Sie würde die wissenschaftliche Rationalität als Ganzes umfassen, die bislang einem unfreien Dasein verpflichtet war, und würde eine neue Idee von Wissenschaft, von Vernunft bedeuten.

Wenn die Vollendung des technologischen Entwurfs einen Bruch mit der herrschenden technologischen Rationalität notwendig macht, dann hängt dieser Bruch wiederum vom Fortbestehen der technischen Basis selbst ab. Denn eben diese Basis hat die Befriedigung der Bedürfnisse und die Verringerung harter Arbeit ermöglicht – sie bleibt die wahrhafte Basis aller Formen menschlicher Freiheit. Die qualitative Änderung liegt vielmehr im Umbau dieser Basis – das heißt in ihrer Entwicklung im Hinblick auf andere Zwecke.

Ich habe betont, daß dies nicht die Wiederbelebung von »Werten«, geistigen oder anderen, bedeutet, die die wissenschaftliche und technologische Umgestaltung von Mensch und Natur ergänzen sollen[4]. Im Gegenteil, die geschichtliche Leistung von Wissenschaft und Technik hat die *Übersetzung der Werte in technische Aufgaben* ermöglicht – die Materialisierung der Werte. Worum es folglich geht, ist die Neubestimmung der Werte in *technischen Begriffen,* als Elemente des technologischen Prozesses. Als technische Zwecke kämen die neuen Zwecke dann beim Entwurf und Aufbau der Maschinerie zur Wirkung und nicht nur bei ihrer Nutzanwendung. Mehr noch; die neuen Zwecke selbst könnten sich beim Aufstellen wissenschaftlicher Hypothesen durchsetzen – in der rein wissenschaftlichen Theorie. Von der Quantifizierung sekundärer Qualitäten schritte die Wissenschaft zur Quantifizierung der Werte fort

Berechenbar beispielsweise ist das Minimum an Arbeit, mit dem, und das Maß, in dem die Lebensbedürfnisse aller Mitglieder einer Gesellschaft befriedigt werden könnten – vorausgesetzt, daß die verfügbaren Ressourcen zu diesem Zweck verwandt würden, ohne durch andere Interessen eingeschränkt zu sein und ohne daß die Akkumulation des Kapitals behindert würde, dessen es zur Entwicklung der jeweiligen Gesellschaft bedarf. Mit anderen Worten: quantifizierbar ist der verfügbare Spielraum der Freiheit von Mangel. Quantifizierbar ist auch der Grad, in dem, unter denselben Bedingungen, für die Kranken, Schwachen und Alten gesorgt werden könnte – d. h. quantifizierbar ist die mögliche Verringerung von Angst, die mögliche Freiheit von Furcht.

Bestimmbare politische Hindernisse stehen der Verwirklichung im Wege. Die industrielle Zivilisation hat den Punkt erreicht, wo hinsichtlich der Bestrebungen des Menschen, die auf ein menschliches Dasein gerichtet sind, das wissenschaftliche Absehen von Endursachen nach den Begriffen der Wissenschaft selbst obsolet wird. Die Wissenschaft hat es ermöglicht, Endursachen zu ihrer eigenen Domäne zu machen. Die Gesellschaft

4 Cf. Kapitel 1, bes. S. 37 f.

»par une élévation et un élargissement du domaine technique, doit remettre à leur place, *comme techniques,* les problèmes de finalité, considérés à tort comme éthiques et parfois comme religieux. L'*inachèvement* des techniques sacralise les problèmes de finalité et asservit l'homme au respect de fins qu'il se représente comme des absolus«[5].

Unter diesem Aspekt werden die »neutrale« wissenschaftliche Methode und Technik zur Wissenschaft und Technik einer geschichtlichen Phase, die durch ihre eigenen Errungenschaften überwunden wird – die ihre bestimmte Negation erreicht hat. Anstatt von der Wissenschaft und der wissenschaftlichen Methode getrennt und subjektivem Belieben und irrationaler, transzendenter Sanktion überlassen zu sein, können die ehemals metaphysischen Ideen der Befreiung zum geeigneten Gegenstand der Wissenschaft werden. Aber diese Entwicklung konfrontiert die Wissenschaft mit der unangenehmen Aufgabe, *politisch* zu werden – das wissenschaftliche Bewußtsein als politisches Bewußtsein anzuerkennen und das wissenschaftliche Unternehmen als politisches. Denn die Überführung der Werte in Bedürfnisse, der Endursachen in technische Möglichkeiten ist eine neue Stufe der Unterwerfung oppressiver, unbewältigter Kräfte der Gesellschaft und der Natur. Sie ist ein Akt der *Befreiung*:

»L'homme se libère de sa situation d'être asservi par la finalité du tout en apprenant à faire de la finalité, à organiser un tout finalisé qu'il juge et apprécie, pour n'avoir pas à subir passivement une intégration de fait.« . . . »L'homme dépasse l'asservissement en organisant consciemment la finalité . . .«[6].

---

5 »muß durch eine Steigerung und Erweiterung des technischen Bereichs die Probleme der Finalität, die fälschlich als ethische und manchmal als religiöse betrachtet worden sind, wieder *als technische* Probleme zur Geltung bringen. Die *Unentwickeltheit* der Technik fetischisiert die Probleme der Finalität und versklavt den Menschen an Zwecke, die er sich als Absoluta vorstellt.« Gilbert Simondon, loc., cit., S. 151; Hervorhebung von mir.

6 »Der Mensch befreit sich von seiner Situation, der Finalität des Ganzen unterworfen zu sein, indem er lernt, Finalität hervorzubringen, ein »finalisiertes« Ganzes zu organisieren, das er beurteilt und einschätzt, um nicht passiv einer Konstellation von Tatsachen zu unterliegen« . . . »Der Mensch überwindet die Versklavung, indem er die Finalität bewußt organisiert . . .«. Ibid., S. 103.

Indem sie sich jedoch *methodisch* als politisches Unternehmen konstituieren, würden Wissenschaft und Technik über die Stufe hinausgehen, auf der sie infolge ihrer Neutralität der Politik *unterworfen* waren und gegen ihre Intention als politische Mittel fungierten. Denn die technologische Neubestimmung und die technische Meisterung der Endursachen *ist* der Aufbau, die Entwicklung und Anwendung der (materiellen und geistigen) Ressourcen, *befreit* von allen *partikularen* Interessen, die die Befriedigung der menschlichen Bedürfnisse und die Entfaltung der menschlichen Anlagen behindern. Mit anderen Worten, sie ist das rationale Unternehmen des Menschen als Menschen, das der Menschheit. Die Technik kann so die geschichtliche Korrektur der verfrühten Identifikation von Vernunft und Freiheit herbeiführen, derzufolge der Mensch mit dem Fortschreiten der sich selbst perpetuierenden Produktivität auf der Basis von Unterdrückung frei werden und bleiben könne. In dem Maße, wie die Technik sich auf dieser Basis entwickelt hat, kann diese Korrektur niemals das Ergebnis des technischen Fortschritts selber sein. Sie macht eine politische Umwälzung notwendig.

Die Industriegesellschaft besitzt die Mittel, das Metaphysische ins Physische zu überführen, das Innere ins Äußere, die Abenteuer des Geistes in Abenteuer der Technik. Die schrecklichen Redeweisen (und Realitäten) von »Seeleningenieuren«, »head shrinkers«, »wissenschaftlicher Betriebsführung«, »Konsumwissenschaft« umreißen (in erbärmlicher Form) die fortschreitende Rationalisierung des Irrationalen, des »Spirituellen« – die Absage an die idealistische Kultur. Freilich würde die Vollendung der technologischen Rationalität, indem sie Ideologie in Wirklichkeit übersetzt, auch über die materialistische Antithese zu dieser Kultur hinausgehen. Denn die Übersetzung der Werte in Bedürfnisse ist der doppelte Prozeß 1. der materiellen Befriedigung (Materialisierung der Freiheit) und 2. der freien Entwicklung der Bedürfnisse auf der Basis der Befriedigung (nichtrepressive Sublimierung). In diesem Prozeß erfährt das Verhältnis von materiellen und geistigen Anlagen und Bedürfnissen eine grundlegende Änderung. Das freie Spiel von Denken und Einbildungskraft nimmt bei der Verwirklichung eines befriedeten Daseins von Mensch und Natur eine rationale und leitende Funktion an. Und die Ideen der Gerechtigkeit, Freiheit und Humanität werden dann auf dem einzigen Boden zu einer Wahrheit und Sache des guten Gewissens, auf dem sie überhaupt Wahrheit sein und ein gutes Gewissen haben könnten – als Befriedigung der materiellen Bedürfnisse des Menschen, als die vernünftige Organisation des Reichs der Notwendigkeit.

»Befriedetes Dasein«. Der Ausdruck vermittelt unzureichend genug die Intention, in einer Leitidee den tabuierten und lächerlich gemachten *Zweck* der Technik zusammenzufassen, die unterdrückte Endursache hinter dem wissenschaftlichen Unternehmen. Wenn sich diese Endursache materialisieren und wirksam werden sollte, so würde der Logos der Technik eine Welt qualitativ anderer Beziehungen zwischen Mensch und Mensch und zwischen Mensch und Natur eröffnen.

An dieser Stelle muß jedoch ein starker Vorbehalt ausgesprochen werden – eine Warnung vor allem technologischen Fetischismus. Ein solcher Fetischismus ist jüngst besonders unter marxistischen Kritikern der gegenwärtigen Industriegesellschaft an den Tag gelegt worden – Ideen von der künftigen Allmacht des technologischen Menschen, eines »technischen Eros« usw. Der Wahrheitskern dieser Ideen erfordert, daß die Mystifizierung, die sie ausdrücken, entschieden bloßgestellt wird. Als ein Universum von Mitteln kann die Technik ebenso die Schwäche wie die Macht des Menschen vermehren. Auf der gegenwärtigen Stufe ist er vielleicht ohnmächtiger als je zuvor gegenüber seinem eigenen Apparat.

Die Mystifizierung wird nicht dadurch beseitigt, daß die technische Allmacht von partikularen Gruppen auf einen neuen Staat und zentralen Plan übertragen wird. Die Technik behält durchaus ihre Abhängigkeit von anderen als technischen Zwecken. Je mehr die technologische Rationalität, von ihren ausbeuterischen Zügen befreit, die gesellschaftliche Produktion bestimmt, desto abhängiger wird sie von der politischen Lenkung – von der kollektiven Anstrengung, ein befriedetes Dasein zu erreichen mit den Zielen, die sich freie Individuen setzen können.

»Befriedung des Daseins« will keine Akkumulation von Macht nahlegen, sondern eher das Gegenteil. Friede und Macht, Freiheit und Macht, Eros und Macht können durchaus Gegensätze sein! Ich werde jetzt zu zeigen versuchen, daß der Umbau der materiellen Basis der Gesellschaft im Hinblick auf Befriedung eine qualitative wie quantitative *Verringerung* der Macht mit sich bringen kann, um den Raum und die Zeit zur Entwicklung der Produktivität unter autonomen Antrieben zu schaffen. Der Begriff einer solchen Aufhebung der Macht ist ein treibendes Motiv in der dialektischen Theorie.

In dem Maße, wie das Ziel der Befriedung den Logos der Technik bestimmt, ändert es das Verhältnis zwischen der Technik und ihrem ursprünglichen Gegenstand, der Natur. Befriedung setzt Herrschaft über die Natur voraus, die das dem sich entwickelnden Subjekt entgegengesetzte Objekt ist und bleibt. Aber es gibt zwei Arten von Herrschaft: eine repressive und eine befreiende. Letztere zieht die Verringerung von Elend, Gewalt und Grausamkeit nach sich. In der Natur wie in der Geschichte ist der Kampf ums Dasein das Zeichen von Knappheit, Leiden und Mangel. Sie sind die Qualitäten der blinden Materie, des Reichs der Unmittelbarkeit, worin das Leben sein Dasein passiv erleidet. Dieses Reich wird allmählich im Laufe der historischen Umgestaltung der Natur vermittelt; es wird ein Teil der Menschenwelt. Insoweit sind die Qualitäten der Natur historische Qualitäten. Im Prozeß der Zivilisation hört die Natur in dem Maße auf, bloße Natur zu sein, wie der Kampf blinder Kräfte begriffen und im Licht der Freiheit beherrscht wird[7].

Geschichte ist die Negation von Natur. Was bloß natürlich ist, wird durch die Macht der Vernunft überwunden und wiederhergestellt. Die metaphysische Vorstellung, daß die Natur in der Geschichte zu sich selbst kommt, verweist auf die noch unaufgehobenen Grenzen der Vernunft. Sie behauptet sie als geschichtliche Grenzen – als eine noch nicht vollendete Aufgabe oder vielmehr als eine, die erst zu unternehmen ist. Wenn Natur an sich ein rationaler, legitimer Gegenstand der Wissenschaft ist,

---

7 Hegels Begriff der Freiheit setzt durchweg Bewußtsein voraus (in Hegels Terminologie: Selbstbewußtsein). Die »Verwirklichung« der Natur ist folglich nicht das Werk der Natur selbst und kann es niemals sein. Aber sofern die Natur an sich negativ ist (d. h. ihrem eigenen Dasein nach mangelhaft), ist die geschichtliche Umgestaltung der Natur durch den Menschen als die Überwindung dieser Negativität die Befreiung der Natur. Oder, in Hegels Worten, die Natur ist ihrem Wesen nach nichtnatürlich – »Geist«.

dann ist sie der legitime Gegenstand der Vernunft nicht nur als Macht, sondern auch der Vernunft als Freiheit; nicht nur der Herrschaft, sondern auch der Befreiung. Mit dem Aufstieg des Menschen als des *animal rationale* – befähigt, die Natur im Einklang mit den Vermögen des Geistes und den Potenzen der Materie umzugestalten – nimmt das bloß Natürliche als das unter der Vernunft Stehende einen negativen Status an. Es wird zu einem von der Vernunft zu begreifenden und zu organisierenden Reich.

Und in dem Maße, wie es der Vernunft gelingt, die Materie rationalen Maßstäben und Zielen zu unterwerfen, erscheint alles vorrationale Dasein als Mangel und Not, und deren Verringerung wird zur geschichtlichen Aufgabe. Leiden, Gewalt und Zerstörung sind ebenso Kategorien der natürlichen wie der menschlichen Realität, Kategorien eines hilflosen und herzlosen Universums. Die schreckliche Vorstellung, daß das vorrationale Leben der Natur dazu bestimmt sei, für immer ein solches Universum zu bleiben, ist weder philosophisch noch wissenschaftlich; sie wurde von einer anderen Autorität ausgesprochen:

»Als der Verein zur Verhütung von Grausamkeit an Tieren den Papst um Unterstützung bat, verweigerte er sie mit der Begründung, daß die Menschen den tiefer stehenden Tieren keine Pflicht schulden und daß die Mißhandlung von Tieren keine Sünde ist, und zwar deshalb, weil Tiere keine Seele haben[8].«

Der Materialismus, der vom Makel eines solchen ideologischen Mißbrauchs der Seele frei ist, hat einen umfassenderen und realistischeren Begriff des Heils. Er gesteht der Hölle Realität nur an einem bestimmten Ort zu, hier auf Erden, und erklärt, daß diese Hölle durch den Menschen (und die Natur) hervorgebracht wurde. Zu dieser Hölle gehört die Mißhandlung von Tieren – das Werk einer menschlichen Gesellschaft, deren Rationalität noch immer das Irrationale ist.

Alle Freude und alles Glück entspringen der Fähigkeit, die Natur zu transzendieren – eine Transzendenz, bei der die Na-

---

8 Zitiert nach Bertrand Russell, *Unpopular Essays*, New York: Simon and Schuster, 1950, S. 76.

turbeherrschung selbst der Befreiung und Befriedung des Daseins untergeordnet ist. Alle Stille, alles Entzücken ist das Ergebnis bewußter *Vermittlung*, von Autonomie und Widerspruch. Die Verherrlichung des Natürlichen gehört zu der Ideologie, die eine unnatürliche Gesellschaft in ihrem Kampf gegen die Befreiung schützt. Die Diffamierung der Geburtenkontrolle ist ein schlagendes Beispiel. In einigen rückständigen Gebieten der Welt ist es auch »natürlich«, daß die schwarzen Rassen den Weißen unterlegen sind, daß den Letzten die Hunde beißen und daß das Geschäft sein muß. Es ist auch natürlich, daß die großen Fische die kleinen fressen – obgleich das den kleinen Fischen nicht natürlich erscheinen mag. Die Zivilisation bringt die Mittel hervor, die Natur von ihrer eigenen Brutalität, ihrer eigenen Unzulänglichkeit, ihrer eigenen Blindheit zu befreien – vermöge der erkennenden und verändernden Macht der Vernunft. Und die Vernunft kann diese Funktion nur als nachtechnologische Rationalität erfüllen, bei der die Technik selbst das Mittel der Befriedung ist, das Organon der »Kunst des Lebens«. Die Funktion der Vernunft fällt dann mit der Funktion der *Kunst* zusammen.

Die griechische Vorstellung von der Affinität von Kunst und Technik mag das fürs erste veranschaulichen. Der Künstler besitzt die Ideen, die als Endursachen die Herstellung bestimmter Dinge leiten – ganz wie der Ingenieur die Ideen besitzt, die als Endursachen die Herstellung einer Maschine leiten. Zum Beispiel bestimmt die Idee einer Bleibe für menschliche Wesen den Bau eines Hauses durch den Architekten; die Idee einer alles umfassenden nuklearen Explosion bestimmt die Herstellung des Apparats, der diesem Zweck dienen soll. Die Hervorhebung des wesentlichen Verhältnisses zwischen Kunst und Technik verweist auf die spezifische *Rationalität* der Kunst.

Wie die Technik bringt die Kunst ein anderes Universum von Denken und Praxis gegen das bestehende und innerhalb seiner hervor. Aber im Gegensatz zum technischen Universum ist das der Kunst eines der Illusion, des *Scheins*. Jedoch ähnelt dieser Schein einer Wirklichkeit, die als Bedrohung und Versprechen der etablierten besteht[9]. In verschiedenen Formen von Masken

9 Cf. Kapitel 3.

und Verschweigen ist das Universum der Kunst durch die Bilder eines Lebens ohne Angst organisiert – in Masken und Schweigen, weil die Kunst es nicht vermag, dieses Leben herbeizuführen, geschweige denn, es angemessen darzustellen. Und doch bezeugt die machtlose, scheinhafte Wahrheit der Kunst (die niemals machtloser und scheinhafter gewesen ist als heute, wo sie zu einem allgegenwärtigen Bestandteil der verwalteten Gesellschaft geworden ist) die Gültigkeit ihrer Bilder. Je schreiender die Irrationalität der Gesellschaft wird, desto größer wird die Rationalität des Universums der Kunst.

Die technologische Zivilisation stellt ein spezifisches Verhältnis von Kunst und Technik her. Ich erwähnte oben den Gedanken einer Umkehrung des Drei-Stadien-Gesetzes und einer »Neubewertung« der Metaphysik *auf der Basis* der wissenschaftlichen und technischen Umgestaltung der Welt. Derselbe Gedanke kann jetzt auf das Verhältnis von Wissenschaft und Technik auf der einen Seite und Kunst auf der anderen ausgedehnt werden. Die Rationalität der Kunst, ihre Fähigkeit, Dasein zu »entwerfen«, noch nicht verwirklichte Möglichkeiten zu bestimmen, ließe sich dann ins Auge fassen als *in der wissenschaftlich-technischen Umgestaltung der Welt bestätigt und in ihr funktionierend.* Anstatt eine Magd des bestehenden Apparats zu sein, der sein Geschäft und sein Elend verschönt, würde Kunst zu einer Technik, dieses Geschäft und dieses Elend zu zerstören.

Die technologische Rationalität der Kunst scheint gekennzeichnet durch eine ästhetische »Reduktion«:

»Die Kunst weiß den Apparat, dessen die äußere Erscheinung zu ihrer Selbsterhaltung bedarf, zu den Grenzen zurückzuführen..., innerhalb welcher das Äußere die Manifestation der geistigen Freiheit sein kann.«[10]

Nach Hegel reduziert die Kunst die unmittelbare Zufälligkeit, in der ein Objekt (oder eine Totalität von Objekten) existiert, auf einen Zustand, worin das Objekt die Form und Qualität der Freiheit annimmt. Solche Umformung ist deshalb eine Reduktion, weil der Status des Zufälligen unter Erfordernissen

---

10 Hegel, *Vorlesungen über die Ästhetik* in: *Sämtliche Werke*, Glockner, Band 12, S. 217 f.

leidet, die ihm äußerlich sind und seiner freien Verwirklichung im Wege stehen. Diese Erfordernisse bilden insofern einen »Apparat«, als sie nicht bloß natürlich sind, sondern vielmehr freier vernünftiger Veränderung und Entwicklung unterworfen. So zerbricht die künstlerische Umgestaltung das Naturobjekt, aber das Zerbrochene ist selbst ein Unterdrücktes; damit ist ästhetische Umgestaltung Befreiung.

Die ästhetische Reduktion erscheint in der technischen Umgestaltung der Natur, wo und wenn es ihr gelingt, Herrschaft und Befreiung zu verknüpfen, Herrschaft zur Befreiung hinzulenken. In diesem Fall verringert der Sieg über die Natur deren Blindheit, Grausamkeit und Fruchtbarkeit – was einschließt, daß sich die Grausamkeit des Menschen gegenüber der Natur verringert. Die Bebauung des Bodens ist qualitativ verschieden von seiner Zerstörung, die Gewinnung natürlicher Ressourcen von Raubbau, die Lichtung der Wälder von einfachem Abholzen. Armut, Krankheit und krebsartige Wucherungen sind ebenso natürliche wie menschliche Übel – ihre Verringerung und Beseitigung ist die Befreiung des Lebens. Die Zivilisation hat diese »andere«, befreiende Umgestaltung in ihren Gärten, Parkanlagen und Schutzgebieten erreicht. Aber außerhalb dieser kleinen, geschützten Bezirke hat sie die Natur so behandelt, wie sie den Menschen behandelt hat – als ein Instrument destruktiver Produktivität.

In die Technik der Befriedung würden ästhetische Kategorien in dem Maße eingehen, wie die produktive Maschinerie im Hinblick auf ein freies Spiel der Anlagen aufgebaut wird. Aber gegen allen »technischen Eros« und ähnliche Mißverständnisse »kann die Arbeit nicht Spiel werden«. Diese Feststellung von Marx schließt jede romantische Interpretation der »Aufhebung der Arbeit« streng aus. Die Idee eines solchen Milleniums ist in der fortgeschrittenen industriellen Zivilisation so ideologisch wie sie im Mittelalter war und vielleicht noch ideologischer. Denn der Kampf des Menschen mit der Natur wird immer mehr ein Kampf mit seiner Gesellschaft, deren Zwänge gegenüber dem Individuum »rationeller« und deshalb notwendiger als je zuvor werden. Während jedoch das Reich der Notwendigkeit fortbesteht, würde seine Organisation im Hinblick auf qualitativ andere Zwecke nicht nur die Weise, sondern auch das Ausmaß gesellschaftlich notwendiger Produktion ändern. Und diese Änderung wiederum würde sich auf die menschlichen Träger der Produktion und ihre Bedürfnisse auswirken:

»Die freie Zeit ... hat ihren Besitzer natürlich in ein andres Subjekt verwandelt und als dies andre Subjekt tritt er dann in den unmittelbaren Produktionsprozeß«.[11]

Ich habe wiederholt den geschichtlichen Charakter der menschlichen Bedürfnisse hervorgehoben. Oberhalb des Animalischen werden in einer freien und vernünftigen Gesellschaft selbst die Lebensnotwendigkeiten andere sein als diejenigen, die in einer irrationalen und unfreien Gesellschaft und für diese produziert werden. Wiederum ist es der Begriff der »Reduktion«, der den Unterschied veranschaulichen kann.

Im gegenwärtigen Zeitalter ist der Sieg über den Mangel noch immer auf kleine Bereiche der fortgeschrittenen Industriegesellschaft beschränkt. Ihr Wohlstand verdeckt das Inferno innerhalb und außerhalb ihrer Grenzen; er verbreitet auch eine repressive Produktivität und »falsche Bedürfnisse«. Er ist genau in dem Maße repressiv, wie er die Befriedigung von Bedürfnissen fördert, die es nötig machen, die Hetzjagd fortzusetzen, um mit seinesgleichen und dem eingeplanten vorzeitigen Verschleiß Schritt zu halten, wie er es fördert, die Befreiung davon, sein Hirn zu benutzen, auch noch zu genießen und mit den Destruktionsmitteln und für sie zu arbeiten. Die offenkundigen Bequemlichkeiten, wie sie von dieser Art Produktivität hervorgebracht werden, ja die Unterstützung, die sie einem System profitabler Herrschaft zuteil werden läßt, erleichtern ihren Import in weniger fortgeschrittene Gebiete der Welt, wo die Einführung eines solchen Systems immer noch einen kolossalen Fortschritt in technischer und menschlicher Hinsicht bedeutet.

Die enge Wechselbeziehung zwischen technischem und politisch-manipulativem Bescheidwissen, zwischen profitabler Produktivität und Herrschaft leiht jedoch dem Sieg über den Mangel die Waffen, die Befreiung einzudämmen. In hohem Maße ist es die reine *Quantität* der Güter, Dienstleistungen, Arbeit und Erholung in den überentwickelten Ländern, die dieses Ein-

---

11 Marx, Grundrisse der Kritik der politischen Ökonomie, loc. cit., S. 599.

dämmen bewirkt. Eine qualitative Änderung scheint demzufolge eine *quantitative* Änderung im fortgeschrittenen Lebensstandard vorauszusetzen, nämlich eine *Reduktion der Überentwicklung.*

Der in den meisten fortgeschrittenen industriellen Gebieten erreichte Lebensstandard ist kein geeignetes Entwicklungsmodell, wenn Befriedung das Ziel ist. Im Hinblick darauf, was dieser Standard aus Mensch und Natur gemacht hat, ist wiederum die Frage zu stellen, ob er der Opfer wert ist, die seiner Verteidigung gebracht werden. Die Frage hat aufgehört, unverantwortlich zu sein, seitdem die »Gesellschaft im Überfluß« eine fortwährende Mobilisation gegen das Risiko der Vernichtung geworden ist und der Verkauf ihrer Güter einhergeht mit Verblödung, Verewigung harter Arbeit und der Beförderung von Enttäuschungen.

Unter diesen Umständen bedeutet die Befreiung von der Überflußgesellschaft keine Rückkehr zu gesunder und robuster Armut, moralischer Sauberkeit und Einfachheit. Im Gegenteil, das Beseitigen profitabler Verschwendung würde den zur Verteilung verfügbaren gesellschaftlichen Reichtum vermehren, und das Ende der fortwährenden Mobilisierung würde das gesellschaftliche Bedürfnis verringern, Befriedigungen zu verweigern, die solche des Individuums selber sind – Versagungen, die jetzt durch den Kult der Gesundheit, Stärke und Ordnung kompensiert werden.

Heute, im gedeihenden Kriegsführungs -und Wohlfahrtsstaat, scheinen die menschlichen Qualitäten eines befriedeten Daseins asozial und unpatriotisch – Qualitäten wie die Absage an alle Härte, Kumpanei und Brutalität; Ungehorsam gegenüber der Tyrannei der Mehrheit; das Eingeständnis von Angst und Schwäche (die vernünftigste Reaktion gegenüber dieser Gesellschaft!); eine empfindliche Intelligenz, die Ekel empfindet angesichts dessen, was verübt wird; der Einsatz für die schwächlichen und verhöhnten Aktionen des Protestes und der Weigerung. Auch diese Äußerungen der Humanität werden durch den notwendigen Kompromiß beeinträchtigt – durch das Bedürfnis, sich zu decken, imstande zu sein, die Betrüger zu betrügen, ihnen zum Trotz zu leben und zu denken. In der totalitären Gesellschaft tendieren die menschlichen Haltungen dazu, eskapistisch

zu werden und Samuel Becketts Rat zu befolgen: »Don't wait
to be hunted to hide . . .«

Selbst ein solch persönliches Zurückziehen der geistigen und
physischen Energie von den gesellschaftlich erforderten Aktivi-
täten und Einstellungen ist heute nur wenigen möglich; es ist
nur ein inkonsequenter Aspekt der Neuorientierung der Energie, die der Befriedung vorausgehen muß. Außerhalb des persönlichen Bereichs setzt Selbstbestimmung frei verfügbare Energie voraus, die nicht in aufgenötigter materieller und geistiger
Arbeit verausgabt wird. Sie muß auch in dem Sinne freie Energie sein, daß sie nicht in die Beschäftigung mit Gütern und
Dienstleistungen abkanalisiert wird, die das Individuum befriedigen und zugleich unfähig machen, zu einem eigenen Dasein zu
gelangen, außerstande, die Möglichkeiten zu erfassen, die durch
diese Befriedigung zurückgedrängt werden. Komfort, Geschäft
und berufliche Sicherheit können in einer Gesellschaft, die sich
auf und gegen nukleare Zerstörung vorbereitet, als allgemeines
Beispiel versklavender Zufriedenheit dienen. Die Befreiung der
Energie von den Verrichtungen, deren es bedarf, um den destruktiven Wohlstand aufrechtzuerhalten, bedeutet, daß der Standard
der Knechtschaft herabgesetzt wird, um die Menschen zu befähigen, diejenige Rationalität zu entwickeln, die ein befriedetes
Dasein ermöglichen kann.

Ein neuer Lebensstandard, der Befriedung des Daseins angepaßt, setzt auch voraus, daß die künftige Bevölkerung ab-
nimmt. Ist es verständlich, ja vernünftig, daß die industrielle
Zivilisation das Hinschlachten von Millionen Menschen im
Kriege und die täglichen Opfer all derer als legitim ansieht,
denen es an zureichender Pflege und Schutz fehlt, aber ihre
moralischen und religiösen Skrupel entdeckt, wenn es sich darum
handelt, das Hervorbringen weiteren Lebens in einer Gesellschaft zu vermeiden, die immer noch auf die geplante Vernichtung von Leben im nationalen Interesse und auf den ungeplan-
ten Verlust des Lebens für private Interessen abgestellt ist. Diese
moralischen Skrupel sind verständlich und vernünftig, weil eine
solche Gesellschaft einer stets zunehmenden Zahl von Kunden
und Anhängern bedarf; die beständig erneuerte, überschüssige
Kapazität muß bewältigt werden.

Die Erfordernisse profitabler Massenproduktion sind jedoch nicht notwendig mit denen der Menschheit identisch. Das Problem besteht nicht (und vielleicht nicht einmal in erster Linie) darin, die wachsende Bevölkerung angemessen zu ernähren und zu versorgen – es ist zunächst ein Problem der Zahl, der bloßen Quantität. Die Anklage, die Stefan George vor einem halben Jahrhundert aussprach, enthält mehr als dichterische Freiheit: »Schon eure Zahl ist Frevel!«

Das Verbrechen ist das einer Gesellschaft, in der die zunehmende Bevölkerung den Kampf ums Dasein angesichts seiner möglichen Linderung verschärft. Der Drang nach mehr »Lebensraum« macht sich nicht nur in internationaler Aggressivität geltend, sondern auch *innerhalb* der Nation. Hier ist die Expansion in allen Formen der Zusammenarbeit, des Gemeinschaftslebens und Vergnügens in den Innenraum der Privatsphäre eingedrungen und hat praktisch die Möglichkeit jener Isolierung ausgeschaltet, in der das Individuum, allein auf sich zurückgeworfen, denken, fragen und etwas herausfinden kann. Diese Art Privatsphäre – die einzige Bedingung, die auf der Basis befriedigter Lebensbedürfnisse der Freiheit und Unabhängigkeit des Denkens Sinn verleihen kann – ist seit langem zur teuersten Ware geworden, nur den sehr Reichen verfügbar (die keinen Gebrauch von ihr machen). Auch in dieser Hinsicht offenbart die »Kultur« ihre feudalen Ursprünge und Schranken. Sie kann nur durch die Abschaffung der Massendemokratie demokratisch werden, wenn es nämlich der Gesellschaft gelingt, die Vorrechte der Privatsphäre wiederherzustellen, indem sie sie allen gewährt und bei jedem einzelnen schützt.

Der Verweigerung der Freiheit und selbst ihrer Möglichkeit entspricht, daß Ungebundenheit dort gewährt wird, wo sie die Unterdrückung stärkt. Der Grad, in dem es der Bevölkerung gestattet ist, den Frieden zu stören, wo immer es noch Friede und Stille gibt, unangenehm aufzufallen und die Dinge zu verhäßlichen, vor Vertraulichkeit überzufließen und gegen die guten Formen zu verstoßen, ist beängstigend. Beängstigend, weil er die gesetzliche, ja organisierte Anstrengung ausdrückt, das ureigene Recht des Nächsten nicht anzuerkennen, Autonomie selbst in einer kleinen, reservierten Daseinssphäre zu verhindern. In den überentwickelten Ländern wird ein immer größer werdender Bevölkerungsanteil zu einem einzigen, ungeheuer großen, gefangenen Publikum – gefangen nicht von einem totalitären Regime, sondern von den Zügellosigkeiten der Bürger, deren Vergnügungs- und Erbauungsmedien einen zwingen, ihre Töne, ihren Anblick und ihre Gerüche über sich ergehen zu lassen.

Kann eine Gesellschaft, die außerstande ist, das private Dasein des Individuums auch nur in den eigenen vier Wänden zu schützen, rechtmäßig behaupten, daß sie das Individuum achtet und eine freie Gesellschaft ist? Sicher ist eine freie Gesellschaft durch mehr und grundlegendere Errungenschaften gekennzeichnet als durch private Autonomie. Und doch beeinträchtigt deren Fehlen selbst die augenfälligsten Institutionen der ökonomischen und politischen Freiheit – dadurch, daß in ihren verborgenen Wurzeln keine Freiheit anerkannt wird. Die massive Vergesellschaftung beginnt zu Hause und hemmt die Entwicklung des Bewußtseins und Gewissens. Autonomie zu erreichen, erfordert Bedingungen, unter denen die unterdrückten Dimensionen der Erfahrung wieder lebendig werden können; ihre Befreiung erfordert die Unterdrückung der heteronomen Bedürfnisse und Weisen der Befriedigung, die das Leben in dieser Gesellschaft organisieren. Je mehr sie zu den eigenen Bedürfnissen und Befriedigungen des Individuums geworden sind, desto mehr erschiene ihre Unterdrückung als eine nur zu fatale Beraubung. Aber gerade infolge dieses fatalen Charakters kann sie die erste subjektive Vorbedingung schaffen für eine qualitative Änderung – nämlich die *Neubestimmung der Bedürfnisse.*

Um ein (leider phantastisches) Beispiel zu wählen: die bloße Abwesenheit aller Reklame und aller schulenden Informations- und Unterhaltungsmedien würde das Individuum in eine traumatische Leere stürzen, in der es die Chance hätte, sich zu wundern, nachzudenken, sich (oder vielmehr seine Negativität) und seine Gesellschaft zu erkennen. Seiner falschen Väter, Führer, Freunde und Vertreter beraubt, hätte es wieder sein ABC zu lernen. Aber die Wörter und Sätze, die es bilden würde, könnten völlig anders ausfallen, ebenso seine Wünsche und Ängste.

Sicher wäre eine solche Situation ein unerträglicher Alptraum. Während die Menschen die beständige Herstellung nuklearer

Waffen, radioaktiven Regens und fragwürdiger Lebensmittel unterstützen können, können sie (aus eben diesem Grunde!) nicht dulden, daß sie der Unterhaltung und Erziehung beraubt werden, die sie dazu befähigen, die Vorkehrungen für ihre Verteidigung und oder Vernichtung zu reproduzieren. Das Nicht-Funktionieren des Fernsehens und verwandter Medien könnte so erreichen, was die immanenten Widersprüche des Kapitalismus nicht erreichten – den Zerfall des Systems. Die Erzeugung repressiver Bedürfnisse ist seit langem zum Bestandteil gesellschaftlich notwendiger Arbeit geworden – notwendig in dem Sinne, daß ohne sie die bestehende Produktionsweise nicht aufrechterhalten werden könnte. Es geht weder um Probleme der Psychologie noch der Ästhetik, sondern um die materielle Basis der Herrschaft.

Die fortschreitende eindimensionale Gesellschaft verändert das Verhältnis zwischen dem Rationalen und dem Irrationalen. Vor dem Hintergrund der phantastischen und wahnwitzigen Aspekte ihrer Rationalität wird der Bereich des Irrationalen zur Stätte des wirklich Rationalen – der Ideen, die »die Kunst des Lebens befördern« können. Wenn die bestehende Gesellschaft jede normale Kommunikation verwaltet und im Einklang mit den gesellschaftlichen Erfordernissen bekräftigt oder schwächt, dann haben vielleicht die Werte, die diesen Erfordernissen fremd sind, kein anderes Medium, in dem sie kommuniziert werden können, als das abnorme der Dichtung. Die ästhetische Dimension bewahrt sich noch eine Freiheit des Ausdrucks, die den Schriftsteller und Künstler befähigt, Menschen und Dinge bei ihrem Namen zu nennen – das sonst Unnennbare zu nennen.

Das wirkliche Gesicht unserer Zeit zeigt sich in Samuel Becketts Romanen; ihre wirkliche Geschichte wird in Rolf Hochhuths Stück *Der Stellvertreter* geschrieben. Hier spricht keine Einbildungkraft mehr, sondern die Vernunft, in einer Wirklichkeit, die alles rechtfertigt und alles freispricht – außer der Sünde wider ihren Geist. Die Einbildungskraft dankt vor dieser Wirklichkeit ab, welche die Einbildungskraft einholt und überholt. Auschwitz lebt immer noch fort, nicht in der Erinnerung, wohl aber in den vielfältigen Leistungen des Menschen – den Raumflügen, den Raketen und raketengesteuerten Geschossen, dem »labyrinthischen Erdgeschoß unter der Imbißhalle«, den hübschen elektronischen Fabriken, sauber, hygienisch und mit Blumenbeeten, dem Giftgas, das den Menschen in Wirklichkeit gar nicht schadet, dem Geheimnis, in das wir alle eingeweiht sind. So sieht das Gefüge aus, in dem die großen menschlichen Errungenschaften in Naturwissenschaft, Medizin und Technik statthaben; die Anstrengungen, das Leben zu retten und zu verbessern, sind das einzige Versprechen im Unheil. Das bewußte Spiel mit phantastischen Möglichkeiten, die Fähigkeit, mit gutem Gewissen zu handeln, *contra naturam*, mit Menschen und Dingen zu experimentieren, Illusionen in Wirklichkeit zu verwandeln und Erdichtetes in Wahrheit, bezeugen das Ausmaß, in dem die Einbildungskraft ein Instrument des Fortschritts geworden ist. Ein Instrument freilich, das, wie andere Instrumente in den bestehenden Gesellschaften, methodisch mißbraucht wird. Indem sie Schrittmacher der Politik wird und deren Stil bestimmt, geht die Einbildungskraft im Umgang mit den Worten weit über *Alice in Wonderland* hinaus und verkehrt Sinn in Unsinn, Unsinn in Sinn.

Die ehedem antagonistischen Bereiche verschmelzen auf technischem und politischem Boden – Magie und Wissenschaft, Leben und Tod, Freude und Elend. Die Schönheit offenbart ihren Terror in nuklearen Fabriken, die an vorderer Stelle stehen, und Laboratorien werden zu »Industrieparks« in angenehmer Umgebung; das Civil Defense Headquarters stellt einen »erstklassigen Bunker gegen atomaren Niederschlag« zur Schau, ganz mit Teppichstoff ausgelegt (»weich«), mit Klubsessel, Fernsehen und Brettspielen, »entworfen als kombiniertes Zimmer für die Familie in Friedenszeiten (sic!) und als Familienbunker gegen Atomniederschläge, sollte der Krieg ausbrechen«[1]. Wenn das Grauenhafte solcher Vorstellungen nicht ins Bewußtsein eindringt, wenn es sogleich als selbstverständlich hingenommen wird, so deshalb, weil diese Errungenschaften a) im Sinne der bestehenden Ordnung völlig rational und b) Zeichen menschlicher Erfindungsgabe und Macht sind, die über die traditionellen Grenzen der Phantasie hinausgehen.

Die abstoßende Verschmelzung von Ästhetik und Wirklichkeit widerlegt die Philosophien, die die »poetische« Einbildung der wissenschaftlichen und empirischen Vernunft entgegensetzen. Der technische Fortschritt ist von einer zunehmenden Rationalisierung, ja Verwirklichung des Imaginären begleitet. Die Archetypen des Grauens wie der Freude, des Krieges wie des Friedens verlieren ihren katastrophischen Charakter. Ihr Erscheinen im täglichen Leben der Individuen ist nicht mehr das von irrationalen Kräften – ihre modernen Ersatzgötter sind Elemente technischer Herrschaft und ihr unterworfen.

Indem sie den romantischen Raum der Phantasie einengt, ja beseitigt, hat die Gesellschaft die Phantasie gezwungen, sich auf

1 Nach: *The New York Times*, Ausgabe vom 11. November 1960, ausgestellt im New York Civil Defense Headquarters, Lexington Ave. und Fifty-Fifth Street.

einem neuen Boden zu bewähren, auf dem ihre Bilder in geschichtlich wirksame Fähigkeiten und Entwürfe übersetzt werden. Die Übersetzung mag so schlecht und verzerrt sein wie die Gesellschaft, die sie vornimmt. Getrennt vom Bereich der materiellen Produktion und der materiellen Bedürfnisse, war Phantasie ein bloßes Spiel, untauglich im Reich der Notwendigkeit und nur einer phantastischen Logik und einer phantastischen Wahrheit verpflichtet. Wenn der technische Fortschritt diese Trennung beseitigt, so stattet er die Bilder mit seiner eigenen Logik und Wahrheit aus; er schmälert das freie Vermögen des Geistes. Aber er verringert auch die Kluft zwischen Phantasie und Wissenschaft. Die beiden antagonistischen Vermögen werden auf gemeinsamem Boden voneinander abhängig. Ist nicht angesichts der Leistungsfähigkeit der fortgeschrittenen industriellen Zivilisation alles Spiel der Phantasie ein Spiel mit technischen Möglichkeiten, die geprüft werden können, wie weit sie zu verwirklichen sind? Die romantische Idee einer »Wissenschaft der Einbildungskraft« scheint einen stets empirischer werdenden Aspekt anzunehmen.

Der wissenschaftliche, rationale Charakter der Phantasie ist seit langem in der Mathematik, in den Hypothesen und Experimenten der Naturwissenschaften anerkannt. Er wird gleichermaßen anerkannt in der Psychoanalyse, die theoretisch auf der Annahme einer spezifischen Rationalität des Irrationalen beruht; umgeleitet, wird die begriffene Phantasie zu einer therapeutischen Kraft. Diese aber kann viel weiter gehen als bis zur Heilung von Neurosen. Kein Dichter, sondern ein Wissenschaftler hat diese Aussicht umrissen:

»Toute une psychanalyse matérielle peut ... nous aider à guérir de nos images, ou du moins nous aider à limiter l'emprise de nos images. On peut alors espérer ... *pouvoir rendre l'imagination heureuse*, autrement dit, pouvoir donner bonne conscience à l'imagination, en lui accordant pleinement tous ses moyens d'expression, toutes les images matérielles qui se produisent dans les *rêves naturels,* dans l'activité onirique normale. Rendre heureuse l'imagination, lui accorder toute son exubérance, c'est précisément donner à l'imagination sa véritable fonction d'entraînement psychique«.[2]

Die Phantasie ist gegenüber dem Prozeß der Verdinglichung nicht immun geblieben. Wir sind besessen von unseren Imagines und leiden unter ihnen. Das wußte die Psychoanalyse und kannte die Konsequenzen. Es wäre jedoch Regression, wollte man »der Phantasie alle Ausdrucksmittel gewähren«. Die verstümmelten Individuen (verstümmelt auch in ihrer Einbildungskraft) würden noch mehr organisieren und zerstören als ihnen jetzt gestattet ist. Eine solche Freisetzung wäre das ungemilderte Grauen – nicht die Katastrophe der Kultur, sondern das freie Spiel ihrer regressivsten Tendenzen. Rational ist diejenige Phantasie, die zum Apriori werden kann, das darauf abzielt, den Produktionsapparat umzubauen und umzudirigieren in Richtung auf ein befriedetes Dasein, ein Leben ohne Angst. Und das kann niemals die Phantasie jener sein, die von den Bildern der Herrschaft und des Todes besessen sind.

Eine Befreiung der Phantasie, die es vermöchte, ihr alle Ausdrucksmittel zu gewähren, setzt die Unterdrückung von vielem voraus, was jetzt frei ist und eine repressive Gesellschaft verewigt. Und ein solcher Umschlag ist nicht Sache der Psychologie und Ethik, sondern der Politik in dem Sinne, wie dieser Begriff hier durchweg benutzt wurde: diejenige Praxis, in der die grundlegenden gesellschaftlichen Institutionen entwickelt, bestimmt, aufrechterhalten und verändert werden. Sie ist die Praxis von Individuen, ganz gleich, wie sie organisiert sein mögen. So muß die Frage noch einmal ins Auge gefaßt werden: wie können die verwalteten Individuen – die ihre Verstümmelung zu ihrer eigenen Freiheit und Befriedigung gemacht haben und sie damit auf erweiterter Stufenleiter reproduzieren – sich von sich selbst wie von ihren Herren befreien? Wie ist es auch nur denkbar, daß der *circulus vitiosus* durchbrochen wird?

2 »Eine umfassende materiale Psychoanalyse kann . . . uns helfen, uns von unseren Imagines zu heilen oder zumindest dabei, die Macht unserer Imagines zu beschränken. Man kann deshalb hoffen. . ., *die Phantasie glücklich machen zu können*, mit anderen Worten, der Imagination ein gutes Gewissen zu verleihen, indem ihr alle Ausdrucksmittel voll zugestanden werden, alle materiellen Imagines, die in *natürlichen Träumen* entstehen, in der normalen Traumtätigkeit. Die Phantasie glücklich zu machen, ihr den ganzen Überschwang zu gewähren, das heißt eben, der Phantasie zu ihrer wahren Funktion als psychischem Impuls und Antrieb zu verhelfen.« Gaston Bachelard, *Le Matérialisme rationnel*, Paris, Presses Universitaires, 1953, S. 18 (Hervorhebungen von Bachelard).

Paradoxerweise scheint nicht die Vorstellung neuer gesellschaftlicher *Institutionen* die größte Schwierigkeit zu bieten bei dem Versuch, diese Frage zu beantworten. Die bestehenden Gesellschaften selbst schicken sich an, die grundlegenden Institutionen im Sinne erhöhter Planung zu verändern oder haben es bereits getan. Da die Entwicklung und Nutzung aller verfügbaren Ressourcen zur allseitigen Befriedigung der Lebensbedürfnisse die Vorbedingung der Befriedung ist, ist diese unvereinbar damit, daß partikulare Interessen vorherrschen, die dem Erreichen dieses Ziels im Wege stehen. Qualitative Änderung hängt davon ab, daß für das Ganze gegen diese Interessen geplant wird, und eine freie und vernünftige Gesellschaft kann sich nur auf dieser Basis erheben.

Die Institutionen, im Rahmen derer eine Befriedung ins Auge gefaßt werden kann, widersetzen sich so der traditionellen Einteilung in autoritäre und demokratische, zentralisierte und liberale Regierungsformen. Heute dient die Opposition gegen zentrale Planung im Namen einer liberalen Demokratie, die in Wirklichkeit verweigert wird, repressiven Interessen zur ideologischen Stütze. Das Ziel wahrhafter Selbstbestimmung der Individuen hängt ab von wirksamer sozialer Kontrolle über die Produktion und Verteilung der lebensnotwendigen Güter (gemessen am erreichten materiellen und geistigen Kulturniveau).

Hierbei ist die von ihren ausbeuterischen Zügen befreite technologische Rationalität der einzige Maßstab und Wegweiser für die Planung und Entwicklung der verfügbaren Ressourcen für alle. Selbstbestimmung bei der Produktion und Verteilung lebenswichtiger Güter und Dienstleistungen wäre verschwenderisch. Die zu bewältigende Arbeit ist eine technische Arbeit, und als wahrhaft technische führt sie zur Abnahme körperlicher und geistiger Mühsal. In diesem Bereich ist zentralisierte Kontrolle rational, wenn sie die Vorbedingungen für eine sinnvolle Selbstbestimmung schafft. Diese kann sich dann in ihrem eigenen Bereich auswirken – in den Entscheidungen, zu denen die Produktion und Verteilung des ökonomischen Überschusses gehören, und im individuellen Dasein.

Auf jeden Fall unterliegt die Verbindung von zentralisierter Autorität und direkter Demokratie unendlich vielen Abwandlungen, je nach dem Entwicklungsgrad. Selbstbestimmung wird in dem Maße real sein, wie die Massen in Individuen aufgelöst worden sind, befreit von aller Propaganda, Schulung und Manipulation, fähig, die Tatsachen zu kennen und zu begreifen und die Alternativen einzuschätzen. Mit anderen Worten, die Gesellschaft wäre in dem Maße vernünftig und frei, wie sie von einem wesentlich neuen geschichtlichen Subjekt organisiert, aufrechterhalten und reproduziert wird.

Auf der gegenwärtigen Entwicklungsstufe der fortgeschrittenen Industriegesellschaften verneint das materielle ebenso wie das kulturelle System dieses Erfordernis. Die Macht und Leistungsfähigkeit dieses Systems, die gründliche Angleichung des Geistes an die Tatsache, des Denkens an das geforderte Verhalten, der Wünsche an die Realität wirken dem Entstehen eines neuen Subjekts entgegen. Sie wirken auch der Vorstellung entgegen, daß die Ersetzung der herrschenden Kontrolle über den Produktionsprozeß durch »Kontrolle von unten« eine qualitative Veränderung ankündige. Diese Vorstellung war und ist gültig, wo die Arbeiter die lebendige Negation und Anklage der bestehenden Gesellschaft waren und noch sind. Wo diese Klasse jedoch zur Stütze der herrschenden Lebensweise geworden ist, würde ihr Aufstieg zur Kontrolle jene nur verlängern.

Und doch sind alle Tatsachen vorhanden, die die kritische Theorie dieser Gesellschaft und ihrer schicksalhaften Entwicklung bekräftigen: zunehmende Irrationalität des Ganzen, Verschwendung und Restriktion der Produktivität, das Bedürfnis nach aggressiver Expansion, die beständige Bedrohung durch Krieg, verschärfte Ausbeutung, Entmenschlichung. Und all dies verweist auf die geschichtliche Alternative: die geplante Nutzung der Ressourcen zur Befriedigung der Lebensbedürfnisse bei einem Minimum an harter Arbeit, die Umwandlung der Freizeit in freie Zeit, die Befriedung des Kampfes ums Dasein.

Aber die Tatsachen und Alternativen liegen vor wie Bruchstücke, die sich nicht zusammenfügen lassen, oder wie eine Welt stummer Objekte ohne Subjekt, ohne die Praxis, die diese Objekte in eine neue Richtung bewegen würde. Die dialektische Theorie ist nicht widerlegt, aber sie kann kein Heilmittel bieten. Sie kann nicht positiv sein. Freilich transzendiert der dialektische

Begriff die gegebenen Tatsachen, indem er sie begreift. Eben darin liegt das Zeichen seiner Wahrheit. Er bestimmt die geschichtlichen Möglichkeiten, ja Notwendigkeiten; deren Verwirklichung aber kann nur durch diejenige Praxis erfolgen, die der Theorie entspricht, und gegenwärtig liefert die Praxis keine derartige Entsprechung.

Aus theoretischen wie empirischen Gründen spricht der dialektische Begriff seine eigene Hoffnungslosigkeit aus. Die menschliche Wirklichkeit ist ihre Geschichte, und in ihr explodieren die Widersprüche nicht von selbst. Der Konflikt zwischen ultramoderner, lohnender Herrschaft auf der einen Seite und ihren Errungenschaften, die auf Selbstbestimmung und Befriedung hinwirken, auf der anderen, kann so schreiend werden, daß es unmöglich wird, ihn zu leugnen, aber er kann durchaus weiterhin ein leicht zu handhabender und sogar produktiver Konflikt sein; denn mit der zunehmenden technischen Unterwerfung der Natur nimmt die des Menschen durch den Menschen zu. Und diese Unterwerfung verringert die Freiheit, die ein notwendiges Apriori der Befreiung ist. Darin besteht Denkfreiheit in dem einzigen Sinne, in dem das Denken in der verwalteten Welt frei sein kann – als das Bewußtsein ihrer repressiven Produktivität und als das absolute Bedürfnis, aus diesem Ganzen auszubrechen. Aber eben dieses absolute Bedürfnis herrscht dort nicht, wo es zur Triebkraft einer geschichtlichen Praxis werden könnte, zur Wirkursache einer qualitativen Änderung. Ohne diese materielle Gewalt bleibt auch das geschärfteste Bewußtsein ohnmächtig.

Ganz gleich, wie offenkundig der irrationale Charakter des Ganzen sich manifestieren kann und mit ihm die Notwendigkeit der Veränderung – die Einsicht in die Notwendigkeit hat niemals genügt, die möglichen Alternativen zu ergreifen. Konfrontiert mit der allgegenwärtigen Leistungsfähigkeit des gegebenen Lebenszusammenhangs, sind dessen Alternativen stets utopisch erschienen. Und Einsicht in die Notwendigkeit, das Bewußtsein des schlechten Zustands, wird selbst auf derjenigen Stufe nicht genügen, auf der die Errungenschaften der Wissenschaft und das Produktivitätsniveau die utopischen Züge der Alternativen beseitigt haben – wo eher die bestehende Wirklichkeit utopisch ist als ihr Gegenteil.

Bedeutet dies, daß die kritische Theorie der Gesellschaft abdankt und das Feld einer empirischen Soziologie überläßt, die, bar jeder theoretischen Führung außer einer methodologischen, den Trugschlüssen einer unangebrachten Konkretheit zum Opfer fällt und so ihren ideologischen Dienst verrichtet, während sie die Ausschaltung aller Werturteile verkündet? Oder bezeugen die dialektischen Begriffe wieder einmal ihre Wahrheit – indem sie ihre Situation als die der Gesellschaft begreifen, die von ihnen analysiert wird? Eine Antwort könnte sich aufdrängen, wenn man die kritische Theorie an ihrem schwächsten Punkt betrachtet – ihrer Unfähigkeit, die befreienden Tendenzen *innerhalb* der bestehenden Gesellschaft aufzuweisen.

Als die kritische Theorie der Gesellschaft entstand, war sie mit real vorhandenen (objektiven und subjektiven) Kräften in der bestehenden Gesellschaft konfrontiert, die sich in Richtung auf vernünftigere und freiere Institutionen bewegten (oder dahin gelenkt werden konnten), indem sie die bestehenden abschafften, die dem Fortschritt hinderlich geworden waren. Sie waren der empirische Boden, auf dem die Theorie sich erhob, und von diesem empirischen Boden leitete sich die Idee der Befreiung der *inhärenten* Möglichkeiten her – der andernfalls blockierten und verzerrten Entwicklung der materiellen und geistigen Produktivität, Anlagen und Bedürfnisse. Ohne den Aufweis solcher Kräfte wäre die Gesellschaftskritik zwar noch gültig und rational, aber außerstande, ihre Rationalität in die Begriffe der geschichtlichen Praxis zu übersetzen. Was folgt daraus? Daß »Befreiung der inhärenten Möglichkeiten« die geschichtliche Alternative nicht mehr angemessen ausdrückt.

Die gefesselten Möglichkeiten der fortgeschrittenen Industriegesellschaften sind: Entwicklung der Produktivkräfte in erweitertem Maßstab, Ausdehnung der Naturbeherrschung, wachsende Befriedigung der Bedürfnisse einer zunehmenden Anzahl von Menschen, die Schaffung neuer Bedürfnisse und Anlagen. Aber diese Möglichkeiten werden gradweise durch Mittel und Institutionen verwirklicht, die ihr befreiendes Potential aufheben, und dieser Prozeß beeinträchtigt nicht nur die Mittel, sondern auch die Zwecke. Zu einem totalitären System organisiert, bestimmen die Instrumente der Produktivität und des

Fortschritts nicht nur über die gegenwärtigen, sondern auch die möglichen Anwendungen.

Auf ihrer fortgeschrittensten Stufe fungiert Herrschaft als Verwaltung, und in den überentwickelten Bereichen des Massenkonsums wird das verwaltete Leben das gute Leben des Ganzen, zu dessen Verteidigung die Gegensätze vereinigt werden. Das ist die reine Form der Herrschaft. Umgekehrt erscheint ihre Negation als die reine Form der Negation. Aller Inhalt scheint auf die eine abstrakte Forderung nach dem Ende der Herrschaft reduziert – das einzige wahrhaft revolutionäre Erfordernis und das Ereignis, das die Errungenschaften der industriellen Zivilisation bestätigen würde. Angesichts ihrer wirksamen abschlägigen Beantwortung durch das bestehende System erscheint diese Negation in der politisch ohnmächtigen Form der »absoluten Weigerung« – eine Weigerung, die um so unvernünftiger erscheint, je mehr das bestehende System seine Produktivität entwickelt und die Last des Lebens erleichtert. Mit den Worten Maurice Blanchots:

»Ce que nous refusons n'est pas sans valeur ni sans importance. C'est bien à cause de cela que le refus est nécessaire. Il y a une raison que nous n'accepterons plus, il y a une apparence de sagesse qui nous fait horreur, il y a une offre d'accord et de conciliation que nous n'entendrons pas. Une rupture s'est produite. Nous avons été ramenés à cette franchise qui ne tolère plus la complicite[3].«

Wenn aber der abstrakte Charakter der Weigerung das Ergebnis der totalen Verdinglichung ist, dann muß der konkrete Grund für die Weigerung noch vorhanden sein; denn die Verdinglichung ist ein Schein. Aus dem nämlichen Grund muß die Vereinigung der Gegensätze *bei all ihrer Realität* eine scheinhafte Vereinigung sein, die weder den Widerspruch zwischen der

---

3 »Was wir ablehnen, ist nicht ohne Wert oder Bedeutung. Eben deshalb bedarf es der Weigerung. Es gibt eine Vernunft, die wir nicht mehr akzeptieren; es gibt eine Erscheinung von Weisheit, die uns in Schrecken versetzt; es gibt die Aufforderung zuzustimmen und sich zu versöhnen. Ein Bruch ist eingetreten. Wir sind zu einer Freimütigkeit verhalten, die das Mittun nicht mehr duldet.« »Le Refus«, in: *Le 14 juillet*, Nr. 2, Paris, Oktober 1958.

wachsenden Produktivität und ihrer repressiven Anwendung beseitigt noch das dringende Bedürfnis, den Widerspruch zu lösen.

Aber der Kampf um die Lösung ist über die traditionellen Formen hinausgewachsen. Die totalitären Tendenzen der eindimensionalen Gesellschaft machen die traditionellen Mittel und Wege des Protests unwirksam – vielleicht sogar gefährlich, weil sie an der Illusion der Volkssouveränität festhalten. Diese Illusion enthält ein Stück Wahrheit: »das Volk«, früher das Ferment gesellschaftlicher Veränderung, ist »aufgestiegen«, um zum Ferment gesellschaftlichen Zusammenhalts zu werden. Eher hierin als in der Neuverteilung des Reichtums und der Gleichstellung der Klassen besteht die neue, für die fortgeschrittene Industriegesellschaft kennzeichnende Schichtung.

Unter der konservativen Volksbasis befindet sich jedoch das Substrat der Geächteten und Außenseiter: die Ausgebeuteten und Verfolgten anderer Rassen und anderer Farben, die Arbeitslosen und die Arbeitsunfähigen. Sie existieren außerhalb des demokratischen Prozesses; ihr Leben bedarf am unmittelbarsten und realsten der Abschaffung unerträglicher Verhältnisse und Institutionen. Damit ist ihre Opposition revolutionär, wenn auch nicht ihr Bewußtsein. Ihre Opposition trifft das System von außen und wird deshalb nicht durch das System abgelenkt; sie ist eine elementare Kraft, die die Regeln des Spiels verletzt und es damit als ein aufgetakeltes Spiel enthüllt. Wenn sie sich zusammenrotten und auf die Straße gehen, ohne Waffen, ohne Schutz, um die primitivsten Bürgerrechte zu fordern, wissen sie, daß sie Hunden, Steinen und Bomben, dem Gefängnis, Konzentrationslagern, selbst dem Tod gegenüberstehen. Ihre Kraft steht hinter jeder politischen Demonstration für die Opfer von Gesetz und Ordnung. Die Tatsache, daß sie anfangen, sich zu weigern, das Spiel mitzuspielen, kann die Tatsache sein, die den Beginn des Endes einer Periode markiert.

Nichts deutet darauf hin, daß es ein gutes Ende sein wird. Die ökonomischen und technischen Kapazitäten der bestehenden Gesellschaften sind umfassend genug, um Schlichtungen und Zugeständnisse an die Benachteiligten zu gestatten, und ihre bewaffneten Streitkräfte hinreichend geübt und ausgerüstet, um mit Notsituationen fertig zu werden. Das Gespenst ist jedoch wieder da, innerhalb und außerhalb der Grenzen der fortgeschrittenen Gesellschaften. Die sich leicht anbietende geschichtliche Parallele zu den Barbaren, die das Imperium der Zivilisation bedrohen, präjudiziert den Tatbestand; die zweite Periode der Barbarei kann durchaus das fortbestehende Imperium der Zivilisation selbst sein. Aber es besteht die Chance, daß die geschichtlichen Extreme in dieser Periode wieder zusammentreffen: das fortgeschrittenste Bewußtsein der Menschheit und ihre ausgebeutetste Kraft. Aber das ist nichts als eine Chance. Die kritische Theorie der Gesellschaft besitzt keine Begriffe, die die Kluft zwischen dem Gegenwärtigen und seiner Zukunft überbrücken könnten; indem sie nichts verspricht und keinen Erfolg zeigt, bleibt sie negativ. Damit will sie jenen die Treue halten, die ohne Hoffnung ihr Leben der Großen Weigerung hingegeben haben und hingeben.

Zu Beginn der faschistischen Ära schrieb Walter Benjamin: *Nur um der Hoffnungslosen willen ist uns die Hoffnung gegeben.*

Verzeichnisse

Namensverzeichnis

Sachverzeichnis

Luchterhand

Hans Heinz Holz. Logos spermatikos
Ernst Blochs Philosophie der unfertigen Welt. PhT 2

Peters/Schmidt/Holz. Erkenntnisgewißheit und Deduktion.
PhT 3

Peter F. Schütze. Zur Kritik des literarischen Gebrauchswerts.
Eine literaturphilosophische Untersuchung. PhT 4

Hans Heinz Holz. Die abenteuerliche Rebellion
Bürgerliche Protestbewegungen in der Philosophie.
Stirner, Nietzsche, Sartre, Marcuse, Neue Linke. PhT 5

Georg Ahrweiler. Hegels Gesellschaftslehre. PhT 6

Soziale Ungleichheit. Strukturen und Prozesse sozialer
Schichtung. Herausgegeben und eingeleitet von
Karl H. Hörning. ST 105

Leo Kofler. Zur Geschichte der bürgerlichen Gesellschaft.
Versuch einer verstehenden Deutung der Neuzeit. ST 38

Ideologie. Ideologiekritik und Wissenssoziologie.
Herausgegeben von Kurt Lenk. ST 4

Luchterhand